长物志

〔明〕文震亨◎著

周澜◎解译

全鉴

国家一级出版社　　中国纺织出版社　　全国百佳图书出版单位

内 容 提 要

　　《长物志》共十二卷，其中室庐、花木、水石、禽鱼、蔬果等五卷，是记叙中国古代园林艺术的基本构建、选材、构造与布局的，而书画、几榻、器具、衣饰、舟车、位置、香茗等七卷，则叙述了古代居宅所用器物的制式及极尽考究的摆放品位。《长物志》寄托了古代文人的审美情趣和品格意志，完美呈现簪缨世族的清雅生活格调、明代江南书香世家的高洁风致。对于优化居家环境和提高生活品位有着很好的借鉴意义。

图书在版编目（CIP）数据

　　长物志全鉴 /（明）文震亨著；周澜解译. ——北京：中国纺织出版社，2019.7
　　ISBN 978-7-5180-5484-8

　　Ⅰ . ①长… Ⅱ . ①文…　②周… Ⅲ . ①百科全书—中国—明代 Ⅳ.①Z224

　　中国版本图书馆CIP数据核字（2018）第241188号

策划编辑：段子君　　责任校对：江思飞　　责任印制：储志伟

中国纺织出版社出版发行
地址：北京市朝阳区百子湾东里 A407 号楼　邮政编码：100124
销售电话：010-67004422　传真：010-87155801
http：//www.c-textilep.com
E-mail：faxing@c-textilep.com
中国纺织出版社天猫旗舰店
官方微博 http://weibo.com/2119887771
北京佳诚信缘彩印有限公司印刷　各地新华书店经销
2019 年 7 月第 1 版第 1 次印刷
开本：710×1000　1/16　印张：20
字数：290 千字　定价：48.00 元

凡购本书，如有缺页、倒页、脱页，由本社图书营销中心调换

　　中华文化博大精深、源远流长，为中华民族生生不息和发展壮大提供了丰厚养分。《长物志》犹如一颗璀璨的明珠，在中华传统文化中熠熠生辉。它是古代建造园林的集大成者，它是明代士大夫生活的大百科，它还是古今人们提高文玩鉴赏能力、居住环境的档次以及人生品位的指南。全书十二卷，其中室庐、花木、水石、禽鱼、蔬果等五卷，是记叙中国古代园林艺术的基本构建、选材、构造与布局的，而书画、几榻、器具、衣饰、舟车、位置、香茗等七卷，则叙述了古代居宅所用器物的制式及极尽考究的摆放品位。《长物志》名"长物"，取"身外余物"之意，在作者看来，书中所载之物不关人的生存和实用，只是为了体现艺术的本质。所以说，《长物志》寄托了古代文人的审美情趣和品格意志，完美呈现了古代文人所追求的清雅生活格调和江南书香世家的高洁风致。对今天的人来说，在优化居家环境和提高生活品位方面都有很好的借鉴意义。

　　《长物志》作者是文震亨，字启美，晚明南直隶苏州人，生于官宦书香门第。曾祖文徵明是与沈周、唐寅、仇英齐名的书画大家。祖父文彭，官国子监博士，以书画、篆刻名重一时。父文元发，官至卫辉同知，兄文震孟官至礼部尚书、东阁大学士。文震亨官至中书舍人，除传统学问外，对造园、宅居、器物、音乐等都有精深研究，时人评价他："长身玉立，善自标置，所至必窗明几净，扫地焚香"。可见，作者是个生活极其雅致的人。明亡后，因大清剃发令而投湖自尽，家人救起后绝食而亡。其实，《长物志》在它百科全书式的文本表象下，隐藏着以文震亨为代表的一代具有骨气的文人对晚明社会状况的认知、感悟与行动。

居住环境的布置反映一个人的修养，良好的居住环境还能陶冶人的情操。在经济日益发达的今天，远离市井气息和土豪做派，让生活更有品位是很多人的追求。《长物志》从居住环境布置的角度，给当今人们生活品位和自我修养的提高提供了非常有益的借鉴和指导。《长物志》所写的是平常日用之物，追求的是至雅，而又带有一种生活的情味。中国几千年的文化不只体现在生活日用的精致中，更体现在我们高雅脱俗的趣味与美好的心灵上。

不论从室庐雅园、水石花木，到桌凳几榻、文房雅器，还是从传统的历史价值至现实物质生活，《长物志》都有重要现实意义，所以被后人十分推崇。《长物志》完成于崇祯七年，之后有多种版本流传，直至今天它依然深受众多读者喜爱。为了方便读者阅读和更好领略它的魅力，我们以清代乾隆年间的《钦定四库全书》版为底本，编撰《长物志全鉴》，内容按照作者的思路进行章节排序，内容编排按原文、注释、译文、古法今解四部分排列，解决了读者的阅读障碍，帮助读者深度阅读和理解。但由于编者水平有限，缺点和错误在所难免，请广大读者不吝指正。

编者
2019 年 5 月

目录

卷三　水石

卷七 器具

序

【原典】

臣等谨按①，《长物志》十二卷，明文震亨撰。震亨，字启美，长洲②人。崇祯中，官武英殿中书舍人③，以善琴供奉④。是编分室庐、花木、水石、禽鱼、书画、几榻、器具、位置、衣饰、舟车、蔬果、香茗，十二类。其曰长物，盖取世说中王恭语⑤也。所论皆闲适游戏之事，纤⑥悉毕具。明季山人⑦墨客多传是术，著书问世，累牍（dú）盈篇⑧，大抵皆琐细不足录。而震亨家世以书画擅名，耳濡目染，较他家稍为雅驯⑨。其言收藏、赏鉴诸法，亦颇有条理。盖本于赵希鹄《洞天清录》、董其昌《筠轩清閟（bì）录》之类，而略变其体例。其源亦出于宋人，故存之以备杂家之一种焉。乾隆四十二年五月恭校上。

【注释】

①臣等谨按：臣等，指《四库全书总目提要》的编者自称。谨按，指引用论据、史实开端的常用语。

②长洲：古地名。在今江苏苏州一带。

③武英殿中书舍人：明代官职名。奉旨撰写册宝、图书、册页等。

④供奉：以某种技艺侍奉帝王。

⑤王恭语：《世说新语》中王恭说"恭作人无长物"，即无多余之物。

⑥纤：细小。

⑦山人：隐士。

⑧累牍（dú）盈篇：文辞冗长的意思。

⑨雅驯：指文辞优美，典雅不俗。

【译文】

臣等谨按，《长物志》一共十二卷，是明代人文震亨所撰写。文震亨，字启美，长洲人。崇祯年间，任武英殿中书舍人一职，以善于弹琴侍奉帝王。这本书分室庐、花木、水石、禽鱼、书画、几榻、器具、位置、衣饰、舟车、蔬果、香茗，一共有十二类。之所以取名为"长物"，是源自《世说新语》中王恭的话。

文中所论述的都是闲适游戏类的事情，连细微的事物也都具备。明末隐士文人都有这种能力，写完一本书，往往是长篇累牍，大多是些琐细不值得记录的东西。但不同的是，文震亨家世代以书画著名，耳濡目染，写出的东西比其他的人要优美典雅。他谈论到的收藏、鉴赏一类的方法，也很有条理。这本书沿袭赵希鹄《洞天清录》、董其昌《筠轩清閟录》一类的书籍，而体例稍微有些变化。这样的做法源自宋人，所以著录下来作为杂家之一种。乾隆四十二年五月恭校上。

古法今解

这篇短文是编纂官对《长物志》作的按语。介绍了文震亨的生平和《长物志》的内容，并将《长物志》与之前及同时的著作相比，考察源流，指出其优点所在。

文中提到文震亨沿袭赵希鹄《洞天清录》、董其昌《筠轩清閟录》，实际上，就是说《长物志》还借鉴了屠隆的《考槃余事》、宋濂的《遵生八笺》等书籍。按语中提到明末文人多有这样的著作，说明《长物志》是时代风气、文人共同趣味的产物。取名"长物"，文震亨反用《世说新语》中的典故，表达的是对"多余之物"的欣赏与嗜爱之情，也表现了典型的文人情趣取向。

卷一　室庐

【原典】

居山水间者为上，村居次之，郊居又次之。吾侪（chái）①纵不能栖岩止谷，追绮园②之踪，而混迹廛（chán）市③，要须门庭雅洁，室庐清靓，亭台具旷士之怀，斋阁④有幽人之致。又当种佳木怪箨（tuò）⑤，陈金石图书，令居之者忘老，寓之者忘归，游之者忘倦。蕴隆⑥则飒然而寒，凛冽则煦然而燠（yù）⑦。若徒侈土木，尚丹垩（è）⑧，真同桎梏樊槛⑨而已。志《室庐第一》。

【注释】

①吾侪（chái）：吾辈，我辈。

②绮园：指秦汉之际的隐士绮里季、东园公，因避秦乱世而隐居商山，与夏黄公、甪里先生合称"商山四皓"。

③廛（chán）市：商肆集中之处，闹市区。

④斋阁：书房。

⑤怪箨（tuò）：怪竹。箨，指竹笋外层的皮、笋壳。

⑥蕴隆：暑气郁结而隆盛。

⑦燠（yù）：暖，热。

⑧丹垩（è）：涂红刷白，泛指油漆粉刷。垩，一种白色土。

⑨樊槛：樊，鸟笼；槛，兽圈。此处喻指囚笼。

【译文】

居住在山水之间是最理想的选择，居住在村中就会稍差一些，居住于郊外则又差一些。我们这一代人固然不能栖居岩洞山谷，也不能追慕绮里季、东园公这样的高人隐士的踪迹，但即使混迹于红尘闹市之中，门庭也要雅洁，房舍要清雅安静，亭台楼阁具有旷达之士的情怀，房舍楼阁有一些幽隐之士的风致。而且要种植一些佳树奇竹，陈设一些金石书画，让居住里面的人忘记岁月是慢慢地老去了，让居住在其间的人忘记归返，游览其间的人忘记疲倦。天气闷热的时候，进入里面能立刻觉得凉爽，气候酷寒的时候进入里面则感觉和煦温暖。如果建筑只是一味追求豪华，一味崇尚色彩华丽，那么这样的房屋真如同脚镣手铐、鸟笼兽圈了。记《室庐第一》。

古法今解

这是卷首序言，以下各卷都会有这样的序言。本卷的这段序言总括室庐类物品的品赏原则。在古代"室庐"统称房屋建筑。"室"指房室。古代建筑是"前堂后室",意思是"前面为堂,后面为室"。"庐"则常指临时建的简陋居室,也泛指隐居之所。古代隐士在山间林下结庐而居,"庐"也是名士最理想的居住方式。所以方孝孺在《借竹轩记》写道:"古之达人以百世为斯须,以天地为室庐,以万物为游尘。"在今天的人看来,这是超然物外的道家风范,尘世中几人可达此境界?所以《长物志》以"室庐"开篇。

作者从"居山水间者为上"为开篇到"若徒侈土木,尚丹垩,真同桎梏樊槛而已"结束,其实表达的是崇尚自然的居住环境的思想,这和当下人对住所环境的追求是一致的。在作者看来,古代隐士的踪迹很难追寻,但在都市生活的人也要追求生存环境的艺术化——作者给出了具体明确的要求:所在环境最上乘乃在山水之间,须种植佳木怪竹,陈列金石书画。而门庭须雅洁,室庐须清静,亭台须具旷士之怀,斋阁须有幽人之致,让人达到"忘老""忘归""忘倦"之境界,则非具体的设施要求,而是一种材料组合后浑融的境界,一种只可意会而不可言传的风格与情调,传达的是一种自然而富有诗意生活的取向。

从对室庐的要求能看出作者对"雅"与"隐"的追求。他将生活审美化,审美生活化,将园林看作审美文化的一部分。作者对园林的风格追求与诗文方面的追求相一致,即"雅",要显示出雅士与庸众不同的审美趣味,不能只注重外在装饰而缺乏内在神韵。佳木怪竹、金石图画传达的正是文人雅士的趣味,也充分展现了作者他不同于流俗的文人姿态。一部书在此定下"雅"的基调。

提到室庐,我们不得不说一说明人陈继儒在《小窗幽记》的描述:"结庐松竹之间,闲云封户;徙倚青林之下,花瓣沾衣。芳草盈阶,茶烟几缕;春光满眼,黄鸟一声。此时可以诗,可以画,而正恐诗不尽言,画不尽意。"意思是:在松竹间搭建茅庐,闲云飘在门外;徘徊在苍翠的树林下,花瓣沾上衣衫。芳草爬满台阶,几缕煮茶的青烟;放眼望去一片春光,侧耳聆听,黄鸟一声鸣叫。这个时候可以作诗,也可以画画,只担心诗不能将心中之言完全表达,画不能将胸中之意描绘淋漓。在这里,我们可以看到古代人最理想的室庐风景的样子,的确很美。

门

【原典】

用木为格，以湘妃竹①横斜钉之。或四或二，不可用六。两旁用板为春帖②，必随意取唐联③佳者刻于上。若用石梱（kǔn）④，必须板扉。石用方厚浑朴，庶不涉俗。门环得古青绿蝴蝶兽面⑤，或天鸡⑥饕餮（tāo tiè）⑦之属，钉于上为佳，不则用紫铜或精铁，如旧式铸成亦可，黄白铜俱不可用也。漆惟朱、紫、黑三色，余不可用。

【注释】

①湘妃竹：即斑竹，一种竹竿上有紫褐色斑点的竹子。相传舜死后，他的两个妃子娥皇、女英去哭他，泪洒竹上，成为斑点。

②春帖：又称春帖子，自宋代开始流行的一种风俗。立春日在门帐上贴写有诗句的帖子。宋代的翰林，一年八节要撰作帖子词，诗体近于宫词，多为五言、七言绝句，贴于宫苑中的门帐。明代，这一风俗开始在民间兴起，立春日贴的称为春帖子，端午日贴的称为端午帖子。

③唐联：唐诗中的对偶诗句，可以作门联用。

④石梱（kǔn）：石门槛。

⑤古青绿蝴蝶兽面：门钹兽面的一种花式。

⑥天鸡：神话中天上的鸡。也指鸟名，即锦鸡。

⑦饕餮（tāo tiè）：传说中一种凶恶贪食的怪兽，古代钟鼎彝器上多刻其头部形状以为装饰。

【译文】

门框的横格用木做的，横斜着钉上湘妃竹。有的门可以是四扇，有的门可以是两扇，但不能六扇。门的两旁用木板做春联，根据自己的兴趣爱好，选取唐诗中最好的句子，作为联语刻在上面。如果是用石头做的门槛，必须用木板门。所选石材要浑朴方厚，这样才不显得俗气。门环最好选用古青绿蝴蝶兽面，或天鸡、饕餮之类钉在上面，不然，就用紫铜或精铁按照旧时的式样铸成也可以。但是黄铜、白铜都不能用。只能用朱、紫、黑三种颜色给木门上漆，其余颜色不能用。

古法今解

门既是室庐的一部分，又是独立的建筑。门是人出入的通道，对室庐还有屏障、防守的作用，是整个室庐的关键所在。宅的大门很重要，处处细节都有讲究，但凡世家大族，绝不能在大门上出错。所以《阳宅撮要》中这样说："大门吉，则合宅皆吉矣，房门吉，则满房皆吉矣。"

门常见的为双扇，也有四扇的，但一定不能弄出六扇大门。之所以这样，是因为开六扇的是官衙，故而衙门又称"六扇门"。谚语曰："衙门六扇开，有理无钱莫进来。"如果民宅开六扇门，在古代那便有僭越之嫌，要惹祸上身了。

门上的拉手称门钹，有的门钹做成兽头形，称兽面。明代初期对门钹有严格的规定，王府、公侯、一品、二品府第大门可用兽面及摆锡环；三品至五品官大门不可用兽面，只许用摆锡环；六品至九品官大门只许用铁环。但到了明代中后期，天下升平日久，江南富庶之家云集，大门用兽面已经很普遍。

门漆的颜色也有讲究。黄色是不能用的，"人主宜黄，人臣宜朱"，黄色之门极为高贵，只有皇宫才能用。古人以朱漆大门为至尊至贵的标志。用青色也犯忌，要避讳"青楼"。"青楼"逐渐成为妓院的雅称，以至正经人家连青色的漆都不用了。

黑色大门古时很普遍，是非官宦人家的门色。我们常见到古代民居四合院，大门漆黑色，门楼色调是深灰的瓦顶搭配灰

白的台阶，门上衬以红底对联，黑、灰、红三色的搭配，非常好看。

古代建筑中门的种类很多，但作者也没有指明是哪一类门，只是对门总体的装饰给出要求。不仅从横格、门框、春联、门槛、门环各个环节予以说明，而且对材料、颜色、形状甚至材料的搭配、颜色的组合也有特别说明。作者这里没有从门的实用功能去阐述，而从材料样式上介绍门的忌和宜。

阶

【原典】

自三级以至十级，愈高愈古，须以文石剥成；种绣墩①或草花数茎于内，枝叶纷披，映阶傍砌。以太湖石叠成者，曰"涩浪"②，其制更奇，然不易就。复室③须内高于外，取顽石具苔斑者嵌之，有岩阿④之致。

【注释】

①绣墩：绣墩草，又称沿阶草、书带草。

②涩浪：古代宫墙基垒石凹入，作水纹状。

③复室：即今天所谓的套房。

④岩阿：指山的曲折处。

【译文】

门前石阶数从三级到十级，级数越高越显得古雅，必须用有纹理的石头削成。在石阶缝隙内种些绣墩草，有繁茂的茎叶披挂于台阶之上。用太湖石砌成的石阶称为涩浪，它的样式非常奇特，一般很难做得很好。套房内室要高于外室，用带有苔藓痕迹的未经斧凿的石块镶嵌台阶，这样才能体现山谷间曲折的别样风情。

【古法今解】

台阶在中国古代建筑中很普遍，在一定程度上可以体现出礼制思想和威严感。秦汉时期的宫殿都建在高台之上，铺着长长的台阶，看上去有着崇高威仪之感，朝觐者要一步步登台阶而上，仰视大殿，而大殿建筑高得让人头晕，这样有威慑力。但是，江南的宅院建筑中，不像古代宫殿那样建筑长长的台阶，一般能建几级就可以了。

在对台阶的建造上，文震亨提出了两个审美标准：一是"古"，即古雅、古朴。二是自然，石阶上要有蔓延的野草，还要取用未曾雕琢的带有苔藓痕迹的石块。唐人刘禹锡在《陋室铭》中说："苔痕上阶绿，草色入帘青。"苔痕碧绿蔓延上台阶；青葱草色映入眼帘。既有古雅静谧的气氛，也映衬了主人淡泊名利的心态。所以，在园林的台阶上种点沿阶草、虞美人之类的草花，用碧青的苔藓点缀，这样的台阶便带着一种古雅的诗意，非常好。

台阶是进屋的通道，但古人登台阶也有规矩。《礼记》中记载，去人家做客，登台阶时："主人与客让登，主人先登，客从之，拾级聚足，连步以上"。意思是，在迈步台阶之前，主人和宾客要礼让一番，然后主人先登，客人紧随其后。不能单脚迈，每上一层台阶，一只脚踏上时，另一只脚也必须跟着踏上，等两脚并在一个台阶上后，才能再上第二层台，这样才符合礼数。

窗

【原典】

用木为粗格，中设细条三眼①，眼方二寸，不可过大。窗下填板尺许。佛楼禅室，间用菱花②及象眼③者。窗忌用六，或二或三或四，随宜用之。室高，上可用横窗一扇，下用低槛承之。俱钉明瓦④，或以纸糊，不可用绛素纱⑤及梅花簟（diàn）⑥。冬月欲承日，制大眼风窗⑦，眼径尺许，中以线经其上，庶纸不为风雪所破，其制亦雅，然仅可用之小斋丈室。漆用金漆⑧，或朱、黑二色，雕花彩漆，俱不可用。

【注释】

①眼：指窗上的格子。

②菱花：指菱花纹，古代常用的一种装饰花纹。

③象眼：指做成三角形图案的窗格。

④明瓦：透光的瓦片，以提升室内的亮度。明代多用蚌壳制作明瓦，把蚌壳磨成薄片，可以透光。

⑤绛素纱：深红色绉纱。

⑥梅花簟（diàn）：梅花纹的竹席。

⑦风窗：窗户的一种，可拆卸，用以开关通风。

⑧金漆：金州产的漆，泛指漆之佳者。

【译文】

窗户用木板做成大格子，中间加一些细木条，隔成三个小格，每小格大小二寸见方，尺寸千万不能过大。窗户下面填一尺左右的板，在供佛的楼阁禅室夹杂使用菱花窗格和象眼窗格。窗户忌讳设置成六扇，一般根据情况设计为两扇、三扇或者四扇就可以了。室内高的，可以在上面开一扇横窗，下面用低栏杆接续它。都装上明瓦，或者用纸糊上，不能用深红色的绉纱和梅花纹的竹席。冬天想要多接收太阳光，需制作孔格大的风窗，孔格直径一尺左右，中间用线竖着缠在上面，这样窗户纸不会被风雪刮破，这种形制也很雅观，然而仅可用于小屋斗室。窗户的漆用金漆，或者朱红色、黑色两种颜色，在窗格上雕花或做彩漆都不能采用。

古法今解

眼睛是心灵的窗户，窗户便是房屋的眼睛。房屋的"眼睛"不仅透光通风、展示着寒暑变化和春秋代序，更是房屋主人心境的映照。韩愈有诗曰："箧中有余衣，盎中有余粮。闭门读书史，窗户忽已凉。"丰衣足食，心情悠闲，书史为伴，岁月不居，猛然间发觉窗户已从炎热变为寒凉，窗外已经几许沧桑。这种感觉是何等惬意呀！

文震亨只讲到窗户大致的设置、用料，并没有细数窗户的装饰，而是选取了几种特殊情况予以品鉴。第一种，供佛像的阁楼与禅房，其窗户装饰需用菱花与象眼的图案。第二种，室内空间较高的需要上面设窗户，下面连接以栏杆。第三种，想多接收阳光的房间需要大孔风窗。他对窗子的品赏兼顾到美观与实用性。

园林中的窗户，当属江南园林中的窗最具有代表性。江南园林中的窗户最令人印象深刻，窗户种类也很多。有一种叫"空窗"的，就是在空白墙上做成满月形状，使外面的景色如画一般镶嵌在窗户上。如苏州狮子林"立雪堂"南墙，即有数个"空窗"。还有一种叫半窗，墙只砌一半，上面安装窗户，一半墙，一半窗。如苏州沧浪亭内的"翠玲珑"，是以观翠竹为主题的建筑，透过一排半窗往外看，窗外是满院翠竹，令人赏心悦目。园林中的窗格的图案也多种多样，有的花窗还雕刻图画，即文震亨所说的"雕花"。园林中那些雕花的窗户，是江南建筑里最唯美的风景。当在云淡风轻之夏秋夜，半窗斜月映着满园幽景，秋桂的香气穿窗入室，沁人心脾，此情此景，着实让人陶醉。

栏杆

【原典】

石栏最古，第近于琳宫①、梵宇②及人家冢墓。傍池或可用，然不如用石莲柱二，木栏为雅。柱不可过高，亦不可雕鸟兽形。亭榭廊庑（wǔ）③，可用朱栏及鹅颈承坐④，堂中须以巨木雕如石栏，而空其中。顶用柿顶，朱饰；中用荷叶宝瓶⑤，绿饰。卍字者，宜闺阁中，不甚古雅。取画图中有可用者，以意成之可也。三横木最便，第太朴，不可多用。更须每楹（yíng）⑥一扇，不可中竖一木，分为二三。若斋中则竟不必用矣。

【注释】

①琳宫：道院。

②梵宇：指佛寺。

③廊庑（wǔ）：堂下四周的廊屋。古建筑的廊是没有壁的，仅作为通道；庑则有壁，还可以建小屋住人。

④鹅颈承坐：亭榭在临水的方向设置木制曲栏座椅，带有形如鹅颈、曲线柔美的靠背形式，称鹅颈靠。

⑤荷叶宝瓶：宝瓶夹于荷叶之中的一种图案雕刻。

⑥楹（yíng）：厅堂的前柱。

【译文】

石栏杆最能显得古朴，但是多用于道观、佛寺及坟墓，池塘旁边或许可以用，然而不如用两个石莲柱在两端，中间用木栏杆为雅致。柱子不能过高，也不能雕成鸟兽的形状。亭台、水榭、过道、廊屋可以用朱红栏杆以及鹅颈靠背。正堂中，要用大木料雕成如石栏杆一样，中间挖空，顶上用柿子状装饰，漆成朱红色，中间做成荷叶宝瓶形状，漆成绿色。饰有卍字图案的栏杆适合用在闺阁中，但不太古雅。可以选取图案中可以使用的，做成符合自己心意的形状就可以了。用三道横木做成栏杆虽然简便，只是显得过于朴拙，不能多用。而且栏杆要以一根立柱为一扇，不能在中间竖立木头分成两三格。如果是家居的房舍就完全不必这样设置了。

栏杆主要是起到拦护、分隔空间的作用。栏杆以木、石材料为主，有的也用竹子做成，样式很多，具有很强的装饰性。栏杆是古典园林中亭榭、楼阁、池岸、小桥随处可见的建筑。园林中的石栏杆，主要是沿水面的护栏及桥栏，与园中山水景致和谐搭配。园林中还有一种木石并用的栏杆，以石为望柱，柱身开有卯眼，用横木架于柱间形成独特的栏杆样式。另外，木栏杆在园林中用得更为普遍，而且式样很多。

文震亨提到三种样式的栏杆：道院、佛寺及墓地的是普通栏杆，用于分割空间和装饰，最为简洁古朴；池塘旁边的是坐凳栏杆，由石雕莲花柱和木栏杆组成，供人停留、休息；亭榭廊庑所用的则是鹅颈栏杆，有弯曲的靠背供人休息，也更具装饰效果。虽然题目为"栏杆"，文震亨实际在讲建造园林时栏杆与亭榭廊庑的搭配，古雅、古朴的格调是其理想境界。但在大的宜用、宜忌原则之下，主张变化与随性，不能朴拙。

在中国古代，栏杆也蕴含了一定的文化元素和情怀。李白《清平调》中说："解释春风无限恨，沉香亭北倚阑干。"说的是唐宫中的贵妃以风华绝代之姿，倚着沉香亭畔的栏杆，欣赏花栏内的牡丹，令君王含笑的目光始终追随。而对亡国之君李煜来说，昔日宫殿里的栏杆也是美好回忆："雕栏玉砌应犹在，只是朱颜改。问君能有几多愁，恰似一江春水向东流。"李后主宫中的雕花石栏杆，是皇宫中最为常见的景观。而对于民族英雄岳飞来说，在栏杆前又有多少愤慨与无奈："怒发冲冠，凭栏处、潇潇雨歇。"

照壁

【原典】

得文木如豆瓣楠①之类为之，华而复雅，不则竟用素染，或金漆亦可。青、紫及洒金描画，俱所最忌。亦不可用六，堂中可用一带，斋中则止中楹用之。有以夹纱窗或细格②代之者，俱称俗品。

【注释】

①豆瓣楠：即雅楠，又称"斗柏楠""骰柏楠木"。树干端直，材质优良，是明清时期高档家具的用材之一。

②细格：指细格扇，又称纱橱。

【译文】

选用如豆瓣楠之类有纹理的木料做照壁，显得华丽而又古雅；不然，则用素染或金漆的也可以。青色、紫色及洒金描画的照壁，却是风水中最忌讳的做法。照壁也不能用六扇。堂屋中可用长幅的，内室就只在中间的楹柱处用照壁。有的以夹纱窗或细格门来代替，这就缺乏品位了。

古法今解

照壁也称"影壁"或"屏风墙"，一般是门口的屏蔽。照壁是风水思想在阳宅中的体现，风水讲究导"气"，"气"不能直冲厅堂或卧室，否则不吉祥。避免气冲的方法，便是在大门前面置一堵墙，为了保持"气畅"，这堵墙不能封闭，于是就产生了照壁这种建筑。唐宋时，官衙、寺庙、祠堂中都开始建照壁；至明代，民间建照壁非常盛行。

在古代，建造照壁有严格的礼制规定。春秋时齐桓公任用管仲为宰相，使齐国终成"春秋五霸"之一。管仲要在门前建一座照壁，却遭到很多人的反对，因为在当时，只有君王才有资格建照壁。孔子知道这件事后说道："邦君树塞门，管氏亦树塞门……管氏而知礼，孰不知礼？"孔子严肃批评了管仲，说如果管氏知礼，那么天下还有谁不知礼呢？管仲就为建一座照壁惹出这么大的麻烦，可见，照壁不是谁都能随意建造的。

照壁的种类很多，有砖雕照壁、石材照壁和木制照壁等。文震亨在文中提到的照壁为木制的，只能放置于室内，类似于屏风。屏风是由照壁衍生出来的室内家具，大约出现于西周，与床、案、几一样，是我国最古老的家具。最初不叫"屏风"，称"黼依"，跟照壁一样，是皇帝王侯的专用品，陈设在御座后面，象征着皇权的至高无上。

在北京故宫博物院内，今天依然还存有许多楠木胎的屏风和照壁，大都雕刻龙首，气势雄伟，装饰华丽，是明清时代皇权至上的实物载体。用"帝王之木"楠木雕刻的照壁极为珍贵，一般多见于皇宫中，因为普通百姓用不起。和照壁、屏风相比，纱橱的档次就显得比较低了。

堂

【原典】

堂之制，宜宏敞精丽，前后须层轩①广庭，廊庑俱可容一席。四壁用细砖砌者佳，不则竟用粉壁②。梁用球门③，高广相称。层阶俱以文石为之，小堂可不设窗槛。

【注释】

①层轩：指重轩，多层的带有长廊的敞厅。

②粉壁：指白色的墙壁。

③球门：建筑用语，把梁做成拱形。

【译文】

堂屋的规格应当宏阔宽敞、精致华丽。堂前屋后要有多层的轩廊，庭院宽阔，走廊应能容得下一桌宴席。堂屋四周墙壁最好用细砖砌成，否则就全都做成白墙壁更好。屋梁做成拱形，高度和宽度要相称。台阶用带纹理的石料砌成，小堂屋窗下可以不设栏杆。

古法今解

什么是堂？《说文解字》中解释："堂，殿也"，清代文字训诂学家段玉裁解释说："古曰堂，汉以后曰殿。古上下都称堂，汉上下都称殿。至唐以后，人臣无有称殿者矣。"上古时叫作"堂"，汉朝以后叫作"殿"，而唐代以后，只有帝王居所才能称"殿"，大臣的居所只能叫作"堂"。后来，堂成为标准宅院的礼制性建筑，是正房、大屋。

我国古代建筑的一般特点是，整个房屋由轴线主导，依次排列门屋和正堂，再配有两厢房，这样的格式称为"门堂之制"。随着"门堂之制"的发展，门和堂也随之分化，门逐渐发展成建筑物的外表，堂则成为建筑主体，也就是房屋中人主要的居住地。门成为区分建筑的内与外，划分空间的节点；堂则成为院落的中心。室是起居生活的地方，如寝室是睡觉的地方。那么古人在堂屋做什么呢？

主要是议事、行礼、交际的场所，用来接待客人，商议正事。堂具有极强的礼仪象征，是宅院中最庄严肃穆的场所，因此不及"室"温馨。一般来说，堂和室是相连的，堂大于室，堂在前，室在后，堂室之间以墙相隔。堂要建在高出地面的台基之上，台基根据房主地位的尊卑，有高低的不同，所以堂有前阶。

文震亨对堂的鉴赏标准是"宏敞精丽"，不但要宏大气派，而且要精美华丽。宽阔的庭院与层叠的敞厅是保证"宏敞"的条件，连走廊都要能摆设宴席。精细的瓷砖与拱形的大梁则是"精丽"的体现。连台阶的石块都是有讲究的，要带有纹理，既古朴又雅致。细节最能彰显生活的品质，建筑宏大的堂屋需要在每一个细节上用心。

山斋

【原典】

宜明净，不可太敞。明净可爽心神，太敞则费目力。或傍檐置窗槛，或由廊以入，俱随地所宜。中庭亦须稍广，可种花木，列盆景。夏日去北扉，前后洞空。庭际沃以饭瀋（shěn）①，雨渍苔生，绿缛可爱。绕砌可种翠云草②令遍，茂则青葱欲浮。前垣宜矮，有取薜荔根③瘞（yì）④墙下，洒鱼腥水于墙上引蔓者。虽有幽致，然不如粉壁为佳。

【注释】

①饭瀋（shěn）：指饭食汤汁。

②翠云草：多年生草本植物，茎伏地蔓生，极细软，分枝处常生不定根，多分枝。羽叶细密，姿态秀丽，并会发出蓝宝石般的光泽。

③薜荔根：又称木莲，常绿藤本，叶椭圆形，花极小。

④瘞（yì）：掩埋、埋藏。

【译文】

山中屋舍应该保持明亮洁净，不宜太宽阔，因为明净可以让人心神爽快，而过度宽阔则费人的眼睛。或者在靠屋檐的地方装置窗下栏杆，或者由走廊进入室内，一切都是依据实际的地势来布置。中堂前的庭院要稍微宽广一些，可以种植花木，放置一些盆景，夏天只要拿掉北面的门扇，院落就可以前后贯通，便于通风。庭边浇灌一些饭食的汤汁，雨后就会生出苔藓，绿茸茸的，非常可爱。沿着台阶可以遍植翠芸草，长到茂盛的时候就青翠葱茏，像浮在水面一样。前面的墙要矮一些，有的人将薜荔草的根埋在墙下，再往墙上洒些鱼腥水，这样可以引导藤蔓攀爬。这样的墙虽然有幽深的风味，但还是不如白色墙壁好。

古法今解

　　古代的名士有一种消遣的喜好，叫"居于山斋"，也就是去山间小屋短暂地做一段时间隐士。山斋往往有高士居其中，须得读书、弹琴、静坐参禅，这样才算是一方清雅天地。闲暇时居于山中，静赏山水，与三五好友把酒清谈，是古代名士的雅好。《陈书·孙玚传》有"常于山斋设讲肆，集玄儒之士，冬夏资奉，为学者所称"。意思是孙玚聘请高人在山斋中讲课，还奉上资费，为当时学者所称道。

　　文人山居是对闹市的"断舍离"，寻找的是隐居乐趣。诸葛亮的南阳茅庐算是最有名的山斋了。山斋成为古代文人雅士情趣、情感的载体。如在王维《秋夜独坐》"雨中山果落，灯下草虫鸣"中，既有凄凉，又有生命的律动，看似无我的境界，而对宇宙人生的看法却都包含在内了。庾信《山斋》中说："石影横临水，山云半绕峰。遥想山中店，悬知春酒浓。"在幽静的山色中遥想山中熟酒的醇香，人在山斋，心在斋外，既享受山居的乐趣，又向往山外的热闹。所以，山斋是文人寻找与世隔绝的僻静与清高的处所。这也决定了山斋建筑自然不同于一般宅院堂屋居室的富丽宏大，而是小巧精致则可，注重的是清雅别致，有与自然山林景致相衬之美。在作者看来，庭院里还要种些花草，摆放盆景，台阶上更要有蔓草铺地，一望如绿毯，墙壁可以藤萝环绕，也可以一带粉墙，清爽悦目。夏日为了通风，甚至卸去北面的门扇，苔藓与翠芸草则是要复原山中的原始风味，这么做都是为了使人神清气爽。不管是窗下栏杆的设置还是走廊的方位选择，文震亨都突出了自然随意。这是作者所描绘的山斋的布置。从对山斋的布置中，也可见文震亨极高的艺术修养与深厚的文化积淀。

丈室

【原典】

丈室①宜隆冬寒夜，略仿北地暖房之制，中可置卧榻及禅椅之属。前庭须广，以承日色，留西窗以受斜阳，不必开北牖（yǒu）②也。

【注释】

①丈室：指斗室，小房间。

②北牖（yǒu）：北窗。

【译文】

在隆冬寒夜斗室最适合避寒，样子有些像北方的暖房，室内可以放置卧榻以及禅椅之类的家具。屋子前面的庭院要宽阔，这样可以更好地接受阳光，留两面的窗户接受斜阳照射，北面没有必要开窗户。

古法今解

"丈室"一词，最初源自佛教用语。有一个故事，相传维摩诘大士生病了，文殊菩萨前来看望，就一起讨论佛法，维摩诘大士的卧室虽仅有一丈见方，但是却能容纳无数听众。唐代显庆年间，王玄策奉旨出使印度，在路过维摩诘的故居时就用手板量了大小，发现室内的长和宽仅有十手板，因此号称"方丈""丈室"。

住宅中的"丈室"是指在深宅大院中的僻静处建造的小而精致的屋子，供主人闲暇时静养禅修的地方。所谓"若人静坐一须臾，胜造恒沙七宝塔"，坐在宽大的蒲团上，双腿一盘，静坐参禅，可以把浮躁的心安定下来；心念笃定、清净，神清气爽，对于身心有诸多裨益。所以在现存的古建筑中，往往都建有狭小的斗室，可知文震亨所说的"丈室"在中国古代一度是非常流行的。

对"丈室"的布置，作者有自己的见解：这样小房子布置的关键是取暖，前庭要宽广，日照充分，以免太阴冷。古代的建筑设计非常尊崇自然，讲究充分利用自然界的日光、风等来提升居住的舒适度。房前的庭院开阔，可以保证日照充足，冬天室内较为温暖。窗户的设计有讲究，开西窗，不开北窗。西窗能见到斜阳，既采光，又有诗意；北窗则冬日易受北风吹，不如不开。

其实，"丈室"是静修之处，里面的家具布置很有讲究。李清照说"惟有书画砚墨可五七簏，更不忍置他所，常在卧榻下，手自开阖"，她常在卧榻上翻阅珍藏的书画。可见，丈室里面要设卧榻，卧榻之上可以放置一些书籍供随时取阅。这些可能是"丈室"的标配吧，但遗憾的是作者没有提出。

佛堂

【原典】

筑基高五尺余，列级而上，前为小轩①及左右俱设欢门②，后通三楹③供佛。庭中以石子砌地，列幡幢（fān chuáng）④之属。另建一门，后为小室，可置卧榻。

【注释】

①小轩：指有窗槛的小屋或长廊。

②欢门：宋代酒肆食肆所用的店面装饰，在店铺门口用彩帛、彩纸等所扎的门楼。此处指侧门、耳门。

③三楹："楹"在这里是计量单位，一列为一楹。明清时的佛堂一般为三楹。

④幡幢（fān chuáng）：佛堂用品，用以象征佛菩萨的大德。幡，旌旗类的总称。幢，通常是以丝帛接成圆筒状，下边再缀以数条丝帛。

【译文】

佛堂建台基约五尺高，台阶一级一级地朝上，佛堂前面为小轩，左右两侧都设欢门，后面连通三楹佛堂来供佛。厅堂用石子铺设地面，悬挂幡幢之类的佛事用具。另外开设一扇门通往后面的小屋，屋内可以放置卧榻。

【古法今解】

　　宅院建造的佛堂，会供奉佛像，信佛的家庭成员在其中念佛拜佛。明清两代的大宅院中，一般都设有佛堂。大族世家甚至还建有家庙。在佛堂内，家庭成员可以做早课、晚课，早起念经、拜忏等活动。大户人家遇到斋戒日和佛诞日等，还可以请僧尼到家中讲经、做法会等。佛堂建在民宅中，是明代佛教走向世俗化的标志。佛堂用品包括佛像、佛龛、供桌、香炉、果盘、烛台等，供佛用品一定要精致，而且要洁净庄严。幡幢是一种极具仪式感的供佛饰物，能烘托出堂内的庄严氛围，一般多在寺庙中悬挂，家庭佛堂很少见到这些东西。如果佛堂悬挂幡幢，就反映了该户人家供佛非常虔诚了，且佛堂的布置是非常讲究的。

　　杜牧说"南朝四百八十寺，多少楼台烟雨中"，说的就是南朝时江南佛教之兴盛。实际上，不仅南朝，明代江南一带也盛行佛教。文震亨家族世代信佛，文徵明有恭敬抄写佛经的习惯。在台北"故宫博物院"就存有《文徵明书金刚经仇英画佛轴》。这幅作品作于明世宗嘉靖三十五年，是书法中的精品。

　　"三楹"是明清两代的佛教建筑中的专有名词，在建筑中经常出现，如正殿三楹、三楹佛阁。连圆明园中的寺庙园林前殿也是"欢喜佛场"三楹。文震亨讲"三楹供佛"，"三楹"一词用得极其准确。佛堂建筑也是祭祀先祖的地方，但是这点文震亨没有提到，或许当时没有把佛堂与祖宗祠堂建在一起的习惯。但在清代，家庭里的佛堂往往跟供奉祖宗的祠堂连在一起的。佛堂里面不仅供佛，也辟有地方来供奉家族先亡者的灵位。

桥

【原典】

　　广池巨浸①，须用文石为桥，雕镂云物②，极其精工，不可入俗。小溪曲涧，用石子砌者佳，四旁可种绣墩草。板桥须三折，一木为栏，忌平板作朱卍字栏。有以太湖石为之，亦俗。石桥忌三环，板桥忌四方磬（qìng）折③，尤忌桥上置亭子。

【注释】

①巨浸：大水，大的河流、湖泊，文中指园林中的大池沼。

②云物：景物，景色。

③磬（qìng）折：物体形态曲折如磬。磬，古代的打击乐器，形状和曲尺相似。

【译文】

宽阔的池塘，要用带纹理的石料来架桥，石桥上雕刻景物，做工必须精致，不可显出俗气。小溪泉水，用石子砌成小桥属于最好的，桥的四周可以种绣墩草。木桥需要有三折，用木条做成栏杆，忌讳用平板做成朱红的"卍"字栏。有人用太湖石做装饰也很俗气。石桥忌讳三个转折，板桥忌用直角转折，尤其忌讳在桥上建亭子。

古法今解

桥是架于水面或空中，沟通此岸与彼岸，跨越障碍物的建筑。桥在中国古典文学中也是一个思想载体，温庭筠《商山早行》："鸡声茅店月，人迹板桥霜。"一幅冷清的早行图画，早行人的凄冷与寂寞都体现在布满白霜的木桥上。桥也总是和爱情联系在一起，那些美丽的爱情故事总是离不开小桥流水。鹊桥专门用来指称男女结合的途径。传说中白娘子和许仙邂逅、重逢便是在断桥之上。

园林里的桥，往往建得小巧精致，与其说是跨越障碍的枢纽，还不如说是为了园林景致的美妙。园林中需要有潺潺溪水，有水的地方就有桥，小桥流水是园林必不可少的风景。桥不仅具有通行的作用，还可用来点缀景色，增加水面的层次感。"断桥残雪"便是西湖十景之一。

文震亨从材料的使用上提到两种桥：石桥和木桥。大水面上用纹石建桥，小水面上用石子砌桥。何处适合建木桥没有提到。建石桥、木桥有诸种宜忌原则，文震亨还是保持着一贯的追求：不俗。实际上，根据水势、地形，桥的架构有诸多的不同，达到的效果也不一样。只从园林中桥的形式来看，就有平桥、拱桥、亭桥、廊桥等几种。

苏州园林的桥座座别具匠心，几乎是一桥一景。苏州园林里大湖称得上是"广池巨浸"，湖上架的是石板桥，弯如曲尺。石板桥在园林里有很多，如在沧浪亭、环秀山、拙政园、狮子林都可以看到石板桥。许多板桥，确实如文震亨所说那样建成三折，好像是折尺铺在水面上。曲涧上建小拱桥的挺多。园里抬脚一迈就能过去的水沟，为了好看往往会造一座小桥，弯拱的带一点弧度，很像精雕细刻的工艺品。网师园的引静桥，被认为是中国园林里最短最小的拱形桥，只需三四步就可以跨过。引静桥为柔婉的弧形，两侧有石栏，桥面刻以圆花形浅浮雕纹饰。桥虽小，却是精雕细刻。桥上建亭子的也有，狮子林的石板桥，桥中间建一座飞檐翘角的凉亭，造景极具匠心。还有在桥上加顶，把桥建成一条长长的走廊的，拙政园有一座桥做成长廊状，人走在桥上，只以为是一道长廊。春天紫藤花开，游人在桥上走，抬头一望，花开头顶。夏天紫藤遮天蔽日，凉爽宜人。可见造桥无定式，只要用心，布置得当，都可以成为美丽的风景。

园林中桥的形式变化多端，有曲桥、平桥、廊桥、拱桥、亭桥等。如为增加桥的变化和景观的对位关系，可设曲桥，曲桥的转折处可设对景。拱桥不仅是船只的通道，而且在园林中可打破水面平淡、平直的线条，拱桥在水中的倒影都是很好的园林景观。将亭桥设在景观视点较好的桥上，便于游人停留观赏。廊桥则有高低转折的变化。

茶寮（liáo）①

【原典】

构一斗室，相傍山斋，内设茶具，教一童专主茶役②，以供长日清谈，寒宵兀（wù）坐③。幽人④首务⑤，不可少废者。

【注释】

①茶寮（liáo）：烹茶之所。

②茶役：为烹茶服务。

③兀（wù）坐：独自端坐。

④幽人：幽居的人。

⑤首务：第一要事。

【译文】

建造一间小室靠近山斋，里面摆放一些茶具，安排一个童子专事煮茶，用来供应自己日里清谈、寒夜独坐所需要的茶水。这是幽居的人最看重的事，不能缺少了这些呀。

茶与酒是古代文人生活中不可或缺的两个重要因素。以酒会友，以茶入诗，是古人认为很具有风雅的事。茶寮，指街市中的茶馆，常常和酒坊连用，处在闹市。但是茶寮在明代也指寺庙里的品茶小斋房，明代杨慎在《艺林伐山·茶寮》说："僧寺茗所曰茶寮。""寮"的本意是长排房，僧人住的房舍，佛教中称为"寮房"，里面或为大通铺，或隔为简陋的小间。

明代许次纾《茶疏》提出："小斋之外，别置茶寮。高燥明爽，勿令闭塞。"茶寮要干燥明净，保持通风。在私家园林中，茶寮仅仅指烹茶的地方，一定是单独分开建造的，为的是消防安全，因为明代建筑多为木结构，而茶寮内设有火炉，还要堆放火炭、干燥的树枝等燃料，容易引发火灾，所以古代的人们一般都将茶寮建在主体建筑之外。如明代的名士，屠隆和许次纾的茶寮只盖在书斋旁，而文震亨的茶寮盖在山斋旁。

古人对喝茶非常讲究"仪式感"，文震亨就此提出了两点：第一，位置应和山斋相依傍。讲究位置，是因为品茗不仅是为了涤烦疗渴，更是要显示高雅的素养与淡泊的品格，山居之处幽静惬意，正可烹茶会友。第二，须有专人烹煮。专人烹煮是为了不影响白日的清谈与夜晚的独坐。建一间小茶舍，里面备好精致的茶具，还应该有好茶，更要调教一个乖巧、手脚伶俐的童子，把烹煮茶水的差事务必做得精湛。客人来了，碧青的茶汤就添上了。

可见，古人喝茶，不仅仅追求茶味，更是追求一种人生的境界。白日里，在茶

香缭绕中，与三五知己，或谈天下国家，或说凡尘俗世，析理问难。夜晚里，在茶的余香中独坐沉思，品味寒夜的孤独与恬淡。可以看出文震亨虽谈茶寮，但实际是在表述"清谈"与"幽士"的生活模式，追求的是随心所欲的闲谈与幽居的风致。这或许就是《颜氏家训》所说的"清谈雅论，剖玄析微"的生活境界。

琴室

【原典】

古人有于平屋中埋一缸，缸悬铜钟，以发琴声者。然不如层楼之下，盖上有板，则声不散；下空旷，则声透彻。或于乔松、修竹①、岩洞、石室之下，地清境绝②，更为雅称耳。

【注释】

①乔松、修竹：高松长竹。乔，高。修，长。

②地清境绝：指不沾尘俗气息的地方。

【译文】

古代有人在平房中埋一口缸，缸中悬挂铜钟，用以与琴音产生共鸣，然而这不如在阁楼的底层弹琴，由于上面楼板封闭，琴声就不会散；阁楼下面空旷，声音就很清澈洪亮。或者把琴室设在高松、长竹、岩洞、石屋的下面，这些地方不沾世俗气息，更与风雅相称。

古法今解

琴在"琴棋书画"四大艺术中居首位。一般以为，古代操琴的人大都能洁身自好，风骨高洁。自古隐士高人都善弹琴，他们并非以高明琴技炫耀于众，而是追求一种高洁淡泊的精神境界。如陶渊明是"少学琴书，偶爱闲静"，王维是"独坐幽篁里，弹琴复长啸"。东晋名士戴逵弹得一手好琴，但他有高蹈出世之志，不谄媚权贵：太宰司马晞请他弹琴，戴逵就把琴摔碎，表示不愿在王门做伶人。

弹琴很有讲究。古人有"五不弹""十四不弹"及"十四宜弹"。"五不弹"是："疾风甚雨不弹，尘市不弹，对俗子不弹，不坐不弹，不衣冠不弹。""十四不弹"是："风雷阴雨，日月交蚀，在法司中，在市尘，对夷狄，对俗子，对商贾，对娟妓，酒醉后，夜事后，毁形异服，腋气臊臭，鼓动喧嚷，不盥手漱口。""十四宜弹"是："遇知音，逢可人，对道士，处高堂，升楼阁，在宫观，坐石上，登山埠，憩空谷，游水湄，居舟中，息林下，值二气清朗，当清风明月。"

石边水畔，古松虬曲，一位高士潜心抚琴，一位知音端坐聆听，悠然神会。

所以，在清风明月、夜雨篷窗、山水坐卧、清流泛舟的时候，操琴一曲，这才是极高雅的事。弹琴是最雅的事之一，琴室自然要讲究脱俗、清幽。琴室第一关键因素是对声音的影响。所以文震亨不赞成古人埋钟于地下与琴声共鸣的做法，认为在阁楼的底层声音效果更好。能在与世隔绝的地方弹琴，更为风雅。显然，他追求的是自然与纯净，是远离尘俗的生活方式。

浴室

【原典】

前后二室，以墙隔之，前砌铁锅，后燃薪以俟①。更须密室，不为风寒所侵。近墙凿井，具辘轳（lù lú）②，为窍引水以入。后为沟，引水以出。澡具巾帨（shuì）③咸具其中。

【注释】

①俟：等待。

②辘轳（lù lú）：利用轮轴原理制成的井上汲水的起重设施。

③巾帨（shuì）：手巾。帨，佩巾。

【译文】

用墙将浴室分为前后两部分，前室砌铁锅盛水，后室砌炉灶烧水。浴室需要密闭起来，不让寒风侵入。靠近墙的地方凿井并安装辘轳提水，在墙上凿孔引水进来。在浴室后面挖一条小沟，把水排出去。洗澡的毛巾之类用具都置备其中。

古法今解

古代对盥洗沐浴分得很细，《说文解字》这样解释："沐，濯发也；浴，洒身也；洗，洒足也；澡，洒手也。"洗头、洗身、洗脚、净手都有不同的讲法。另外，洗浴在古代是一种仪式，不仅是为了解决个人卫生问题。《礼记》记载："男女夙兴，沐浴衣服，具视朔食。"每逢重要日子，家中男女主人要早起，沐浴更衣后才能去准备膳食。在殷商时有"斋戒之礼"，这是一种沐浴礼仪，举行隆重的祭祀典礼之前，要沐浴净身，以示虔诚。周代有一种制度叫"汤沐邑"，是指诸侯朝见天子，天子赐以王畿以内的土地作为封邑，以供住宿和斋戒沐浴。此后，皇族中的公主、郡主等收取赋税的私人领地，也称"汤沐邑"。

明清两代的浴室很发达，有官设的澡堂，有私家浴室，还有公共澡堂。私家浴室一般有前后两间，一间生火烧热水，另一间用来洗浴。浴室是密闭的，天寒时以防风吹受寒。明代甚至有蒸汽浴，沈德符在《万历野获编》中记载："日必再浴，不设浴锅，但置密室。高设木格，人坐格上，其下炽火沸汤蒸之，肌热垢浮，令童子擦去。"沐浴的人坐在木架上，下面蒸汽升腾，还有童子侍候擦洗。清代的浴室更是盛况空前。

文震亨对浴室的设置就非常周到，从引水、烧水到排水都安排得井然有序，虽然比今天要费人力，但热汤沐浴的惬意是我们今天急匆匆的冲凉所体会不到的。虽然缺乏今天现代化的设备，但我们的古人有自己的一套办法来享受生活。

街径 庭除

【原典】

驰道①广庭，以武康石②皮砌者最华整。花间岸侧，以石子砌成，或以碎瓦片斜砌者，雨久生苔，自然古色。宁必金钱作埒（liè）③，乃称胜地哉？

【注释】

①驰道：这里指宅院中的大路。

②武康石：产自浙江武康镇，质地坚硬，磨损性较低，为深赭色，是园林建设中的上等石材。

③埒（liè）：矮墙。"黄金埒"是一个有名的典故，出自《晋书》所载的王济的故事："性豪侈，丽服玉食。时洛京地甚贵，济买地为马埒，编钱满之，时人谓为'金沟'。"

【译文】

园中的大道和开阔的庭院，用武康石皮来砌地，就会显得华丽整齐。花丛间以及池岸之畔，用石子铺地，或者用碎瓦片斜着铺砌，雨淋久了生出苔藓，显得自然而古雅。难道一定要耗费巨资打造才称得上名胜之地吗？

古法今解

砖石、碎片、方砖、卵石、石板及石块等是园林里铺装路面的常见材料。现代园林设计也认为，铺装路面不在于用料有多么昂贵，而在于设计的别出心裁——用普通的建材，设计出不一样的路面。

路面铺装有诸多样式，如常见的花街铺地：这是以砖瓦为材料，组成一定的图案，图案内镶以各色卵石、碎石、碎缸片、碎瓷片，这些材料组成各种纹样。其铺地色彩大多淡雅，有黄、棕褐、墨黑色等，风格圆润细腻，与园林的意境十分协调。铺地图案也多以传统题材或民间喜闻乐见的形象为主题。有用雕砖卵石铺地，称为"石子画"，是选用精雕细刻的砖、细磨的瓦和经过严格挑选的各色卵石拼凑而成的路面。做成的图案很丰富，有以历史故事为题材的图案，也有以花鸟鱼虫等为题材的图案。卵石铺地也较常见：卵石铺成的路面耐磨性好、防滑；用方砖、条石铺地则园路平坦、整洁明净。所以文震亨说，只要有心，就能营造出"自然古意"的"驰道"。特别是风雅文人的居所，整体的营造一定要体现出主人优雅的审美情趣。

楼阁

【原典】

楼阁作房闼①者，须回环窈窕；供登眺者，须轩敞宏丽；藏书画者，须爽垲（kǎi）②高深，此其大略也。楼作四面窗者，前楹用窗，后及两旁用板。阁作方样者，四面一式。楼前忌有露台③、卷篷④，楼板忌用砖铺。盖既名楼阁，必有定式，若复铺砖，与平屋何异？高阁作三层者最俗。楼下柱稍高，上可设平顶。

【注释】

①房闼：此处指寝室，闺房。闼，小门。

②爽垲（kǎi）：指高爽干燥。

③露台：即今阳台。

④卷篷：即卷棚。中国古建筑中的一种形式。其屋面双坡，没有明显的正脊，即前后坡相接处不用脊而砌成弧形曲面。

【译文】

楼阁用作寝室的，应该前后环绕，深邃幽美；用来登高望远的，应该宽敞华丽。用来收藏书画的，应该明亮干燥，楼高且深：这是建造楼阁的大致原则。楼阁需要四面都开窗的，前面的做成透光窗，后面及两旁做成木板窗。楼阁做成四方形的，四面应该都一样。楼前忌讳设置阳台、卷篷，楼板忌讳用砖来铺。既然称之为楼阁，就要有楼阁的样式。如果再铺上砖，与平房有什么差别呢？楼阁做成三层最为俗气。楼下立柱要稍高，上面可设成平顶。

古法今解

楼阁是一种多层建筑物，在我国古代建筑中具有标志性，更具有普遍性。比如城楼是军事防御设施。藏书的楼阁是古代供藏书和阅览图书用的楼阁建筑。我国宁波天一阁是现存最古老的私人藏书楼，整个建筑南北开窗，空气流通。里面的书橱两面都设有门，可前后取书，这样既有利于空气流通，又可以防霉。据说北京故宫文渊阁是专为收藏四库全书而建的藏书楼，就是仿效天一阁而建的。还有一种楼是登高望远的观景建筑，也用楼阁为名，如黄鹤楼、滕王阁等。还有阙楼、市楼等。这样的楼阁建造与崇信神仙方术有关，因为古人认为高峻楼阁可以见到天上的神仙，所以在唐代诗人白居易的《长恨歌》中有"楼阁玲珑五云起，其中绰约多仙子"的诗句。

楼与阁，在古代是有区别的。楼与阁所指并不相同，楼是多层建筑的房屋，阁则是四流水顶而四面开窗的房屋。楼是指重屋，阁是指下部架空、底层高悬的建筑。阁一般是近似方形，两层，有平坐的建筑。与阁相比，楼的平面更窄一些，但建筑总体高而修长有致。一般以阁为主体，楼为附属建筑。楼一般为藏经楼、后楼、厢楼等，处于建筑组群的最后一列或左右厢的位置，比较隐蔽，一般用作女眷的闺房、寝室。

文震亨认为楼阁用途不同，造型、规格也不一样，指出楼阁建造的大致规则，然后对窗户的设置、地板的铺设及一些忌讳做了说明。

台

【原典】

筑台忌六角，随地大小为之。若筑于土冈之上，四周用粗木，作朱阑亦雅。

【译文】

建造台，忌建成六角形式，要根据地面大小来决定建筑。如果建在土岗上，四周用粗木做成朱红色的栏杆，也很雅致。

古法今解

台在我国是很常见的古建筑类型，一般为宫殿建筑，如周文王的灵台和曹操的铜雀台等。铜雀台可能是最著名的一座台了，据说曹操建设此台是为了彰显自己平定四海的功德。但是另一种说法是，曹操想把江东的两位绝色美女——大乔、小乔抢来，安置在铜雀台，所以杜牧有句诗这样写道："东风不与周郎便，铜雀春深锁二乔"，说的便是这个故事。

文震亨对台的建造有自己的标准，他之所以认为筑台忌用六角形，可能是因为在明清家具中，六角台式的木桌很常见，当时大约是六角式器物太多，有了审美疲劳。文震亨认为台是"筑于土冈之上，四周用粗木，作朱阑亦雅"。而明末造园家计成在《园冶》中却说："园林之台，或掇石而高上平者；或木架高而版平无屋者；或楼阁前出一步而敞者，俱为台。"作为园林建筑，台可以是用石头砌成高而平坦的，也可以是用木材架起来的，或者在楼阁前建也可以。

海论①

【原典】

忌用"承尘"②，俗所称天花板是也，此仅可用之廊（xiè）宇③中。地屏④

则间可用之。暖室不可加簟（diàn）。或用氍毹（qú shū）⑤为地衣亦可，然总不如细砖之雅。南方卑湿，空铺最宜，略多费耳。室忌五柱，忌有两厢。前后堂相承，忌工字体，亦以近官廨也，退居则间可用。忌旁无避弄⑥。庭较屋东偏稍广，则西日不逼。

忌长而狭，忌矮而宽。亭忌上锐下狭，忌小六角，忌用葫芦，忌用茆（máo）盖⑦，忌如钟鼓及城楼式。楼梯须从后影壁上，忌置两旁，砖者作数曲更雅。临水亭榭，可用蓝绢为幔，以蔽日色；紫绢为帐，以蔽风雪，外此俱不可用，尤忌用布，以类酒船及市药设帐⑧也。小室忌中隔，若有北窗者，则分为二室，忌纸糊，忌作雪洞⑨，此与混堂无异，而俗子绝好之，俱不可解。忌为卍字窗旁填板。忌墙角画各色花鸟，古人最重题壁，今即使顾陆点染⑩，钟王濡笔⑪，俱不如素壁为佳。忌长廊一式，或更互其制，庶不入俗。忌竹木屏及竹篱之属，忌黄白铜为屈戍⑫。庭际不可铺细方砖，为承露台则可。忌两楹而中置一梁，上设叉手笆⑬。此皆元制而不甚雅。忌用板隔，隔必以砖。忌梁椽画罗纹及金方胜，如古屋岁久，木色已旧，未免绘饰，必须高手为之。凡入门处，必小委曲，忌太直。

斋必三楹，傍更作一室，可置卧榻。面北小庭，不可太广，以北风甚厉也。忌中楹设栏楯，如今拔步床式⑭。忌穴壁为橱，忌以瓦为墙，有作金钱梅花式者，此俱当付之一击。又鸱（chī）吻好望⑮，其名最古，今所用者，不知何物。须如古式为之，不则亦仿画中室宇之制。檐瓦不可用粉刷，得巨枅（bīng）桐擘为承溜，最雅，否则用竹，不可用木及锡。忌有卷棚，此官府设以听两造⑯者，于人家不知何用。忌用梅花簜（tà）⑰。堂帘惟温州湘竹者佳，忌中有花如绣补⑱，忌有字如"寿山""福海"之类。

总之，随方制象，各有所宜，宁古无时，宁朴无巧，宁俭无俗。至于萧疏雅洁，又本性生，非强作解事者所得轻议矣。

【注释】

①海论：总论。

②承尘：唐代以前的建筑，没有天花板，房梁横木上用遮布挡灰，名叫作"承尘"。

③廨（xiè）宇：指官舍建筑。

④地屏：指地屏风，屏风的一种，又分为座屏和落地屏。地屏形体大，多设在厅堂，一般不会移动。

⑤氍毹（qú shū）：用毛织成的地毯。

⑥避弄：指宅内正屋旁侧的通行小巷，为女眷仆婢行走之道，以避男宾和主人。

⑦茆（máo）盖：用茅草来覆盖。"茆"通"茅"，指茅草。

⑧市药设帐：卖药的设馆授徒，泛指江湖营生。

⑨雪洞：假山中的石洞。明代擅长叠石的工匠，能在假山中堆出可供人通行的洞窟，雅称"雪洞"。此处形容室内装饰太素，枯燥无味，如同假山石洞一样。

⑩顾陆点染：请顾恺之和陆探微来画画。顾、陆二人是师徒，都是丹青名家，擅画肖像画。点染，指绘画时点缀景物和着色。

⑪钟王濡笔：请钟繇和王羲之来题字。濡笔，蘸笔书写。

⑫屈戍：即屈戌，门窗、屏风、橱柜上的环扣。

⑬叉手笆：横梁与脊梁之间的斜撑。

⑭拔步床式：明清时期流行的一种大型床。拔步床从总体上可以分为两部分，一部分是架子床，一部分是架子床前的围廊。床架的作用是为了挂帐，为达到室内宽敞明亮，其左右和后面安装了较矮的床围。

⑮鸱（chī）吻好望：指建筑屋脊上装饰的兽形雕饰。鸱吻是龙的九子之一，性好望，口润嗓粗而好吞，因此被用来作为殿脊两端的吞脊兽，取其灭火消灾之意。

⑯两造：指原告和被告。

⑰簟（tà）：挡阳光用的篾制窗扇。

⑱绣补：补子，补缀于品官补服前胸后背之上的一块织物，为明代品官服饰制度的重要特征。

【译文】

建造室庐忌用"承尘"，就是俗称的天花板，"承尘"只能用在官署之中。地屏风则间或可以用。有取暖设备的房间不能加竹席。有人用毛织的地毯铺地板也是可以的，但是不如用细砖铺地雅致。南方地势低下潮湿，最适合架空铺设，稍微多些花费而已。室内忌用五根柱子，忌设有两个厢房。前堂后堂忌用工字体相互承接，因为这种结构类似官衙的建筑，休息室偶尔可以用这种结构。忌正房旁没有设供女眷通行的小巷。庭院比房屋往东偏稍宽一些，这样西晒就不会太厉害。

庭院忌长而窄，矮而宽。亭子忌上尖下窄，忌小六角形，忌用葫芦形，忌以茅草覆盖，忌建得如钟鼓及城楼的样式。楼梯要从后庭影壁后面上去，忌建在两旁，砖砌成几种弯曲的图案更雅致。临水的亭榭，可以用蓝色的绢布为帷幔，遮蔽日光；用紫色的绢为帐子，遮蔽风雪。此外都不可以用，尤其忌讳用布，那就如同游船和江湖药铺的招幡。小室忌讳从中间隔开，如果有北窗，就分成二室，忌讳用纸糊墙，忌讳在墙上挖洞，如果那样就与浴室没什么差别了，但普通俗众很喜欢这样做，难以理解。忌讳在卍字窗旁边做填板，忌讳在墙角画各种花鸟。古人非常重视在墙上题诗作画，但现在即使顾恺之、陆探微来作画，钟繇、王羲之来题字都不如白墙属于最好的。忌讳所有长廊同一样式，应该变换样式，不落俗套。忌讳竹木屏风及竹篱笆这一类东西，忌讳用黄白铜做门窗、屏风等的环纽、搭扣。庭院地面不能铺设细方砖，用来铺设屋顶的露台则可以。忌讳两根立柱当中的横梁与脊梁之间设置斜撑的木柱，这是旧式做法，不太雅致。忌用木板隔墙，隔墙一定要用砖，忌在梁椽上绘罗纹及金方胜的图案。如果是年岁已久的老屋，木头的颜色旧了，不得不做绘画装饰，必须请高手来画。但凡进门的地方，一定要稍有曲折，忌太过直冲。

厅内要设三根楹柱，旁边还要建一间房舍，可以放置卧榻。朝北的小庭院，不能太宽大，因为北风猛烈。忌中柱设栏杆，如同今天的八步床式样。忌在墙上凿壁作为橱柜，忌用瓦来隔墙，有人用瓦做成铜钱、梅花图案，这些做法都该去除。还有屋脊两端的"鸱吻好望"，历史久远，今天所制作的，不知道是什么物事，应该按照古代的式样来做，不然也应仿照古画中的房屋样式制作。屋檐下的瓦，不能用白灰粉刷，用巨大的棕榈叶掰开作为承接雨水的檐溜，最为雅致，不然则用竹筒，不能用木和锡接水一屋前忌有卷棚，这是官府建造用来听原告、被告陈述的设施，在普通人家不知做什么用：忌做梅花式的窗户。堂上的帘子，数温州产的湘妃竹帘最好，忌帘中有花鸟图案，如官服上的补子，忌帘上有"寿山""福海"之类的字。

总之，应该根据物品的类别制作不同的式样。宁可古旧不可时尚，宁可朴拙不可工巧，宁可简约不可俗气。至于萧疏雅洁的趣味，是天性所致，不是自以为懂而妄加解释的人所能够轻易说清楚的。

古法今解

这篇乃文震亨为室庐建筑所写的总论，它与卷首序言中对"栖岩止谷"生活的向往相一致，文震亨主张室庐建筑要远离官署与市井，追求隐逸风格。表现出不屑与世俗为伍、要与市井俗众区别开来的心态。

文震亨一贯追求的雅与古，乃是文人士大夫追求从容、悠然心态视角下的雅洁与古朴。整个明代，士大夫阶级都有一种怀古情结，一种汉唐之思，复兴汉唐盛世的梦想极为强烈。文震亨说大门前的春帖，必须要寻觅唐联中的佳句，要从唐诗里面找出好的句子来，贴在大门口，才有意境。这可以看作是作者对汉唐盛世发自内心的向往。

作者提出，用毛织物为地毯不如用细砖幽雅，地砖铺砌成弯曲的图形，这是对视觉效果的追求；剖开棕榈叶做盛水器具最为雅致，则是对闲情、趣味的发掘。虽也顾及实用，但并不从基本的生活功能入手，有时表现出对技术特性的反感。叉手笆的设置很实用，但文震亨认为不是很雅，以雅牺牲实用。同时提出雅是本性所致，表达出一种掌握了雅的标准的优越感。对古的追求也服从于雅，经久的古屋，因为不够雅洁，需要雕绘装饰。

题壁文化历史悠久，始于两汉，盛于唐宋。唐宋时期，由于是诗歌的创作高峰期，题壁诗骤然大增，形成一种文化潮流。所谓"壁间俱是断肠诗"，言题壁创作之繁盛。苏轼的"不识庐山真面目，只缘身在此山中"，便是题壁诗。但在明代，题壁文化受到了江南名士的排斥。文震亨说："今即使顾陆点染，钟王濡笔，俱不如素壁为佳。"文震亨为丹青世家，尚且有如此言论，可知当时的风气，但凡有品位的人家，决计不会在墙壁上涂鸦，书画必是在纸上渲染，墙壁则以素白粉壁为最好。这是一种崇尚朴拙、清雅、含蓄的审美导向。古人虽有题壁的传统，但不如素壁，因为白色的墙壁作为背景存在，更简约干净，更能起到衬托周围环境的作用。虽提出"须如古式为之""宁古无时"，但以雅为前提。

晚明社会经济得到长足发展，都市生活崇尚奢华铺张，巨商富贾生活奢靡，园林、居家建筑堂皇，这种风气日渐普遍化、平民化，俗文学、俗文化也开始繁荣，以俗为美的倾向蔓延开来对物质消费的追求和感官享受的欲望得到普遍认可。

在本章的最后，作者结合具体的事例来讲室庐的大格局，比如建筑要怎样布局，窗户怎么开，房间里要怎么布置，都有细致的安排。他能把当时先进的美学思潮落实到实际的技术操作层面，可谓非常难得。这表明他对于园林建筑艺术有着深入的思考，有很深的心得体会。作者实际参与过许多建筑的设计、施工过程，有过长期与工匠磨合的经验，所以才会分析得如此娴熟、老练，而又细节丰富。作为正统士大夫的文震亨，对古、雅、隐的崇尚，是内化于传统士大夫心中的永恒追求，是文人知识积累、生活品位和生命追求的美学显现。

卷二　花木

【原典】

弄花一岁，看花十日。故帏箔①映蔽，铃索②护持，非徒富贵容也。第繁花杂木，宜以亩计。乃若庭除槛畔，必以虬枝古干，异种奇名，枝叶扶疏，位置疏密。或水边石际，横偃③斜披；或一望成林；或孤枝独秀。草木不可繁杂，随处植之，取其四时不断，皆入图画。又如桃、李不可植庭除，似宜远望；红梅、绛桃，俱借以点缀林中，不宜多植。梅生山中，有苔藓者，移置药栏，最古。杏花差不耐久，开时多值风雨，仅可作片时玩。蜡梅冬月最不可少。他如豆棚、菜圃，山家风味，固自不恶，然必辟隙地数顷，别为一区；若于庭除种植，便非韵事。更有石磉（sǎng）④木柱，架缚精整者，愈入恶道。至于艺兰栽菊，古各有方。时取以课园丁，考职事⑤，亦幽人之务也。志《花木第二》。

【注释】

①帏箔：帏：帐幕。箔：帘子。

②铃索：系铃的绳索。此处指在花木上系以金铃，用来惊吓鸟雀，以保护花木。

③横偃：横而下卧。偃，仰面倒下。

④石磉（sǎng）：柱子下面的石墩。磉，柱下石墩。

⑤考职事：考核技艺。

【译文】

伺弄花木一年，赏花只有十天。所以花开时用帷幕、帘子来遮蔽，系金铃来养护，不仅是为了维护花富贵的容貌。种植繁花杂木，应当以亩来计。至于庭院边、栏槛边上，应当使用虬劲的枝条、古意盎然的树种，品种要奇异，名字要奇特，枝叶茂盛，疏密有致。要么在水边石旁，横卧斜披；要么一望成林；要么孤植一棵，有一枝独秀之景。草木不能种得太繁杂，随处种植，使其四季风景不断，都可以入画境。又比如桃树、李树不可种植在庭院，只宜远望；红梅、绛桃都是用来点缀树林的，不宜多种。梅花生长在山里，将其中有苔藓的移植到药栏里，最有古意。杏花花期不长，花开时节，风雨正多，只能短暂观赏。蜡梅在冬天最不可缺少。其他如豆棚、菜圃，山野风味，固然也不差，然而必须要单独辟出数顷空地，使其自成一区；如果在庭院里种植，有失风雅。还有石墩、木柱，精心搭架绑缚的，更加恶俗了。至于种植兰、菊，古时候都有方法。现今用来教授园丁、考核技艺，是幽居之士第一重要的事情了。记《花木第二》。

古法今解

这篇是文震亨写在花木卷篇首的序言，或者称为纲要，陈述了他关于种植花木的总体思想。"皆入图画"是种植的总原则。或近观，或远望，或成林，或独秀，都可以入画。文震亨好像在将整个园林当做一幅山水画在描摹，不同时节，不同花木，有主体，有点缀。具有实用意味的豆棚、菜圃和人为加工的石墩、木柱则不在风雅之列。

种花不易，精心侍弄一年，观赏花开的时间，往往不过十余天，故而古人赏花有用帏箔映蔽、铃索护持的，这是因为种花不易，花开难得。真正的种花人，会懂得种花的辛劳，从而对于赏花时的种种铺张排场，他认为并非过分，乃是情之所至，爱之所钟。

文震亨认为，庭院中花木的种植，须得古雅，有意趣，且枝叶修剪得疏密有致，位置也要安排得宜。花木要种得有情趣，映照成景，比如在池边、石间，做一疏影横斜的造景。明清时期的江南园林，对于花木的种植非常讲究。如苏州园林，叶圣陶评其"讲究花草树木的映衬，讲究近景远景的层次"。园中景点，如一幅幅图画，人游其中，如同进入画里。

植物造景是园林规划设计的重要环节。按照花木生态习性和园林艺术布局的要求来配置优美景观。首先是植物间的搭配，如种类的选择，树丛的组合，平面和立面构图、色彩、季相及意境的

创造等；其次还有花木与山石、水体、建筑、园路等的配置。

明清时期的古典园林，花木种植主要采取自然式配置，具有活泼、愉悦、幽雅的自然情调，如孤植、丛植、群植树木等等。文震亨的曾祖父文徵明，在苏州拙政园的若墅堂前，题了一副对联："绝怜人境无车马，信有山林在市城。"意指拙政园的造园艺术，有着山野的自然意趣。

唐朝戴叔伦《南轩》："更爱闲花木，欣欣得向阳。"花木之"闲"正是诗人心境之悠闲。而柳宗元种植花木则是排遣愁闷，寻求心灵慰藉，《种木槲花》："上苑年年占物华，飘零今日在天涯。只应长作龙城守，剩种庭前木槲花。"人被贬谪，花被遗弃，木槲花绽放的正是柳宗元天涯飘零的悲情。作为园林中最具生命灵性的要素，花木不仅赏心悦目，其色彩、风韵在文人笔下也具有隐喻意义，是解读文人心态的符码。或悠闲，或苦闷，或超脱，或执着，都投射于花木之上。

园林植物形成优美的景致能引发人们美好的记忆和联想。园林植物能寄物抒情，园林雕塑能启迪心灵，园林文学能表达情感。当人们在优美的园林环境中放松和享受时，可消除疲劳，陶冶情操，彼此间可以增进友谊，对以后的生活质量和工作、学习效益的提高大有裨益，有利于构建文明、和谐社会，这是不可估量的社会效益。

牡丹 芍药

【原典】

牡丹称花王，芍药称花相，俱花中贵裔。栽植赏玩，不可毫涉酸气。用文石为栏，参差数级，以次列种。花时设宴，用木为架，张碧油幔①于上，以蔽日色，夜则悬灯以照。忌二种并列，忌置木桶及盆盎（àng）②中。

【注释】

①碧油幔：绿色的帷幔。

②盎（àng）：原指腹大口小的盛物洗物的瓦盆，后来泛指盆这一类的容器。

【译文】

牡丹被称作花王，芍药被称为花相，都是花中的贵族。栽种观赏，不能有丝毫的寒酸之气。用带纹理的石块做成栏杆，参差排列，按照次序来种植。花开时节设置宴会，用木料搭起架子，上面铺着碧色的帷幔，以遮蔽日光，夜晚则悬挂灯烛来照明。忌讳将牡丹与芍药同排并列，忌讳将二者放置于木桶和盆盎当中。

古法今解

牡丹和芍药都为艳冠群芳的名花，谁列第一呢？北宋陆佃在《埤雅》中说："今群芳中牡丹品第一，芍药第二，故世谓牡丹为花王，芍药为花相，又或以为花王之副也。"可见牡丹第一，芍药第二，前人早有定论。既然一为花王，一为花相，所以文震亨提出种植不能带有寒酸气，不仅需要纹石为栏，花期还要帷幔、灯烛等装饰。李格非在《洛阳名园记》中记载："洛中花甚多种，而独名牡丹曰花王。凡园皆植牡丹，而独名此曰花园子，盖无他池亭，独有牡丹数十万本。凡城中赖花以生者，毕家于此。至花时张幕幄，列市肆，管弦其中，城中士女，绝烟火游之。"可见赏牡丹确实要有富贵做派。北宋时洛阳城中雅士赏牡丹，就是"张幕幄，列市肆，管弦其中"，不但铺着帷幔，还有歌舞管弦和丝竹之乐。

芍药花似牡丹，但牡丹是木本植物，芍药是草本植物；牡丹叶片宽阔，芍药叶片狭窄；二者花期均晚于其他花卉，牡丹则早于芍药半月左右开放。

牡丹和芍药都是我国特有的名贵花卉，有着悠久的栽培历史和深厚的文化内涵。牡丹原产于长江流域与黄河流域诸省的山间、丘陵中，在东汉早期的墓葬中，有关于牡丹治疗血瘀病的记载。作为百花之王的牡丹代表着富贵与圆满，唐诗人刘禹锡《赏牡丹》："庭前芍药妖无格，池上芙蕖净少情。唯有牡丹真国色，花开时节动京城。"芍药过于妖娆，芙蕖则清高冷漠，只有牡丹是真国色，开花时节举国狂欢。

芍药的栽培历史则更为悠久。据宋代虞汝明的《古琴疏》载："帝相元年，条谷贡桐、芍药，帝命羿植桐于云和，命武罗伯植芍药于后苑。"帝相是夏代的君王，这样看来，芍药距今已有3000多年的栽培历史了。芍药的文化意象与牡丹不同，牡丹雍容华贵，芍药则旖旎多情：古代青年男女游春相戏，赠芍药以表达绵绵情意。

玉兰

【原典】

玉兰，宜种厅事①前。对列数株，花时如玉圃琼林②，最称绝胜。别有一种紫者，名木笔③，不堪与玉兰作婢，古人称辛夷，即此花。然辋（wǎng）川④辛夷坞、木兰柴⑤，不应复名，当是二种。

【注释】

①厅事：私人住宅的堂屋。

②玉圃琼林：玉兰花开时一片白色。玉圃，白玉做成的园圃。琼林，白色的花树。

③木笔：亦称辛夷、木兰，木兰科落叶大灌木，花瓣淡紫色。

④辋（wǎng）川：唐代诗人王维归隐田园的居所，名"辋川别业"，其中有景点名辛夷坞和木兰柴。

⑤辛夷坞、木兰柴：均为辋川别业中的一景。

【译文】

玉兰适合栽种在堂屋前，排列数株。花开时，一片洁白，如白玉雕琢之园圃，又如披雪之琼林，堪称景致绝胜。另外有一种紫色的玉兰，名叫木笔，不配给玉兰做奴婢，古人称之为"辛夷"的，就是这种花。但是，王维辋川别业中的辛夷坞、木兰柴里种植的应该不是同种异名，而是两个不同品种。

古法今解

玉兰是木兰科落叶乔木，别名白玉兰、望春、玉兰花，我国特产名花，种类很多，有广玉兰、紫玉兰、白玉兰、二乔玉兰等品种。其中，白玉兰色白微碧，莹洁清丽；紫玉兰花开呈淡紫色，其花初出时尖如笔锥，故又称木笔。白、紫两种都在早春盛开，花先于叶，妍丽多姿，花形似莲花，花香似兰，淡雅清香，是庭院中名贵的观赏花木。

玉兰在我国的栽培历史悠久，早在春秋战国时代，就有了培育玉兰花的记载。自唐代开始，玉兰、海棠、迎春、牡丹合缀成了"玉堂春富贵"，营造出皇家园林的富贵景象。

文震亨并没有细说怎样种植玉兰，只盛赞玉兰盛开时的洁白灿烂，并排斥与玉兰相似的木笔，认为与王维辋川别业中的辛夷、木兰是不同品种。

明末方以智写的《物理小识》还说："玉兰即木兰。"明代以后，逐渐将木兰、玉兰分开，玉兰称玉兰，而木兰多称辛夷，即文震亨所谓的木笔。文震亨认为王维辋川别业中的辛夷、木兰不是木笔，那到底是什么呢？却没有说明，只说是不同品种。这是因为文震亨对于白玉兰的钟爱和对辛夷不够高洁的偏见，也可看出他所代表的一类文人对洁的追求，反映在花木品种的鉴赏上，也是如此。

海棠

【原典】

昌州海棠①有香，今不可得；其次西府②为上，贴梗③次之，垂丝④又次之。余以垂丝娇媚，真如妃子醉态，较二种尤胜。木瓜花似海棠，故亦有木瓜海棠。但木瓜花在叶先，海棠花在叶后，为差别耳！别有一种曰"秋海棠"，性喜阴湿，宜种背阴阶砌，秋花中此为最艳，亦宜多植。

【注释】

①昌州海棠：清朝陈淏子《花镜》记载："世谓海棠无香，而蜀土潼川、昌州海棠，独有香，不可一例论也。"

②西府：西府海棠，蔷薇科苹果属，落叶小乔木，树枝直立性强，为中国的特有植物，因生长于西府（今陕西省宝鸡市）而得名，在北方干燥地带生长良好。

③贴梗：贴梗海棠，蔷薇科木瓜属，落叶灌木，果实可入药。

④垂丝：垂丝海棠，蔷薇科苹果属，落叶小乔木，树姿优美，叶茂花繁，是著名的庭院观赏植物。

【译文】

昌州的海棠有香气，但今天已经没有了；其次是西府海棠为上品，再次是贴梗海棠，最次是垂丝海棠。但我认为垂丝海棠娇艳妩媚，真如贵妃醉酒之态，比西府海棠和贴梗海棠更有情致。木瓜花类似海棠，故而也有"木瓜海棠"的叫法；但木瓜是先开花，后长叶，海棠是先长叶，再开花，这是二者的差别。另有一种秋海棠，喜欢阴凉潮湿，适合种植在阶下的背阴之处，秋季花卉中，它是最鲜艳的，适合多种植。

古法今解

据明代王象晋《群芳谱》记载，海棠分西府海棠、贴梗海棠、垂丝海棠和木瓜海棠四个品种。海棠花艳丽而脱俗，有"花贵妃""花中神仙"的美称。海棠在唐代就深受人们的喜爱，并盛名远播，贾耽在《百花谱》记载："海棠为花中神仙，色甚丽，但花无香无实。西蜀昌州产者，有香有实，土人珍为佳果。"宋代汪元量有诗云："我到昌州看海棠，恰逢时节近重阳。人言好种亦难得，只有州衙一树香。"宋代地理学家王象之的《舆地纪胜》记载："昌居万山间，地独宜海棠，邦人以其有香，颇敬重之，号海棠香国。"

在这篇中，文震亨重点讲了两类海棠：垂丝海棠与秋海棠。垂丝海棠虽品类较低，但姿态娇媚，应在最上乘。秋海棠虽不在品，但在秋季花卉中最为娇艳，文震亨在此表达了一种与众不同的海棠欣赏姿态。文震亨提到的秋海棠，其实跟海棠不是同一种类。海棠为蔷薇科苹果属，是落叶小乔木，秋海棠是秋海棠科秋海棠属的草本植物。民间通称"海棠"，实际差异很大。秋海棠别名叫

"断肠花"，古人爱情遇到波折时，常以秋海棠花自喻。海棠有多个品种，故而也有优劣之分，在文震亨的时代，海棠中最上品为传说中的昌州海棠，然而它早已在人间绝迹。退而求其次，则是西府海棠属于最好的；再次，是贴梗海棠，垂丝海棠被划为最次的等级。然而文震亨却认为垂丝海棠别有韵味，值得玩赏。这与现代人的审美观一致，现在的南方庭院绿化花卉，以海棠而言，首选就是垂丝海棠。

山茶

【原典】

蜀茶、滇茶①俱贵，黄者尤不易得。人家多以配玉兰，以其花同时，而红白烂然，差俗。又有一种名醉杨妃②，开向雪中，更自可爱。

【注释】

①蜀茶、滇茶：蜀茶，又称山茶花、川茶花，因为很多品种来自四川成都，故称为蜀茶。滇茶，一种来自云南的山茶花。

②醉杨妃：蜀茶的一种变种，花粉红色。

【译文】

川茶花、滇茶花都很名贵，黄色的尤其不容易得到。普通人家大多用山茶花配玉兰，因为二者花期同时，红白相间，灿烂夺目，但有些俗气。还有一种名为"醉杨妃"的山茶花在雪中开放，更加让人喜欢。

古法今解

茶花可能是中国传统名花中品种最多的，据权威部门统计，世界范围内登记注册的茶花品种超过 2 万个，而我国的山茶品种有 800 多个。茶花有红、黄、白、粉四大类花色，最常见的是红色，所以文震亨才说"黄者尤不易得"，可见在明代，黄色茶花也是十分稀有的品种。

在我国战国时代，茶花就开始进行人工栽培，但南北朝及隋代，帝王宫廷、贵族庭院里栽种的仍是野生原始茶花。宋代记载了茶花品种 15 个，明代记载的山茶新品种有 27 个。

蜀地茶花的栽培历史，文献上最早可见的，是在张翊所著的《花经》中，茶花被列为"七品三命"。在蜀地的深丘及山林中，山茶属多种树木遍布各地。四川盆地长年湿润多雨，湿度大，日照不多，山茶花各品种在这种特殊的地理环境的孕育下，形成了节间较短、叶片密集、叶色光洁青翠、叶脉隐平、花瓣润厚、花期较长等特点，故四川的茶花品种群被称为"川茶花"，这便是文震亨所称的"蜀茶"。

产自云南的山茶花，也称滇山茶，其树体较高大，荫浓叶阔，花朵硕大。徐霞客在《滇中花木记》中所记载的两株茶花，一株挺立有三丈多高（相当于十余米），一株浓荫覆盖有将近半亩地……如此大的山茶树，可以想见开花时的盛况。

巴蜀与云南是茶花的著名产地。唐代的段成式在《酉阳杂俎》中记载："山茶似海石榴，出桂州，蜀地亦有。山茶花叶似茶树，高者丈余，花大盈寸，色如绯，十二月开。"可知山茶在蜀地是冬季初开，且花朵繁丽，有极大的观赏性。

就山茶的文化内涵而言，它是一种传统的瑞花嘉木，有祥瑞、吉祥之意，所以最适合庭院绿化。山茶四季常青，树形大小适中，所以适合地栽和盆栽，但是，云南的山茶形体一般较大，古时在寺院、书院中种植较多。

文震亨不主张山茶花与白玉兰同种，山茶花虽然艳丽，但俗气，他更喜欢雪中的醉杨妃。山茶花是传统的观赏花卉，在晚秋天气稍凉时开放，花色艳丽，凋谢时，不是整朵坠落，而是一瓣一瓣地飘飞。

桃

【原典】

桃为仙木①，能制百鬼，种之成林，如入武陵桃源②，亦自有致，第非盆盎及庭除物。桃性早实，十年辄枯，故称"短命花"。碧桃、人面桃③差之，较凡桃更美，池边宜多植。若桃柳相间，便俗。

【注释】

①仙木：明朝俞宗本《种树书》："桃者五行之精，制百鬼，谓之仙木。"旧时迷信谓桃树能辟邪、镇鬼。

②武陵桃源：陶渊明《桃花源记》描绘的世外仙境。武陵，郡名。在今湖南

常德西部。

③人面桃：《群芳谱》记载："美人桃一名人面桃，粉红千瓣不实，二色桃，花开较迟，粉红千瓣，极佳。"

【译文】

桃树是仙木，能镇服百鬼，种植成林，就像进入了武陵桃花源一样，也很有风致，但不适合种栽种在盆钵和庭前阶下。桃树的特性是早早结果实，但十年就枯竭了，所以被称为短命花。碧桃、人面桃成熟较晚，但比一般的桃花更美丽，池塘边适合多种植。如果桃、柳相间种植，就俗气了。

古法今解

中国桃文化源远流长。在民俗文化中，桃是长寿的象征，老百姓过生日做寿时，要蒸桃形的馒头，在馒头顶部捏出桃尖，染成红色，上笼蒸熟，便是寿桃。寿桃通常敬献老人，以祝福老人健康长寿。年画上的老寿星，手里总是拿着寿桃。古代的人们在桃木上刻两个神像，题上"神荼"、"郁垒"二神的名字，在除夕之夜挂在门旁，以压邪驱鬼。后来，逐渐演变成民间挂桃符的风俗。《太平御览》记载："桃者，五木之精也，故压伏邪气者也。桃之精，生在鬼门，制百鬼，故今作桃人梗，著以压邪，此仙木也。"关于桃树镇鬼的记载，最早可以追溯到先秦时期。最早记载桃树品种的古籍是《尔雅·释木》："旄，冬桃；榹桃，山桃。"贾思勰《齐民要术》中记载的桃树品种有近20个；宋代周师厚《洛阳花木记》中，仅洛阳一地，就有桃树品种30多个。桃树分为果桃和花桃两大类，果桃以结果为主，花桃以赏花为主。文震亨提到的碧桃和人面桃都属于观赏品种，因此"较凡桃更美"。

桃，在古代诗歌里被赋予了不同的思想内涵，《诗经》里的"桃之夭夭，灼灼其华"写尽桃花的灿烂；陶渊明笔下的世外仙境里也是桃花纷飞："忽逢桃花林，夹岸数百步，中无杂树，芳草鲜美，落英缤纷"；唐代诗人崔护"去年今日此门中，人面桃花相映红。人面不知何处去，桃花依旧笑春风"（《题都城南庄》）的诗句又让人生出多少感慨和遗憾。桃花美丽，但多飘零，总是与红颜薄命联系在一起。春秋时期息国王后桃花夫人一边展露桃花般的笑容，一边咀嚼仇恨与悲伤，给后人留下无尽的遐想。

李

【原典】

桃花如丽姝（shū）①，歌舞场中，定不可少。李如女道士，宜置烟霞泉石间，但不必多种耳。别有一种名郁李子②，更美。

【注释】

①丽姝（shū）：美女。

②郁李子：即常棣，果实像李子而较小。花两三朵为一缀，茎长而花下垂。

【译文】

桃花如美女，歌舞场中，必不能缺。李花如女道士，适合种植于烟霞缭绕的山泉石林之间，但不宜多种。还有一种名叫郁李子的，更美丽。

古法今解

郁李又名常棣，花似雪，虽没有桃花之娇媚，却也风姿绰约。《诗经·小雅》中有《常棣》篇："常棣之华，鄂不韡韡；凡今之人，莫如兄弟。"意思是："常棣花开朵朵，花儿光灿鲜明；凡今天下之人，莫如兄弟更亲。"据《西京杂记》载，李树的品种："初修上林苑，群臣远方各献名果异树，亦有制为美名，以标奇丽……李十五……"

李树在现代的园林造景上极少提及，但在古典园林中较为常见，尤其在唐代，因为唐朝皇帝姓李，故而李树受到非同一般的礼遇。在长安城中以及皇宫里都种了许多李树。桃李并称，以华美显著。所以桃、李常被相提并论，如白居易《长恨歌》中的名句"春风桃李花开日，秋雨梧桐叶落时"。但文震亨并没有详细介绍二者的种植，反倒别具匠心地把桃花比作美女，把李花比作女道士，桃花适合在歌舞场，李花适合在烟霞泉石间；歌舞场繁华热闹，曲终人散更显凄凉，烟霞泉石间静谧孤独，却得享清净、永恒，构成了一幅道家的修仙图。

园林中的植物造景有孤植、丛植、群植之分，孤植指植物以一株种植或两株对植，在景观中起到画龙点睛的作用。桃、梅、杏都是适合群植，成为桃林、梅林、杏林，但李树适合孤植。花木与山石、水体的配置，也是园林造景的考虑要素。李树与泉石相衬，这种搭配在文震亨看来是飘逸脱俗的。也有一些植物景观的配置让他觉得很不屑，如玉兰和茶花搭配形成"红白烂然"的效果，他认为是缺乏品味的。

杏

【原典】

杏与朱李①、蟠桃②皆堪鼎足，花亦柔媚。宜筑一台，杂植数十本。

【注释】

①朱李：李树的一种，《西京杂记》载："初修上林苑，群臣远方各献名果异树……李十五：紫李、绿李、朱李、黄李……"

②蟠桃：桃的一种，落叶小乔木，果实扁圆形。

【译文】

杏与朱李、蟠桃，堪称三足鼎立，杏花也很柔媚。适合建筑一个平台，把这三种树混合种植几十株。

古法今解

杏树耐寒而不耐热，原产于中国北方，所谓"南梅北杏"，意为南方多梅花，北方多杏花。杏树寿命长，各地常见百年以上大树，仍花繁叶茂。杏花含苞待放时，朵朵艳红，花瓣绽放，色彩转淡，及至凋谢时，一片雪白。杨万里《咏杏五绝》描摹杏花："道白非真白，言红不若红。请君红白外，别眼看天工。"盛开的杏花艳态娇姿，占尽春风，不管是"一枝红杏出墙来"，还是"红杏枝头春意闹"，扑面而来的都是浓浓的春意。

相传孔子在杏坛设教，收弟子三千，授六艺之学，自古传为美谈。西汉的农学著作《氾胜之书》，则把杏花的开落作为判断农时的标准："杏始华荣，辄耕轻土、弱土。望杏花落，复耕；耕辄蔺之。"在这里，杏花如同乡间的农作物，朴实又清新。后来，杏花却又成了风流、淫荡的代称。晚唐诗人薛能把杏花比喻成借春卖笑的娼妓："活色生香第一流，手中移得近青楼。谁知艳性终相负，乱向春风笑不休。"而南宋叶绍翁的诗句"春色满园关不住，一枝红杏出墙来"，原本是描写春光的佳句，后来"红杏出墙"一词，竟演变为女子出轨的雅称。李渔在《闲情偶寄》中称"树性淫者，莫过于杏"，称它为"风流树"。

文震亨说杏花柔媚，此言不假，但杏花的名声几经起落。在传统花木中，再没有比杏花的遭遇更富有戏剧性的了。文震亨对杏花的品鉴非常简略，筑一平台，和朱李、蟠桃混合种植就可以了，但从"花亦柔媚"的描写中能感受到他对杏花的喜爱。难能可贵的是，文震亨不受这些成见的束缚，他从园林造景的角度，认为杏花适合和朱李、蟠桃杂然而种，种植在亭台边，定然是赏心悦目。

梅

【原典】

幽人花伴，梅实专房。取苔护藓（xiǎn）封①，枝稍古者，移植石岩或庭际，最古。另种数亩，花时坐卧其中，令神骨俱清。绿萼（è）②更胜，红梅差俗；更有虬枝屈曲，置盆盎中者，极奇。蜡梅③磬口④为上，荷花⑤次之，九英⑥最下，寒月庭际，亦不可无。

【注释】

①苔护藓（xiǎn）封：梅树上寄生的地衣、苔藓类植物。

②绿萼（è）：绿萼梅，梅花中的名贵品种，萼绿花白、小枝青缘。

③蜡梅：落叶小灌木，冬季开花，花黄色。

④磬口：磬口梅，蜡梅中的名贵品种，花盛开时也如同半含，因此称为"磬口"，花瓣较圆，香气浓。

⑤荷花：荷花梅，落叶灌木，花较大，为蜡梅变种，因其花开时状如荷花而得名，花瓣金黄，花蕊洁白，味清香，是蜡梅中的传统名品之一。

⑥九英：九英梅，落叶灌木，花小而香，为蜡梅变种。

【译文】

以花为伴的幽居隐士，梅花是最受宠爱的。取附有地衣苔藓、枝干稍古的梅树，移植到岩石或庭院间，最为古雅。另外种植数亩，开花时节坐卧林中，给人神骨清爽感觉。绿萼梅最好，红梅要稍差一点；有种植在盆盎中枝干盘曲者，特别奇丽。蜡梅以磬口梅为上品，荷花梅居其次，九英为最下品，然而寒冬腊月，庭院里也不能没有。

古法今解

　　梅属于蔷薇科杏属小乔木，品种很多，以树形来分类的，有直枝梅类、垂枝梅类、龙游梅类。文震亨说"有虬枝屈曲，置盆盎中者，极奇"，应当是指龙游梅类，枝干自然扭曲，树冠散曲自然，就像游龙一样，作为盆景最适合。蜡梅是蜡梅科蜡梅属，分为野生蜡梅和园艺蜡梅两大类，文震亨提到的磬口梅、荷花梅都属于园艺蜡梅，色、香、形俱佳，观赏性强。九英（狗英）梅，可能是野生品种，虽然不及磬口梅、荷花梅名贵，但冬天的庭院里有这么几株，寒月之下，香气浓郁。

　　作为古代文人最钟爱的花树之一，梅花被赋予了诸多的寓意，冰清玉洁、孤高、坚韧等等。历代咏梅诗词数不胜数，因为梅花折射出文人的品格。梅花乃花中君子，品性高洁。赏梅有赏梅的讲究。如果说赏牡丹芍药要有富贵做派，赏梅就要有名士的风雅做派。

　　文震亨对梅花的鉴赏沿袭了传统文人的审美观，以古、雅、清、奇为标准。绿萼梅为最上品，因为清高。红梅俗气，则不及绿萼梅。虬曲盘旋、附有地衣苔藓的枝干，因为带着岁月的痕迹，所以显得古老而雅致。

　　梅花还是画家的钟爱，关于梅花的名画、名家有很多，元代的王冕咏梅、画梅成癖，在九里山植梅千株，其《墨梅》画、诗，远近闻名。"扬州八怪"中金农、李方膺都

是画梅名家。古人有折梅相送的传统，司马光《梅花三首》云："驿使何时发，凭君寄一枝。"到民国时，还有这样的风雅。

蜡梅在黄河流域以南地区冬季可以开花，但在北京只有早花品种在冬季开放，晚花品种一般在早春才能开放。因此，把握不同树种在不同地区的生长发育规律对提升植物应用景观效果具有重要意义。

瑞香

【原典】

相传庐山有比丘昼寝①，梦中闻花香，寤（wù）而求得之，故名"睡香"。四方奇之，谓"花中祥瑞"，故又名"瑞香"，别名"麝囊"。又有一种金边②者，人特重之。枝既粗俗，香复酷烈，能损群花，称为"花贼"，信不虚也。

【注释】

①昼寝：白天睡觉，一般指午睡。

②金边：指金边瑞香，瑞香的变种，花色紫红鲜艳，香味浓郁。

【译文】

传说庐山有位和尚白天睡觉时，在梦中闻到一股花香，醒来后找到了这种花，故而得名"睡香"。这件事让周遭人感到奇异，认为这种花具有祥瑞之气，因此又名为"瑞香"，别名叫"麝囊"。还有一种叫金边瑞香，深受人们的喜爱。枝叶粗野，香味浓烈，气盖群花，称为"花贼"，相信不是虚言。

古法今解

要问你世间什么花最香。你肯定说桂花或者是兰草花，其实不是，而是瑞香，它被称为"千里香"。其香味浓烈，能飘散很远。瑞香别名"花贼"，说它偷得百花之香集于一身，花香袭人、香飘千里，且其他花闻到瑞香的香味会枯萎。宋《清异录》记载："庐山瑞香花，始缘一比丘，昼寝磐石上，梦中闻花香酷烈，及觉求得之，因名睡香。四方奇之，谓为花中祥瑞，遂名瑞香。"这段记载，便是文震亨引文的源头。清代的《广群芳谱》中，也称："此花名麝囊，能损花，宜另种。"这是沿袭了文震亨的说法，认为瑞香花的香气过于浓烈，其他花闻到会枯萎而死。实际上，瑞香古称"露甲"，在屈原的时代，瑞香就已经作为一种香草而受到关注了，屈原在荆楚大地的山河间漫游时，多半是见过的。瑞香的花期，正当春节期间，可谓瑞气临门，吉祥如意，"瑞香"之名，名副其实。

古人认为，瑞香产于庐山的幽谷之中。据李时珍的《本草纲目》记载："瑞香始出江西庐山，原名睡香。"是庐山中的僧人偶然间发现的。庐山确乎是瑞香的重要产地。庐山瑞香还有瑞兰、千里香、蓬莱花、风流树等别名，为常绿小灌木，枝干婆娑，叶片深绿，花香似丁香。瑞香可以盆栽，置于室内，芳香四溢，为名贵观赏花卉。

一些园林植物具有芳香，主要体现在花香方面，每当花开时节，便芳香四溢，给人们美的感受。花香既能沁人心脾，还能招蜂引蝶，吸引众多鸟类，可实现鸟语花香的理想景观效果。有的鲜香使人神清气爽，轻松无虑；即使是新鲜的叶香、果香和草香，也可使人心旷神怡。在园林中，许多国家建有"芳香园"，我国古典园林中有"远香堂""闻木樨香轩""冷香亭"，现代园林中有的城市建有"香花园""桂花园"等，以欣赏花香为目的。

蔷薇 木香

【原典】

尝见人家园林中，必以竹为屏，牵五色蔷薇于上。木香架木为轩，名"木香棚"。花时杂坐其下，此何异酒食肆中？然二种非屏架不堪植，或移着闺阁，供仕女采掇，差可。别有一种名"黄蔷薇"，最贵，花亦烂漫悦目。更有野外丛生者，名"野蔷薇"，香更浓郁，可比玫瑰。他如宝相①、金沙罗②、金钵盂③、佛见笑④、七姊妹⑤、十姊妹⑥、刺桐⑦、月桂⑧等花，姿态相似，种法亦同。

【注释】

①宝相：比蔷薇花大，有大红、粉红两种。

②金沙罗：似蔷薇，而花单瓣，颜色更红艳夺目。

③金钵盂：似沙罗而花较小。

④佛见笑：荼蘼花的别名。荼蘼属于蔷薇科，落叶或半常绿蔓生灌木。

⑤七姊妹：蔷薇科小灌木，花重瓣，深粉红色，常7朵簇生在一起，故有

此名。

⑥十姊妹：蔷薇科小灌木，花朵较小，白色，重瓣丛簇，多朵聚生，一蓓十花左右，故有此名。

⑦刺桐：原产热带、亚热带的落叶乔木。文中可能是指蔷薇某个品种的别名。

⑧月桂：月季。樟科月桂属的一种常绿小乔木，为亚热带树种。

【译文】

曾经见到人家园林中，在竹编为篱笆上面爬满了五色蔷薇。架起木架作为亭子，名叫"木香棚"：花开时众人坐于花架下，这与酒楼饭馆有什么区别呢？然而这两种花不依附篱笆、木架就不能种植，或者移植于闺阁之中，供仕女采摘还勉强可以。另有一种叫黄蔷薇的最珍贵，花也绚丽夺目。还有野外丛生的叫野蔷薇香气更加浓郁，可与玫瑰相比。其他的花如宝相、金沙罗、金钵盂、佛见笑、七姊妹、十姊妹、刺桐和月桂等，跟蔷薇的姿态相类似，种法也相同。

古法今解

蔷薇是著名的观赏植物，品种很多，全球各地都有分布。蔷薇在我国有着悠久的栽种历史，据文献记载，汉武帝的上林苑中就栽有蔷薇，武帝曾与妃嫔赏花，并说："此花绝胜佳人笑也。"蔷薇虽然在中国历史悠久，但是它在中国文化传统中是不占据重要地位的，不如牡丹、梅、兰、菊等传统名花地位高。

木香是蔷薇科蔷薇属的攀缘藤本植物，也称木香藤、锦棚花，开花时，清香远溢。

蔷薇与木香同属蔷薇科花卉，都有着美丽的花朵和清新的芳香，都枝上密生小刺。木香又名七里香、锦棚儿，花有单瓣复瓣黄白之分。蔷薇往往密集丛生，满枝灿烂，在茂密的枝叶中，蔷薇花繁星点点。我们常常会在溪畔、路旁及园边、地角等处看到蔷薇花，可见它是最为人熟知、也最为人喜爱的花卉之一，有它的地方就有芳香。阳光明媚的日子，树影婆娑，簇簇蔷薇，长条牵惹，花朵清新艳丽，幽居之士徜徉于花丛间，斯人独立，幽香默默。或许这才是文震亨所追求的赏花境界。

就园林造景的角度而言，蔷薇在初夏开花，花繁叶茂，芳香清幽，花形千姿百态，且适应性极强，栽培范围较广，易繁殖，是比较好的园林绿化植物。可栽种在溪畔、路旁及园边、地角等处，或用于花柱、花门、篱垣与栅栏绿化、墙面绿化、山石绿化等，往往密集丛生，满枝灿烂，非常好看。文震亨提到的"七姊妹"，在庭院造景时可布置成花柱、花架、花廊、墙垣等造型，开花时，远看锦绣一片，红花遍地，近看花团锦簇，非常美丽。

木香花在园林造景中多半是攀缘于棚架，也可作垂直绿化，攀缘于墙垣或花篱。春末夏初，洁白或米黄色的花朵镶嵌在绿叶之中，散发出浓郁芳香，令人回味无穷；而到了夏季，其茂密的枝叶又有非常好的遮阳效果。

文震亨没有介绍种植蔷薇、木香的方法与环境，而重点介绍了两种珍贵品种：黄蔷薇与野蔷薇，并嘲讽了众人坐在花棚下在喧闹中赏花的俗态。

玫瑰

【原典】

玫瑰一名"徘徊花"，以结为香囊，芬氲（yūn）①不绝，然实非幽人所宜佩。嫩条丛刺，不甚雅观，花色亦微俗，宜充食品，不宜簪带。吴中②有以亩计者，花时获利甚夥（huǒ）③。

【注释】

①芬氲（yūn）：芬芳而氤氲的香味。

②吴中：位于今江苏苏州。

③夥（huǒ）：多。

【译文】

玫瑰又叫"徘徊花"，用来做香囊，香气持久，然而不适合雅士佩戴。玫瑰枝条柔嫩，丛生多刺，显得不雅，花色也有些俗气，适合做食品，不适合佩戴。吴中一带有种植玫瑰数亩的，开花时能获得不错的经济效益。

古法今解

玫瑰在我国的栽培历史悠久。我国是玫瑰的原产地之一。在欧洲诸语言中，蔷薇、玫瑰、月季都是使用同一个词，因欧洲并非玫瑰的原产地，最初欧洲人并不能分辨这些蔷薇属植物的不同。有一种说法是，玫瑰是从中国传到欧洲的。但可能从中国传过去的，只是其中的一个品种。早在汉代通西域以前，西亚各国已经有了玫瑰，在2000多年前，巴比伦的"空中花园"里，玫瑰就已经闻名遐迩。

和蔷薇一样，玫瑰在古代中国本土不怎么受追捧。在我国古代，玫瑰花被当作药品、被做成食品的历史很悠久。在宋代，百姓就在春季用玫瑰花浸酒、做糕点、入肴馔，做玫瑰花粥、玫瑰肴肉、玫瑰豆腐等养颜菜。到了冬天，还用腌制好的玫瑰花酱来做甜品点心。明代用玫瑰花制酱、酿酒、泡茶。所以文震亨说玫瑰"宜充食品，不宜簪带"。实际上，玫瑰在我国古代大量种植，从来就不只用于观赏，还有特殊的药用、食用价值。明代卢和在《食物本草》中说："玫瑰花食之芳香甘美，令人神爽。"

文震亨提到吴中一带盛产玫瑰，但吴中并非玫瑰的唯一主产地，山东平阴种玫瑰最有名。与欣赏别的花卉不同，文震亨在这篇中表现出对玫瑰的排斥，认为它的枝条、花色都显俗气。

葵花

【原典】

葵花种类莫定，初夏，花繁叶茂，最为可观。一曰"戎葵"，奇态百出，宜种旷处；一曰"锦葵"，其小如钱，文采可玩，宜种阶除；一曰"向日"，别名"西番莲"，最恶。秋时一种，叶如龙爪，花作鹅黄者，名"秋葵"，最佳。

【译文】

葵花的种类不能确定，初夏时花繁叶茂，是最好看的时候。有一种叫"戎葵"，千姿百态，适合种在开阔空旷处；有一种叫"锦葵"，小如铜钱，色彩缤纷，可供玩赏，适合种在庭前阶下；有一种叫"向日葵"，别名"西番莲"，这种是最差的品种；秋天时盛开的一种，叶子像龙爪，花开为鹅黄色的名叫"秋葵"是最好的。

古法今解

向日葵有一种独特的美洲风情，在美国，向日葵的一些品种，被命名为阳光明亮、阳光光束、充满阳光的柠檬……从名字也可以看出，这是一种充满阳光和野性的花，与美洲大陆那种广阔而生机勃勃的氛围非常相宜。在中国古代，葵花的诸多品种中，蜀葵可能是知名度最高的。《西墅杂记》记载了一个故事：明代成化甲午年间，日本使者来到中国，见栏前蜀葵花不识，问后才明白，于是题诗道："花如木槿花相似，叶比芙蓉叶一般。五尺栏杆遮不尽，尚留一半与人看。"这里面有一个缘故，中国并不是向日葵的原产地，向日葵原产于北美洲南部、西部及秘鲁和墨西哥北部地区。哥伦布发现新大陆后，航行到美洲的西班牙人把向日葵带到欧洲，后来逐渐传播开来。据考证，向日葵大致是明朝传入中国的。到文震亨的时代，向日葵已经不稀罕了，至少他是见过的。文震亨评价向日葵，用了两个字：最恶！之所以这样评价，他并没有说明原因，可能只是个人的观点。他认为，蜀葵和锦葵都很有情致，有可观之处，只有向日葵是最难看的。

紫薇

【原典】

薇花四种：紫色之外，白色者曰"白薇"，红色者曰"红薇"，紫带蓝色者曰"翠薇"。此花四月开九月歇，俗称"百日红"。山园植之，可称"耐久朋"①。然花但宜远望，北人呼"猴郎达树"，以树无皮，猴不能捷也。其名亦奇。

【注释】

①耐久朋：指保持长久的友谊。

【译文】

紫薇花有四种，除紫色以外，白色的叫"白薇"；红色的叫"红薇"；紫中带蓝的叫"翠薇"。紫薇花四月开几月谢，俗称"百日红"；山野种植此花可称为"耐久朋"。然而紫薇花只适合远观，北方人称之为"猴郎达树"，因紫薇树没有树皮，猴子不能攀爬。这个名字也非常奇特。

古法今解

紫薇别名很多，如痒痒树、小叶紫薇、细叶紫薇、百日红、满堂红、入惊儿树等，多产于亚洲南部及澳洲北部。我国的华东、华中、华南及西南各地普遍栽培。紫薇是一种神奇的花木。紫薇树干年年生表皮并自行脱落，表皮脱落以后，树干显得新鲜而光滑。老年的紫薇树，树身不再复生表皮，筋脉挺露，莹滑光洁，如果有人触摸树干，会枝摇叶动，如同怕痒一样。因此紫薇又称痒痒树。这是一种典型的植物神经系统反应。紫薇花色艳丽，开花时正当夏秋少花季节，花期极长，故称"百日红"。紫薇花清雅而富有古韵，是炎夏最典雅的一道风景。紫薇有几个变种，如银薇、翠薇、红薇等，花色各有不同。

在我国唐代，紫薇花原本是花中贵族，栽种在宫苑、官衙之中。唐代中书省内种植的紫薇特别多，玉堂及西掖厅前，都种紫薇。紫薇的花期长，也为古人所看重。紫薇作为优秀的观花乔木，在园林绿化中，被广泛用于公园绿化、庭院绿化、道路绿化、街区城市等，在实际应用中可栽植于建筑物前、院落内、池畔、河边、草坪旁及公园中小径两旁，也是做盆景的好材料。

芙蓉

【原典】

宜植池岸，临水为佳，若他处植之，绝无丰致。有以靛（diàn）纸①蘸花蕊上，仍裹其尖，花开碧色，以为佳，此甚无谓。

【注释】

①靛（diàn）纸：靛汁染成的纸。靛汁为蓝色染料。

【译文】

芙蓉适合种植在池塘岸边，靠近水边最好；如果在别处种植，就缺少风致。有人用靛蓝纸蘸花蕊里，还裹住它的尖部，这样花开时呈碧蓝色，他们以为这样的花好看，其实这样做毫无意义。

古法今解

芙蓉花是大江南北常见的花卉。这种花一日三变："晨白午红夕紫"，朝开暮落，所以又名"三变花"。芙蓉花晚秋始开，虽饱经霜侵露凌，却依然丰姿艳丽，占尽深秋风情，故又有"拒霜花"之美誉。木芙蓉晚秋开花，花期长，花大而艳丽，是很好的观花树种。晚秋时节，众芳摇落，而木芙蓉经历严霜，却依然丰姿艳丽。

在古代，凡美艳的花，必被诗人咏之，必被画家绘之，文人总会赋予它多种内涵。芙蓉花以美艳及风骨，深受文人墨客的青睐。故自唐代以来，描绘赞美芙蓉花的文艺作品层出不穷。但须注意的是，古人所说的芙蓉并不一定是指现在人们熟知的芙蓉花，因芙蓉本是荷花的别名，宋以前以芙蓉为名的作品，才多指荷花。如南宋画家吴炳的《出水芙蓉图》，画中的花并非芙蓉花，而是荷花。

虽然现代人对芙蓉花非常熟悉，但在欣赏古代文艺作品时，很容易将芙蓉花与其他花卉混淆。如荷花有一别名为芙蓉，古人所说的芙蓉，多指荷花。芙蓉花又称木莲，但白居易诗中的木莲，却并非芙蓉。

芙蓉生于陆上的叫木芙蓉，生于水上的叫水芙蓉。文震亨所写的是木芙蓉，可以大面积种植在庭院、坡地、路边等处。若栽种水边，开花时波光花影，分外妖娆，所以文震亨说"临水为佳"。

为什么要种水边？因为盛唐时，芙蓉园是在曲江边。尽管那个朝代已经远去，但是诗篇还留存，芙蓉花临水而照的意境，永远留在唐诗里。王维在临湖亭游玩时，写下"当轩对尊酒，四面芙蓉开"。柳宗元到友人处做客，赞叹院里的一座亭子，说："新亭俯朱槛，嘉木开芙蓉。"韩愈认为芙蓉花比水中的莲花好看，说"新开寒露丛，远比水间红"。

芙蓉花是隋唐盛世的象征。芙蓉园不仅意味着隋唐时期的园林艺术，更代表了一个时代的文化精神。大唐盛世，在芙蓉花临水而开的园林里，宫殿连绵，楼亭起伏，人文荟萃，俊采星驰，可谓一时之盛景。这样的芙蓉盛世景象，不仅在唐代是空前绝后的，在整个中国古代的历史中也是绝无仅有的。芙蓉花的

精魂在盛唐。自唐以后，人们造园的时候，都是将芙蓉种在水边，并由此形成传统。

萱（xuān）花

【原典】

萱草忘忧，亦名"宜男"，更可供食品，岩间墙角，最宜此种。又有金萱，色淡黄，香甚烈，义兴①山谷遍满，吴中甚少。他如紫白蛱蝶、春罗、秋罗、鹿葱②、洛阳、石竹，皆此花之附庸也。

【注释】

①义兴：郡名。在今江苏宜兴。

②鹿葱：又名夏水仙、紫花石蒜，为石蒜科石蒜属的多年生草本植物，多生干山沟以及溪边的阴湿处，盛夏时开淡紫红色或淡粉色花朵。

【译文】

萱草忘忧也叫宜男，可以食用，最适合在岩间墙角种植。又有一种品种叫金萱花，花开淡黄色，香味浓郁，义兴一带山谷漫山遍野都是，但吴中地区很少见。其他的花，如紫白蛱蝶、春罗、秋罗、鹿葱、洛阳花、石竹都是萱草的附庸。

古法今解

萱草又叫谖草、金针、黄花菜、忘忧草等，可作食品，可入药，食之能消烦恼、解忧愁。萱草在中国有几千年栽培历史。萱草又名谖草，"谖"就是忘的意思：最早的文字记载见之于《诗经·卫风·伯兮》："焉得谖草，言树之背。"毛传："背，北堂也。"北堂即代表母亲之意，故而萱草是中国的母亲花。萱草初夏开花，寄托着远方游子对母亲的思念。孟郊诗云："萱草生堂阶，游子行天涯；慈亲倚堂门，不见萱草花。"意思是出游的儿子行走天涯，留守在家中的母亲倚门翘首盼望，不见儿子回来，只有院中的萱草长满台阶，一直到花朵凋谢。白居易《酬梦得比萱草见赠》曰："杜康能散闷，萱草解忘忧。"萱草与酒一样驱遣人的忧愁。而更多的时候，忘忧草却是作为诗人惆怅的对比而存在，唐代陆龟蒙

《庭前》："合欢能解恚，萱草信忘忧。尽向庭前种，萋萋特地愁。"

　　萱草的花朵绽放在长长的花茎上，橘红色或金黄色的花有六瓣，花姿既温暖而宁静，又端庄典雅。每一片花瓣中都有一条淡黄的直线，每茎生数朵花，从夏开到秋，叶翠花秀，焕发出一种端庄雅致的风采。萱草的花朵色泽明丽，宛如笑靥，给人以欢愉、愉悦的感觉。

　　从文震亨对诸花乃萱草之附庸的介绍口气中，流露了他对萱草的异常喜爱之情。

　　在庭院造景中，萱草可以种植在僻静角落里，点缀墙角、山石间，一样的摇曳多姿。如果从造景的角度，其他的一些草本花卉，跟萱草有类似之处，所以文震亨说紫白蛱蝶、春罗、秋罗、鹿葱、洛阳石竹等花都是萱草的附庸。但他提到的这些花，大都是石竹科，石竹跟萱草不是一类，石竹是石竹科石竹属，萱草是百合科萱草属。石竹在古代也是传统名花。鹿葱是石蒜科，可作为地面植被或盆栽，是一种非常优美的观赏植物，花色秀丽淡雅，是很好的切花材料。石蒜科是一个大科，种类很多，水仙、葱莲都属于这一科目。鹿葱是其中的一种，常用在江南的古典园林中。

薝（zhān）卜①

【原典】

　　一名"越桃"，一名"林兰"，俗名"栀（zhī）子"，古称"禅友"②，出自西域，宜种佛室中。其花不宜近嗅，有微细虫入人鼻孔。斋阁可无种也。

【注释】

　　①薝（zhān）卜：文震亨所写薝卜即为栀子花，但今有学者认为薝卜应是木兰科的黄兰，而不是茜草科的栀子。本书遵循文震亨原著。

　　②禅友：宋代诗人曾端伯以十种花各题名目，称为"十友"，其中栀子花称"禅友"。

【译文】

　　（薝卜）有一别名叫"越桃"，还有一别名叫"林兰"，俗名"栀子"，古人称为"禅友"，原产自西域，适合种在供佛的房室中。这种花不宜靠近闻，因为会有小虫子钻入鼻孔。书房、佛斋里不适应种。

古法今解

　　栀子花是常绿小灌木，四季常青，秀美翠色，花朵洁白玲珑，犹如玉琢琼雕，弥漫着沁人心脾的芳香，格外清丽可爱，是南方庭院常见的绿化花卉。栀子花谢后，会结出绿色果实，像一只注满美酒的酒杯，而酒杯古称"卮"，故这种花就叫"卮子"，后来演化为"栀子"。栀子花与佛教很有渊源。《维摩诘所说经》："天曰：'舍利弗如人入瞻卜林，唯嗅瞻卜，不嗅余香。如是若入此室，但闻佛功德之香，不乐闻声闻辟支佛功德香也。'"

　　栀子花是我国传统的花木，其栽培记载，最早见于《史记》中的"千亩卮茜"。早在两汉时期，每逢初夏时节，中原大地上，千亩栀子花开，望如积雪，香闻百里，可知其景象之壮观。

　　古人有卖花的传统，栀子花属于能在街巷中沽售的花。到端午节临近时，江南小镇细雨蒙蒙，栀子花常和一夜急雨一起到来。在南京夫子巷，"栀子花哟！"常常遥遥传来这样的卖花声，打破了深深庭院的沉寂，悠长的心绪，伴着栀子花的清香，在绿肥红瘦的暮春，渐渐泛起……

　　明代画家沈周，与唐寅、仇英，以及文震亨的祖父文徵明，并称"明四家"。沈周擅长山水、花鸟，他很喜欢栀子花，曾写了《桅子花诗》："雪魄冰花凉气清，曲栏深处艳精神。一钩新月风牵影，暗送娇香入画庭。"想一想，初夏之夜，微微泛着凉气，他在画室作画。窗外一钩新月，风摇影动，清风送来栀子花的娇香，此情此景，此夜此花，是最美的风景。

玉簪（zān）

【原典】

洁白如玉，有微香，秋花中亦不恶。但宜墙边连种一带，花时一望成雪，若植盆石中，最俗。紫者名紫萼，不佳。

【译文】

玉簪花洁白如玉，有微微的香气，在秋季花卉中也算不错的。只适合沿着墙边栽种一大片，开花时，一眼望去像一片白雪，如果栽种在盆中，就极其俗气了。紫色的玉簪叫紫萼，不是很好看。

《古法今解》

玉簪花花蕊淡黄色，整朵花的形状洁白而细长，恰似古代少女头上的发簪。发簪，是古人用来固定和装饰头发的一种首饰。《史记》里说："前有堕珥，后有遗簪。"玉簪，顾名思义，指玉做的发簪。明代的发簪花色很多，《天水冰山录》中关于发簪名就有"金桃花顶簪""金梅花宝顶簪""金菊花宝顶簪""金宝石顶簪""金厢倒垂莲簪""金厢猫睛顶簪"等名称。明代李东阳的诗云："昨夜花神出蕊宫，绿云袅袅不禁风：妆成试照池边影，只恐搔头落水中。"在他的诗中，花神出游，头上发髻如绿云般不禁风，装扮之后到池边照影，却又担心发簪落入水中。花神的发簪，就是玉簪花。试想一位二八佳人，将长发松松挽起，插上一枚别致的发簪，再配上鹅黄粉嫩的长裙，其形象该何等动人。玉簪的花语是脱俗、冰清玉洁；

其花冰姿雪魄，又有袅袅绿云般的叶丛相衬，那份雅致动人，难以言喻；将它装点庭院，或放置窗前案几，花色洁白，芳香袭人。

文震亨根据玉簪花洁白如雪的特点，主张成片种植，像一片雪海，不主张种植在盆中，并排斥紫色的玉簪。文震亨认为玉簪适合连片种植，其实一丛一丛地种也可。他认为种在花盆中和山石间都太俗，但园林造景中，常与山石点缀，相映成趣。花盆中也常有栽种。可见种花但看各人喜好，不必拘于前人成见。玉簪中的一种，花开紫色，称紫玉簪，文震亨说这种花不好看，其实未必如此。紫玉簪叶片墨绿色，花瓣紫色，园艺品种较多，有花边紫萼或花叶紫萼，适合栽种在花坛、花径和岩石园，很有观赏价值和绿化功能。

在园林造景中，玉簪花有独特的功用，因这种植物为喜阴性植物，不耐强烈光照直射，常种在庭院的阴凉处，如墙角、廊下、岩石间，正是"玉簪香好在，墙角几枝开"。尤其是夏季，玉簪如果受到强光直射，轻者叶片由厚变薄，叶色由翠绿变为黄白色，故而在园林应用中多栽种在林下或建筑物庇阴处以衬托建筑，也可三两成丛点缀于花境中，因花在夜间开放，芳香浓郁，是夜花园中不可缺少的花卉。

藕花

【原典】

藕花池塘最胜，或种五色官缸①，供庭除赏玩犹可。缸上忌设小朱栏。花亦当取异种，如并头、重台、品字、四面观音、碧莲、金边②等乃佳。白者藕胜，红者房③胜。不可种七石酒缸④及花缸内。

【注释】

①官缸：官窑所制的瓷缸。

②并头、重台、品字、四面观音、碧莲、金边：均为荷花的品种。并头，花头瓣化为两个头。重台，花托未瓣化，雌蕊瓣化。品字，花头瓣化为三个头，呈品字排列。四面观音，花头瓣化成四个头。碧莲，花背呈白绿色。金边，花被边缘呈紫红色，其他部分呈白色。

③房：花托。

④七石酒缸：可以贮酒七石之缸。

【译文】

藕花栽种在池塘最好，或者栽种在五色官窑瓷缸，供庭院赏玩也可以。缸上忌设朱红小栏杆。花也应该选择特别的品种，如并头、重台、品字、四面观音、碧莲、金边等才好。白色系的荷花莲藕好，红色系的荷花花托好。不可以把荷花种在七石酒缸和花缸里面。

古法今解

藕花即荷花，是水生植物，是最负盛名的水生花卉，多生长于沼泽、湖泊、池塘等处，也可作盆栽。古人称未开的荷花为菡萏，已开的为芙蓉，《神农本草经》云："其叶名荷，其华未发为菡萏，已发为芙蓉。"曹植在《芙蓉赋》中称赞荷花"览百卉之英茂，无斯华之独灵"。北宋周敦颐《爱莲说》以"出淤泥而不染，濯清涟而不妖"形容荷花后，荷花便成为"君子之花"，寄寓着文人对自身品格的肯定。

荷花也许是最富江南水乡韵味的花卉。宁静的湖面上，分布着红莲、白莲、重台莲、洒金莲、并蒂莲等荷花品种，夏日清风徐来，莲叶田田，荷香飘逸，令游人身心俱爽。汉乐府《江南》中写道："江南可采莲，莲叶何田田。鱼戏莲叶间。鱼戏莲叶东，鱼戏莲叶西。鱼戏莲叶南，鱼戏莲叶北。"勾勒出一副美妙的荷花图。荷花在山水园林中常作为主题水景植物，如西湖就遍植荷花，形成了"接天莲叶无穷碧，映日荷花别样红"的夏日景观。西湖十景之"曲院风荷"，是赏荷花最绝胜处。

不只是西湖，江南的名园，大多设有欣赏荷花风景的建筑。扬州的瘦西湖在堤上建有"荷花桥"，桥上玉亭高低错落，造型古朴淡雅，精美别致，与湖中荷花相映成趣。

文震亨是苏州人，他自然是深谙苏州人的爱莲之心。苏州人把缸作为日用器物，因此就有用缸来种莲的风俗。拙政园里的荷花，有许多珍异的品种，种植在水缸中，拙政园的缸莲，就有千瓣莲、并蒂莲、品字莲、变异并蒂莲等珍品。故而文震亨提到赏荷花，着墨最多的，不是池塘中"接天莲叶无穷碧"的场景，而是种在缸中的各种珍异的荷花。文震亨讲的便是盆栽荷花，用哪些品种，有哪些忌讳等。

水仙

【原典】

水仙二种，花高叶短，单瓣者佳。冬月宜多植，但其性不耐寒，取极佳者移盆盎，置几案间。次者杂植松竹之下，或古梅奇石间，更雅。冯夷①服花八石，得为水仙，其名最雅，六朝人乃呼为"雅蒜"，大可轩渠②。

【注释】

①冯夷：传说中的黄河之神，即河伯。泛指水神。

②轩渠：指欢悦、欢笑。

【译文】

水仙有两种，花高叶短的单瓣水仙最好。水仙在冬季适合多种植，但其性不耐寒，选取特别好的移入盆中，放于几案之上。品相较次的杂种于松树竹林之下，或者种在古梅奇石之间，更为雅致。冯夷服食了八石这种花，因此得名水仙，这个名字很雅致，六朝人却叫它雅蒜，实在可笑。

古法今解

文震亨提及的水仙是多花水仙的一个变种，石蒜科多年生草本植物，独具天然丽质，芬芳清新，素洁幽雅，超凡脱俗。自古以来，水仙就与兰花、菊花、菖蒲并列为花中"四雅"。

水仙花是最容易栽种的花卉，只要盛一碟清水，寻几粒卵石放入其中，置于案头几榻，就能在万花凋零的寒冬腊月吐出芳蕊，不仅让室内春意盎然，还营造出一种恬静舒适的气氛。如果放在书房，能使整个书房显得文雅清静。

水仙多为水养，花香浓郁，风姿绰约，素有"凌波仙子"的雅号。文震亨重点讲述的是水仙种植在怎样的环境里才优雅，松竹之下、梅石之间是最好的地方。

文震亨文中讲到水仙名字的来历，即河伯服用了八石水仙花。而关于水仙名字来历的传说有很多。中国的传说中，水仙是尧帝的女儿娥皇、女英的化身。二人同嫁于舜，舜南巡驾崩，娥皇与女英双双殉情于湘江，上天将二人的魂魄化为江边水仙，她们也就成为腊月水仙的花神。希腊神话中美少年纳西塞斯因迷恋自己的倒影而在水边枯坐死去，爱神把他化成水仙花，盛开在有水的地方，让他永远看着自己的倒影。水仙花还有其他的神话传说。王嘉的《拾遗记》记载："屈原以忠见斥，隐于沅湖，披蓁茹草，混同禽兽，不交世务，采柏实以合桂膏，用养心神，被王逼逐，乃赴清泠之水，楚人思慕，谓之水仙。"可见，屈原也曾被认为是水仙的化身。关于水仙的这些美丽传说，总与神仙有关，可能与水仙飘逸的气质有关。

古人也称水仙为"金盏银台"。水仙的别名很多，一名"雅蒜"，文震亨认为这个名字很好笑。水仙还有一个名字叫"天葱"。

凤仙

【原典】

号"金凤花"，宋避李后①讳，改为"好儿女花"。其种易生，花叶俱无可观。更有以五色种子同纳竹筒，花开五色，以为奇，甚无谓。花红，能染指甲，然亦非美人所宜。

【注释】

①李后：指宋光宗皇后李凤娘。

【译文】

凤仙名号"金凤花"，南宋时为了避李后的名讳而改为"好儿女花"。凤仙花很容易成活，但花和叶子都没有观赏性。有人将五种花色的种子一同放入竹筒中，开出五彩花朵，以之为奇异，但实在是没意思。凤仙花的红色花瓣能染指甲，然而也不是美人所适合的。

古法今解

凤仙花又名指甲花、染指甲花、小桃红等。是一年生草本花卉，产中国和印度。据古花谱载，凤仙花200多个品种，不少品种现已消失。南宋年间，凤仙花曾因避光宗皇后李氏的名讳而改为"好儿女花"，这位令凤仙花改名的皇后，就是宋史上有名的一代悍后李凤娘。因为凤仙花花头、翅、尾、足翘然如凤状，所以又名金凤花。因凤仙善变异，经人工栽培选择，已产生了一些好品种，如五色当头凤，花生茎之顶端，花大而色艳，还有十样锦等。根据花型不同，又可分为蔷薇型、山茶型、石竹型等。

在文震亨看来，凤仙花并无多少可取之处。就观赏而言，凤仙花小巧玲珑，香气甜腻，很有一种闺阁小儿女的情致，是须眉男子所体会不到的。凤仙花别名叫指甲花，用来染指甲的。旧时的闺阁中，长日漫漫，小姐丫鬟们闲得无聊，用凤仙花来染指甲是一种消遣之趣。《红楼梦》第五十一回，晴雯生病，贾宝玉便请医生来看：晴雯从幔帐中单伸出手去，那大夫见这只手上有两根指甲足有二三寸长，尚有金凤仙花染得通红的痕迹，连忙别过脸去不敢看。文震亨说"然亦非美人所宜"，大概是因为染指甲品味不高。

凤仙花很受文人钟爱。宋代杨万里有一首《凤仙花》："细看金凤小花丛，费尽司花染作工。雪色白边袍色紫，更饶深浅四般红。"凤仙花虽是小花，却精巧无比，最适合细看，越来越有味，连花中的红色调都有深浅不同的好几种。

茉莉 素馨 夜合

【原典】

夏夜最宜多置，风轮①一鼓，满室清芬。章江②编篱插棘，俱用茉莉，花时，千艘俱集虎丘③，故花市初夏最盛。培养得法，亦能隔岁发花，第枝叶非几案物，不若夜合，可供瓶玩。

【注释】

①风轮：古代夏天取凉用的机械装置。

②章江：为赣江的古称。

③虎丘：位于苏州城西北郊，景点众多，为苏州民间重要的集会场所。

【译文】

夏夜里最适合多放置茉莉，风轮一吹，满室生香。赣江一带编篱笆都用茉莉枝条，茉莉花开时，会有无数船只聚集在虎丘，因此虎丘的花市初夏最繁盛。茉莉培育得当，还能隔年开花。但茉莉花的枝叶较多，不适合作为几案观赏之物，不像夜合，可以放在瓶里观赏。

古法今解

茉莉花原产于中国江南地区以及西部地区，每年暮春初夏开花，有单瓣、重瓣、单叶、复叶之分。花色有红白两种，以乳白色花为主。茉莉花花香清雅，可用于制作茉莉花茶、提炼香料等。

提到茉莉花，文震亨首先提到了初夏的虎丘花市，茉莉花盛开时，有成千艘花船聚集在虎丘一带，可见虎丘花市自古有名。虎丘一带的花卉交易，在明朝已具相当规模。明人王稚登有诗句生动地描绘了虎丘花市情况："章江茉莉贡江兰，夹竹桃花不耐寒。三种尽非吴地有，一年一度买来看。"这时候茉莉花还是远道而来，并非吴中当地出产，茉莉花刚运来时，价格十分昂贵，王稚登有诗云："赣州船子两头尖，茉莉初来价便添。公子豪华钱不惜，买花只选树斋檐。"清代名臣何桂馨在给苏州文士顾禄的《清嘉录》题词中说："一种生涯天下绝，虎丘不断四时花。"可见花市的盛况。

茉莉花不是苏州特产，但因苏州人喜爱，其市场需求巨大，苏州人迅速将之移栽成功，继而成为苏州著名的地方特产。清代石韫玉的《山塘种花人歌》描绘了苏州种花人的生涯："江南三月花如烟，艺花人家花里眠。翠竹织篱门一扇，红裙入市花双鬟。"茉莉花又称"香魂"，茉莉花茶称"香魂茶"。

今天，在虎丘附近有个花神庙，其中一座在虎丘山寺东面，为乾隆年间建，祭祀的是当地人陈维秀。《花神庙记》记载了立庙的缘由："乾隆庚子春高宗南巡，台使者檄取'唐花'备进，吴市莫测其术。郡人陈维秀善植花木，得众卉性，乃仿燕京窨窖熏花法为之，花乃大盛。甲辰岁翠华六幸江南，进唐花如前例。繁葩异艳，四时花果，靡不争奇吐馥。群效灵于一月之前，以奉宸游。郡人神之，乃度地立庙，连楹曲廊，有庭有堂，并莳杂花，荫以秀石。"陈维秀以独创的种花技术，让百花盛开，乾隆皇帝龙心大悦，因此苏州人奉他为花神。

杜鹃

【原典】

花极烂漫，性喜阴畏热，宜置树下阴处。花时，移置几案间。别有一种名"映山红"，宜种石岩之上，又名羊踯躅（zhí zhú）①。

【注释】

①羊踯躅（zhí zhú）：指黄花杜鹃，杜鹃的一个品种，有毒，可治疗风湿性关节炎，跌打损伤。

【译文】

杜鹃花色彩极其绚丽，喜阴凉怕炎热，适合栽种在树下阴凉处。开花时，移放到室内几案之上。另有一种名叫"映山红"，适合种植在山石之上，又叫"羊踯躅"。

古法今解

全世界的杜鹃属植物有900多种，而杜鹃的园艺品种都是由杜鹃原种通过杂交或芽变不断选育出来的后代。在我国，汉代的《神农本草经》将"羊踯躅"

66

列为有毒植物，这是关于杜鹃的最早文献记录。民间通常称"羊踯躅"为"闹羊花"，植物体各部含有闹羊花毒素和马醉木毒素等成分。羊食时往往踯躅而死亡，故得名。本书原文作"羊踯躅"，羊踯躅花乃黄色，此处疑似有误，应为山踯躅，李时珍《本草纲目》中记载："映山红亦称山踯躅。"

　　杜鹃花在唐代就已经成为园艺的栽培品种。据说，杜鹃是唐代的诗人白居易最喜欢的花，他有十余首诗是描写杜鹃的。《本草纲目》《徐霞客游记》等文献中都有不同程度关于杜鹃花的品种、习性、分布、应用、育种、盆栽等记载。

　　19世纪末，欧洲多次派人前往云南，采走了大量的杜鹃花标本和种苗。其中英国人傅利斯曾先后采走了309种杜鹃新种，引入英国爱丁堡皇家植物园。1919年，傅利斯在云南发现了"杜鹃巨人"——大树杜鹃。他将一棵高25米、树龄高达280年的大树砍倒，锯了一个圆盘状的木材标本带回国，陈列在伦敦大英博物馆里，公开展出，轰动世界。1982年，我国的科学工作者深入高黎贡山腹地考察，发现了世界罕见的大树杜鹃群落：在面积为0.25平方公里的范围内，有40多棵大树杜鹃，其中最大的一棵高28米，树冠61平方米，树龄500多岁，是当今世界最大的一棵大树杜鹃，被誉为"大树杜鹃王"。

　　文震亨对杜鹃的特性作了简单介绍，以"花极烂漫"形容其美丽，见出喜爱之情。杜鹃花被誉为"花中西施"，管状的花，有深红、淡红、玫红、紫、白等多种色彩，映山红是其代表品种。

松

【原典】

　　松、柏古虽并称，然最高贵者，必以松为首。天目①最上，然不易种。取栝（guā）子松②植堂前广庭，或广台之上，不妨对偶。斋中宜植一株，下用文石为台，或太湖石为栏俱可。水仙、兰蕙、萱草之属，杂莳其下。山松宜植土冈之上，龙鳞③既成，涛声相应，何减五株九里④哉？

【注释】

　　①天目：指天目松，常绿乔木，因在浙皖交界处的天目山区分布较广而得

名。其树皮红褐，深灰相间呈龟纹状或鳞状，针叶两根一束，粗硬短而苍翠，适合做盆景。

②栝（guā）子松：古人称白皮松为"栝子松"。

③龙鳞：指松树，因松树皮像龙鳞。

④五株九里：这里化用了两个典故。五株指泰山上的五大夫松，九里指西湖九里松。五株：即"五大夫"松。《史记》记载，秦始皇登封泰山时，"风雨暴至，休于树下，因封其树为五大夫"。九里：西湖九里松。《西湖志》："唐刺史袁仁敬守杭，植松以达灵、竺，凡九里左右各三行，苍翠夹道。"后称此地为"九里松"。

【译文】

松、柏虽古时并称，但最高贵的当然是松列为首位。天目山的松树为最上乘，但不易种植。把栝子松种在堂前庭院，或者广阔的台子上，不妨对偶种植。屋舍中可种一棵松，下面用带纹理的石材砌成台，或者用太湖石做栏杆都可以。水仙、兰蕙、萱草之类，杂种于树下。山松适合种植在土岗之上，松树成林后，松涛阵阵，回荡山谷，哪里不如五株、九里雄壮呢？

古法今解

松树树姿雄伟、苍劲，树形多变，生长在肥沃平地的松树高大茂盛，高入云际；生长在山石空隙的，蜿蜒曲折，盘地如苍龙，极富观赏性。

文震亨以"高贵"形容松树，对松树的种植介绍较为详细，居家用栝子松，土冈之上用山松，各有讲究。松树四季常青，历代文人对松树吟咏不绝。松树被赋予了坚贞、高洁等品格。

松树是诸多风景区的重要景观，如辽宁千山、山东泰山、江西庐山都以松树景色而驰名。安徽黄山，松、云、石号称"三绝"，而以松为首。清代黄山慈光寺的僧人海岳在《黄山赋》中写道："至若松则有负石绝出，干大如胫，而根盘屈以亩计者；……有以石为土，其身与皮干皆石者；……有卧而起，起而复卧者；有横而断，断而复横者；……有曲者如盖，直者如幢，立者如人，卧者如虬，不一而足。"

关于松树的两个典故，首先是泰山的五大夫松：据《史记》记载，秦始皇登封泰山时，中途遇雨，避于一棵大松树之下，因此树护驾有功，遂封该树为"五大夫"爵位，后来，这棵树被雷雨所毁。清雍正年间，钦差丁皂保奉诏重修泰山时，补植五株，今存两株，拳曲古拙，苍劲葱郁，被誉为"秦松挺秀"。西湖九里松，是唐代刺史袁仁敬镇守杭州时，于行春桥至灵隐、三天竺间植松树，路的左右各种三行，共九里，苍翠夹道，人称"九里松"。

木槿

【原典】

花中最贱，然古称"舜华"，其名最远，又名"朝菌"。编篱野岸，不妨间植，必称林园佳友，未之敢许也。

【译文】

木槿是花中最贱的品种，但古代称之为舜华，这是使用最早的名称，又称朝菌。篱笆及野外的水边，不妨相间种一些，如果一定要称其为林园佳友，我就不敢赞同了。

古法今解

木槿是锦葵科木槿属的植物，花色艳丽，且品种很多，目前全世界有3000多个品种。

文震亨以"最贱"来评价木槿，认为木槿不过适合于栽种在篱笆及野外而已，并将之从园林佳友中排除。文震亨品评花木的主观色彩很强。实际上，木槿是一种非常美丽的庭院花卉，是韩国的国花。韩国人称木槿为"无穷花"，因木槿树枝上会生出许多花苞，一朵花凋落后，其他的花苞连续不断地开，无穷无尽，象征生生不息的民族精神。1990年，韩国将木槿花中的单瓣红心系列品种定为韩国国花。有关"无穷花"的最早记录，从《山海经》上可以找到，在该书第九卷《海外东经》中载有"君子国在其北……有薰华草朝生夕死"之句，其中的"君子国"指朝鲜半岛，"薰华草"指木槿花。

不可否认，不同的人，对于花木的品鉴会有截然不同的评判标准。文震亨认为木槿是"花中最贱"，这一个"贱"字从何说起？或许是因为木槿花朝开夕落，用以形容人心易变，才导致我国古代人对木槿偶有吟咏，却贬多于褒。文震亨正是在历代文人吟咏的传统里作出了"最贱"的评价。但是，在韩国人看来，这种花的花期短，早晨才开，傍晚已经凋落，却象征着民族精神"生生不息"。木槿不过以自己的天性存在于天地之间，与文人何干？朝开暮落不也是生生不息？朝夕之间的摇落不也让人心生怜惜？李商隐《槿花》诗曰："风露凄凄秋景繁，可怜荣落在朝昏。未央宫里三千女，但保红颜莫保恩。"凄凄风露中，木槿花尽情地开放，黄昏时刻，却无奈地凋谢。易落的木槿花不正是红颜易老的隐喻？而四季轮转，木槿花还会在下一个朝阳升起的时刻吐露芬芳，三千宫女的红颜却永远地消逝在岁月的长河里。

桂

【原典】

丛桂开时，真称"香窟"①，宜辟地二亩，取各种并植，结亭其中，不得颜以"天香"②"小山"③等语，更勿以他树杂之。树下地平如掌，洁不容唾，花落地即取以充食品。

【注释】

①香窟：香之所生处。

②天香：特指桂、梅、牡丹等花香。语出宋之问的名句"桂子月中落，天香云外飘"。

③小山：语出庾信《枯树赋》"小山则丛桂留人"，特指桂树。

【译文】

一丛丛的桂树开花时真称得上是"香窟"，选二亩适合种桂花的地种上各种桂树，在里面建一亭子，但是不可取"天香""小山"这类的名字，更不要杂种其他树种。树下收拾得像手掌一样平整，洁净得不容唾液溅落，将落到地上桂花用来作食品。

古法今解

桂树在我国的栽培历史悠久。《山海经》中的《南山经》提到，"招摇之山多桂"，而《西山经》则提到"皋涂之山，其山多桂木"。《楚辞》中有"援北斗兮酌桂浆"。《吕氏春秋》中盛赞："物之美者，招摇之桂"。古人种桂花，不喜夹杂其他种类的树。晋代嵇含《南方草木状》记载："桂出合浦，生必以高山之巅，冬夏常青，其类自为林，间无杂树。"可见，自古以来，桂花就受到关注和喜爱。

　　文震亨极会享受生活，此文并没有介绍桂树如何，而在讲述如何享受桂树的芬芳。中秋前后，桂花绽放，黄色或白色，香气绝佳，有浓香，有清香。北周庾信《山中》："涧暗泉偏冷，岩深桂绝香。"再幽深的地方，只要有桂花开放，香气便四处飘溢。因其浓香，用于食品，味道鲜美，故有桂花酒、桂花饼、桂花糖等食物。自汉代至魏晋南北朝时期，桂花成为名贵的花卉与贡品。公元前111年，汉武帝破南越，接着在上林苑中兴建扶荔宫，广植奇花异木，其中就有桂树100株。当时栽种的植物，如甘蕉、密香、指甲花、龙眼、荔枝、橄榄、柑橘等，大多枯死，而桂花有幸活了下来。

　　唐代文人引种桂花十分普遍，吟桂蔚然成风。李白在《咏桂》诗中则有"安知南山桂，绿叶垂芳根。清阴亦可托，何惜树君园"，表明诗人要植桂园中，既可时时观赏，又可时时自勉。此后，园中栽培桂花日渐普遍。晚唐名相李德裕在二十年间收集了大量花木，包括剡溪之红桂、钟山之月桂、曲阿之山桂、永嘉之紫桂、剡中之真红桂，先后引种到洛阳郊外的别墅中。

　　我国的江南有食用桂花的传统，将桂花收集起来，加盐或糖腌渍封存，煮在酒酿圆子里，或用来制桂花糖藕。清代的《花镜》中说桂花的食用："花以盐卤浸之，经年色香自在，以糖舂作饼，点茶香美。"而文震亨的愿望

是，在桂花丛中建一亭，一边赏花，一边以花为食，浪漫、悠闲，哪是今天的我们所可奢望得到的享受呢？一些芳香植物如桂花还可利用散发的芳香素调节人的心理、生理机能，改变人的精神状态，并有杀菌驱虫、净化空气、增强人的免疫力、消除疲劳、增强记忆力等功效。

柳

【原典】

顺插为杨①，倒插为柳，更须临池种之。柔条拂水，弄绿搓黄，大有逸致；且其种不生虫，更可贵也。西湖柳亦佳，颇涉脂粉气②。白杨、风杨③，俱不入品。

【注释】

①杨：此处指蒲柳，又名水杨，柳树的一种。

②脂粉气：胭脂香粉的气味，旧时借指妇女。

③风杨：指枫杨，又称"水麻柳"，胡桃科枫杨属，高大乔木，根系发达，较耐水湿，常种水边。

【译文】

枝叶向上的是蒲柳，枝叶下垂的是垂柳，垂柳适宜在池塘旁边栽种。柔条轻拂水面，绿叶、黄叶相互映衬，很有超凡脱俗的意态；而且柳树的种子不生虫，这一点更可贵。西湖柳也很好，很有女子风韵。白杨、风杨这类树都不入品。

古法今解

柳树是中国的原生树种。据传，隋炀帝登基后，下令开凿通济渠，虞世基建议在堤岸种柳，隋炀帝采纳了他的建议，就下令在新开的大运河两岸种柳，并御书赐柳树姓杨，从此柳树便有了"杨柳"之美称。柳树枝向四方伸展出去，使庭院青条片片，具有很高的观赏价值，是美化庭院之理想树种。文震亨认为应将垂柳种在池塘边，意态婀娜，很有风致。他提到不入品的白杨、风杨，也都是柳树的品种。

杨柳是春天的标志，在春天中摇曳的杨柳，总是给人以欣欣向荣的感觉。柳树枝条细长柔软，风中飘拂，似有无限情意，又因"柳"与"留"同音，所以常与离别联系在一起。在春天，柳树是最为迷人、最为"潇洒"的树木，也是千百年来诗人和作家们颂扬不已的题材之一。柳永笔下著名的词句"杨柳岸，晓风残月"便是离别的场面。古人折柳送行，也喻意亲人离别去乡正如离枝的柳条，蕴含着"春常在"的祝愿，希望他到新的地方，能很快地生根发芽，好像柳枝一样随处可活。它是一种对友人的美好祝愿。《诗经》中已有"昔我往矣，杨柳依依；今我来思，雨雪霏霏"的诗句，借杨柳与雨雪的情景叹息个体生命的流逝。在中国与柳有关的诗词中，有一首宋代名妓聂胜琼的《鹧鸪天》："玉惨花愁出凤城，莲花楼下柳青青。尊前一唱阳关曲，别个人人第五程。寻好梦，梦难成，有谁知我此时情。枕前泪共阶前雨，隔个窗儿滴到明。"关于这首词，有个传说故事：礼部属官李之问，爱上了名妓聂胜琼。李生将回原籍时，聂姬为之送别，饮于莲花楼，唱了一首词，为此，李之问又留下来住了一个月。后来因夫人催促太紧，他不得不怅然离去。人还在归途中，就收到聂胜琼写的这首《鹧鸪天》。他藏在箱子里，归家后被夫人发现，只得以实相告。李夫人读了《鹧鸪天》，见其语句灵秀，非常高兴，不但没有阻止这段情缘，反而拿出私房钱让李之问去都城迎娶佳人。

芭蕉

【原典】

绿窗分映，但取短者为佳，盖高则叶为风所碎耳。冬月有去梗以稻草覆之者，过三年，即生花结甘露①，亦甚不必。又有作盆玩者，更可笑。不如棕榈为雅，且为麈（zhǔ）尾②蒲团③，更适用也。

【注释】

①甘露：花苞中积水，很甘甜。

②麈（zhǔ）尾：一种于手柄前端附上兽毛或丝状麻布的器物，一般用作扫除尘迹或驱赶蚊蝇之用。

③蒲团：用蒲草编成的圆形坐具，僧人坐禅及跪拜时使用。

【译文】

芭蕉栽种在窗下，绿色映衬窗户，但以矮小的为好，因为长得太高叶子会被风刮碎。冬天有人去掉芭蕉的梗茎，用稻草覆盖，三年后，就开花结出甘露，这是没必要的做法。又有人把芭蕉栽作盆景，更为可笑。芭蕉不如棕榈雅致，并且棕榈更适合做麈尾、蒲团。

古法今解

芭蕉为多年生草本植物，和香蕉树相似。叶子大而宽，长椭圆型，花白色。因为芭蕉直立高大，体态潇洒，蕉叶碧翠似绢，玲珑入画，兼有北人之粗豪和南人之精细，所以很多人喜爱芭蕉。

芭蕉是传统园林造景的上佳之选，常与太湖石、黄石等配置一起，多放在凉亭畔、院墙角落等处。芭蕉柔和流畅、轻盈灵动，怪石嶙峋突兀，蕉石搭配，非常符合刚柔相济的中国传统处世观。明代高启《题斋前芭蕉》说："丛蕉倚孤石，绿映闲庭宇。"江南园林的窗外，往往植修竹、芭蕉，置奇石，成为"尺幅窗"。芭蕉当窗，成为名副其实的"蕉窗"。

芭蕉叶美，青翠浓绿，平滑光亮，具有丝织品般的质感，自古为文士所赞赏，蕉叶题诗是文人的雅俗。唐代诗人韦应物有《闲居寄诸弟》一诗："秋草生庭白露时，故园诸弟益相思。尽日高斋无一事，芭蕉叶上独题诗。"这便是蕉叶题诗的典故出处。雨打芭蕉是另一种文学意境。白居易诗《夜雨》云："隔窗知夜雨，芭蕉先有声。"杜牧有诗《芭蕉》："芭蕉为雨移，故向窗前种。"雨滴到芭蕉叶上，淅淅沥沥，不免勾起无限愁思。于是，芭蕉夜雨便幻化成诗人笔下难言的愁绪。

文震亨认为它不如棕榈雅致，棕榈形态奇特多姿，并且具有做麈尾、蒲团的实用功能。芭蕉是幽雅且风流的，文震亨认为芭蕉不如棕榈雅致，这一评论，想必很多人都不会赞同。

槐榆

【原典】

宜植门庭，板扉绿映，真如翠幄（wò）①。槐有一种天然樛（jiū）屈②，枝叶皆倒垂蒙密，名"盘槐"，亦可观。他如石楠、冬青、杉、柏，皆丘垅间物，非园林所尚也。

【注释】

①翠幄（wò）：翠色的帐幔。

②樛（jiū）屈：向下弯曲。

【译文】

槐树和榆树适合种植在门庭外，门户绿荫掩映，犹如青翠帐幔。槐树有一个品种名叫"盘槐"，树枝天然向下弯曲，叶子也都倒垂茂密，也很值得观赏。其他的树，如石楠、冬青、杉树和柏树等，都是坟墓周围种的树，不适合园林种植。

古法今解

槐树主要有两种，一种叫中华槐、国槐，原产于中国；一种是洋槐，又叫刺槐、德国槐。一般我们可以通过它们的果实来进行区分，国槐的果实为念珠状，而洋槐的果实为荚果。槐树树体高大、树阴浓密，自古以来就是我国绿化、观赏树种之一，是很好的行道树。

汉代有人认为"槐"，就是望怀的意思，人们站在槐树下怀念远方来人，想与来人共谋事情。这实际是因为仅仅注意到人们喜欢在槐阴乘凉的现象而对槐树得名的一种人文解释。槐树还是身份地位的象征。古汉语中，槐与官位相连。槐树种在大门前，有特殊的含义：周代朝廷种三槐、九棘，公卿大夫分坐其下，以定三公九卿之位。《周礼》中说"面三槐，三公位焉"，郑玄注释为："槐之言怀也，怀来人于此，欲与之谋。"后世便以"槐府"称三公的官署或宅第。

槐树还是科第吉兆的象征。从唐代开始，科举考试关乎读书士子的功名利禄、荣华富贵，能借此阶梯而上，博得三公之位，是他们的最高理想。因此，常以槐指代科考，考试的年头称槐秋，举子赴考称踏槐，考试的月份称槐黄。此外，槐树还具有作为古代迁民怀祖的寄托、吉祥和祥瑞的象征等文化意义。

槐花不仅好看，还有药用价值。槐花也可以作为食品，味道清香甘甜，富含维生素和多种矿物质，同时还具有清热解毒、凉血润肺、降血压、预防中风的功效。槐花采摘后可以做汤、拌菜、焖饭，也可做槐花糕、包饺子。

梧桐

【原典】

青桐①有佳荫，株绿如翠玉，宜种广庭中。当日令人洗拭，且取枝梗如画者，若直上而旁无他枝，如拳如盖，及生棉②者，皆所不取。其子亦可点茶③。生于山冈者曰"冈桐"④，子可作油。

【注释】

①青桐：梧桐，因其皮青而得名。

②生棉：指生出飞絮。

③点茶：古人将其他果物与茶叶同用沸水泡饮。

④冈桐：此处指油桐，大戟科油桐属落叶乔木，种子可榨桐油。

【译文】

梧桐树有很好的树荫，枝叶青翠如碧玉，适合种植在宽广的庭院之中。应当每天让人清洗擦拭，选取枝梗如图画般优美的，不取树干光秃无别枝的、枝叶像拳头和伞盖的以及生出飞絮的。它的种子可用来沏茶。生在山冈上的叫冈桐，种子可用来榨油。

古法今解

梧桐是梧桐科梧桐属的植物，为普通的行道树及庭园绿化观赏树。中国梧桐是一种优美的观赏植物，点缀于庭园、宅前，也种植作于道路两旁，当作风景树。梧桐雌雄同株，夏季开花，花株很小，淡黄绿色，盛开时显得鲜艳而明亮。北宋学者陈翥写过一部《桐谱》，被认为是世界上最早记述桐树栽培的科学技术著作。《桐谱》的内容，一部分来自农业实践的经验总结，另一部分则是广征博引的文献资料。

文震亨不仅论到梧桐树的观赏作用，而且注意到梧桐树的实用性，即种子可泡茶、可榨油，这一点与介绍其他植物不同。

古人传说，种梧桐能引来凤凰，因而"凤栖梧"是古代神话中最具有代表性的意象图景。梧桐在古代常被称为"井桐"，因梧桐树大多栽种在井边。这体现出了民间自古就有的一种龙凤呈祥的民俗观念：古人认为井中有龙，而在井边栽种梧桐可以招来凤凰，这样水井中有龙，井边梧桐树上有凤，龙凤呈现的图景，就在自家的水井旁呈现出来了。所以《诗经》中有"凤凰鸣矣，于彼高冈。梧桐生矣，于彼朝阳"的句子，这是"凤栖梧"传说的最早来历。在《桐谱》的开篇，陈翥说："桐，柔木也。"他解释道："梧桐，柔软之木也，皮理细腻而脆，枝干扶疏而软，故凤凰非梧桐而不栖也。"

　　尽管民间对于梧桐树寄寓的是一种吉祥的祈盼，然而在古典诗词中，梧桐却是一种清冷、萧条、表现愁情的物象。温庭筠在《更漏子》中这样写道："梧桐树，三更雨，不道离情正苦。"雨滴梧桐，淅淅沥沥，唤起离人的愁情。白居易在《长恨歌》中有名句"春风桃李花开日，秋雨梧桐叶落时"。在孤独的寒夜，秋雨淅沥，梧桐树上黄叶飘落，呈现出的是一种多么凄凉的场景！到宋代，李清照的"梧桐更兼细雨，到黄昏，点点滴滴"，更是将"梧桐夜雨"的清冷、惆怅、凄凉意境发挥到了极致。在这里，栽种在井边的梧桐树，丝毫没有招引凤凰的喜庆，而是让人有一种肝肠寸断的凄凉感受。

椿

【原典】

椿树高耸而枝叶疏，与樗不异，香曰"椿"，臭曰"樗（chū）"。圃中沿墙，宜多植以供食。

【译文】

香椿树树形高耸，枝叶疏朗，与樗树相似，气味香的是椿树，臭的是樗树。园圃中，沿着围墙，可以多种一些供食用。

古法今解

椿树树干通直高大，树冠圆整，叶大荫浓，虽开花时有微臭但并不严重，是一种很好的观赏树和庭荫树。在印度、法国、德国、意大利、美国等国常作行道树用，称为天堂树。

椿树在我国古代地位比较高。《庄子》中说："上古有大椿者，以八千岁为春，八千岁为秋。"由此典故，古人认为椿有寿考之征，所以世称父为椿庭。"椿萱"则指父母双亲。所以椿树被视为是父亲树，用椿树代指父亲。

文震亨在介绍椿树时，一是指出如何鉴别椿和樗，一是说"可食"。但是，樗是不可食的。

香椿与樗树都是江南地区的乡土树种，属于不同的科，但两者的形态比较相像，很多人分不清它们。怎样区分呢？文震亨说"香曰椿，臭曰樗"，有香味的是香椿，有臭味的是樗树。这两种树不仅气味有别，还有其他的差异，如树干不同，樗树干表面较光滑，不开裂，香椿树干则常呈条块状剥落。

香椿芽被称为"树上蔬菜"，除了含有蛋白质、脂肪、碳水化合物外，还有丰富的维生素、胡萝卜素、铁、磷、钙等多种营养成分。香椿还具有较高的药用价值，中医认为，香椿芽味苦、性平、无毒，有开胃爽神、祛风除湿、止血利气、消火解毒的功效，故民间有"常食香椿芽不染病"的说法。香椿叶厚芽嫩，绿叶红边，犹如玛瑙、翡翠，特有的香味非常浓郁，味美可口，营养丰富。清代人称春天采摘、食用香椿的嫩叶为"吃春"，有迎接新春之意。

银杏

【原典】

银杏株叶扶疏，新绿时最可爱。吴中刹宇及旧家名园，大有合抱者，新植似不必。

【译文】

银杏树枝叶扶疏，新叶绿时最为可爱，吴中一带的古刹庙宇以及旧时大家名园里，多有长成合抱之木的银杏古树，没必要新种。

古法今解

银杏树的果实俗称白果，因此银杏又名白果树。叶子像扇形，叶形古雅。树体高大，树干通直，姿态优美，春夏翠绿，深秋金黄，是理想的园林绿化、行道树种。银杏是现存种子植物中最古老的，是第四纪冰川运动后遗留下来的古老的裸子植物，和它同纲的其他植物都已灭绝，故号称"植物活化石"。

银杏寿命极长，从栽种到结果要 20 多年，40 年后才大量结果，是树中的老寿星，被列为中国四大长寿观赏树种（松、柏、槐、银杏）。文震亨说苏州当地的旧家名园，大都有长得很大的银杏树，因此不必再新栽。这话绝非虚言，银杏确实能存活许多代，一旦栽种，只要园子还在，这棵树就会一直长下去。

苏州人有种植银杏的传统。苏州文庙里有四棵老银杏，名字分别是：连理杏、福杏、寿杏和三元杏。连理杏栽种在明洪武七年，寿杏则种植于南宋淳熙元年。苏州东山是著名的银杏产地，东山的山坞、庙宇、湖岛中分布着众多的古银杏，成为古镇历史的见证。东山北芒村还有一棵树龄达 2000 年的银杏，老当益壮，长势依然旺盛。

目前还有树龄在 4000 年以上的古银杏存活。2009 年，在贵州长顺县广顺镇的村寨里，发现了一棵古银杏树，据林业专家鉴定，树龄有 4000 多年的历史。这棵古银杏周长有 16.8 米，树高 50 余米，要 13 名成年人伸展双臂方能合围，树冠遮地 3 余亩，可谓"独木成林"。这棵树每年结果 3000 多斤，掉在地上的银杏叶有千余斤，树上还居住了成群的鸟。一树参天，云冠巍峨，葱茏庄重，绿荫满地，如同神话中的景象，故而被当地人视为"神树"。常有人到树下许愿、祈祷、祭祀、祈求风调雨顺。

文震亨说"新绿时最可爱"也未必，其实，秋天时，银杏叶子泛黄时也非常美。在中国，各省市较为著名的银杏大道有五处：北京银杏大道、芜湖银杏大道、丹东银杏大道、扬州江都银杏大道和湖北安陆银杏大道。每到秋冬交替的好时节远远看去，一片金黄。当你走在银杏大道中，满树黄叶绵延数百米，非常好看。

竹

【原典】

种竹宜筑土为垄（lǒng）①，环水为溪，小桥斜渡，陟（zhì）②级而登，上留平台，以供坐卧，科头③散发，俨如万竹林中人也。否则辟地数亩，尽去杂树，四周石垒令稍高，以石柱朱栏围之，竹下不留纤尘片叶，可席地而坐，或留石台、石凳之属。竹取长枝巨干，以毛竹为第一，然宜山不宜城；城中则护基笋④最佳，余不甚雅。粉筋斑紫⑤，四种俱可，燕竹最下。慈姥竹即桃枝竹，不入品。又有木竹、黄菰竹、箬竹、方竹、黄金间碧玉、观音、凤尾、金银诸竹。忌种花栏之上，及庭中平植；一带墙头，直立数竿。至如小竹丛生，曰"潇湘竹"，宜于石岩小池之畔，留植数枝，亦有幽致。种竹有"疏种""密种""浅种""深种"之法：疏种谓"三四尺地方种一窠，欲其土虚行鞭⑥"；密种谓"竹种虽疏，然每窠却种四五竿，欲其根密"；浅种谓"种时入土不深"；深种谓"入土虽不深，上以田泥壅之"。如法，无不茂盛。又棕竹三等：曰筋头，曰短柄，二种枝短叶垂，堪植盆盎；曰朴竹，节稀叶硬，全欠温雅，但可作扇骨料及画叉柄耳。

【注释】

①垄（lǒng）：指田地分界处高起的埂子。

②陟（zhì）：由低处向高处走。

③科头：不戴帽子。

④护基笋：护居竹之笋。

⑤粉筋斑紫：指粉竹、筋竹、斑竹、紫竹都是观赏竹品种。

⑥鞭：竹根。

【译文】

竹子适合种植在用土垒筑的高台之上，周围环绕溪水，设置一小桥斜渡溪水，然后拾级而上，上面留平台供人坐卧，披头散发，俨然置身于万丛竹林中。或者辟地数亩，将杂树除尽，四周垒砌石头，使之稍高，用石柱朱栏围起来，竹子下面不留一点尘土和一片叶子，可以席地而坐，或者留置一些石台、石凳类的东西。选取长枝巨干的竹子，毛竹为首选，但毛竹适合山野不适合城中栽种；城中以护基笋最佳，其余的不太雅致。粉竹、筋竹、斑竹、紫竹，四种都行，燕竹最差。慈姥竹即桃枝竹，不入品。另有木竹、黄菰竹、箬竹、方竹、黄金间碧玉、观音、凤尾、金银竹这类竹子。竹子忌讳在花栏之上及庭院平地中种植；沿着墙边，种植数株。至于丛生的小竹，叫潇湘竹，适合于在岩石小池旁边，栽植几株，也很幽雅别致。种竹有疏种、密种、浅种、深种四种方法。疏种即"三四尺地方种一窠，空出地方让竹根延伸"；密种即"虽然种得稀疏，但每一窠却种四五株，使竹根紧密"；浅种即"种植时入土不深"；深种即"入土虽也不深，但上面用泥土培植"。照这四种方法栽种，竹子没有不茂盛的。棕榈竹分为三等：筋头和短柄，枝短叶垂，可栽种在盆中；朴竹，枝节稀落，叶子较硬，完全缺少温雅，只可以作扇子的筋骨和取挂书画的画叉柄。

古法今解

竹是禾本科的一个分支竹亚科的总称，有低矮似草，又有高如大树。通常通过地下匍匐的根茎成片生长。竹类型众多，适应性强，世界分布广。全世界共计有70个属1200种。中国是世界上产竹最多的国家之一，共有22个属200多种。竹在中国以珠江流域和长江流域分布最多，秦岭以北雨量少、气温低，仅有少数矮小竹类生长。

竹枝杆挺拔，修长，四季青翠，凌霜傲雨，倍受中国人喜爱，与梅、兰、菊并称为四君子，与梅、松并称为岁寒三友，古今文人墨客，爱竹咏竹者众多。竹因为具有高雅、纯洁、虚心、有节的精神象征，古今庭园几乎都会种植。居而有竹，则幽篁拂窗，清气满院；竹影婆娑，姿态入画，碧叶经冬不凋，清秀而又潇洒。文震亨对竹的叙述也较详细，种植的环境、竹的种类、种法等都一一讲说，何种优雅，何种不入品，了然于胸。

竹子被历代文人墨客吟咏不绝，爱竹成了一种品味的象征。苏轼《於潜僧绿筠轩》一诗被后人津津乐道："可使食无肉，不可居无竹。无肉令人瘦，无竹令人俗。人瘦尚可肥，士俗不可医。"无竹便俗，种竹画竹咏竹便成为一种时尚。文人为何对竹如此钟情？竹子挺拔修长却不易折，四季青翠而凌霜傲雨，所以文人将之人格化，并赋予了它有气节、高雅、淡泊等品质。

长江以南盛产各种竹类，在竹园的景观设计中，众多的竹种均统一在相似的竹叶及竹竿的形状及线条中。然而丛生竹与散生竹有聚有散，高大的毛竹、钓鱼慈竹、麻竹等与低矮的箬竹配植则高低错落，龟甲竹、人面竹、方竹、佛肚竹则节间形状各异，粉单竹、白杆竹、紫竹、黄金间碧玉竹、碧玉间黄金竹、金竹、黄槽竹、菲白竹等则色彩多变，将这些竹种巧妙配植，则能在统一中追求变化。

菊

【原典】

吴中菊盛时，好事家必取数百本，五色相间，高下次列，以供赏玩，此以夸富贵容则可。若真能赏花者，必觅异种，用古盆盎植一枝两枝，茎挺而秀，叶密而肥，至花发时，置几榻间，坐卧把玩，乃为得花之性情。甘菊惟荡口①有一种，枝曲如偃盖，花密如铺锦者，最奇，余仅可收花以供服食。野菊宜着篱落间。种菊有六要二防之法，谓胎养②、土宜、扶植③、雨旸（yáng）④、修葺、灌溉、防虫，及雀作窠时，必来摘叶，此皆园丁所宜知，又非吾辈事也。至如瓦料盆及合两瓦为盆者，不如无花为愈矣。

【注释】

①荡口：无锡古镇，因位于无锡东南的鹅湖和南青荡而得名。

②胎养：养育。

③土宜：土壤适合。扶植：扶持栽培。

④雨旸（yáng）：阴雨晴朗。旸，晴朗。

【译文】

吴中菊花盛开时，喜欢菊花的人一定会采集数百株，将这些五颜六色的菊花高低排列，以供赏玩，这只能用来夸耀富贵而已（不是真正的赏花人）。真是会赏花的人，一定要寻觅独特品种，用古色盆钵种一株两株，茎干挺拔而茂盛，叶子茂密肥硕，等到开花时，放在几案卧榻之间，坐卧把玩，这样才是真正领会到了菊花的秉性与情致。荡口特有一种甘菊，菊枝弯曲如伞盖，花朵密如锦缎铺陈，最奇异，其余品种的甘菊只能收集花朵以供食用。野菊适合种在篱笆间。种菊有"六要二防"之法：育苗培养、土壤适合、扶持栽培、雨露阳光、修剪枝叶、灌溉、防虫及防鸟雀啄衔枝叶做窝，这些都是园丁所应该知道的，不是我们做的事。至于用瓦料做花盆以及把两片瓦合起来作为盆的，不如不种花为好。

古法今解

菊花为多年生宿根草本植物，通过人工栽培、杂交育种和自然变异，从原始的黄色小菊，演进为五彩缤纷的著名花卉。汉代已将菊花作为药用植物栽培，魏晋时期已大量栽培，以后逐步发展为观赏花卉。宋代是菊花发展的鼎盛时期，宋代刘蒙所著的《菊谱》收有菊花品种上百种，是中国最早的菊花专著。目前我国拥有3000多个菊花品种，从花色上分，有黄、白、紫、绿等色，并有双色种；从花形上分，有单瓣、复瓣、扁球、球形、外翻、龙爪、毛刺、松针等形；从栽培方式上分，有立菊、独本菊、大立菊、悬崖菊、花坛菊、嫁接菊等；从花期上分，有春、夏、秋、冬、四季菊等。

甘菊被用来当茶饮的历史悠久。明末清初的著名学者、农学家张履祥著有《补农书》，书中记载："甘菊性甘温，久服最有益。古人春食苗、夏食叶、秋食英、冬食根，有以也。每地棱头种一二株，取其花，可以减茶叶之半。茶性苦寒，与甘菊同泡，有相济之用。"

在对菊花的品鉴中，文震亨文人的优越感表露无遗。首先将赏花之人分为好事家与真能赏花者，元代夏文彦《图绘宝鉴》曰："米元章谓好事家与鉴赏家自是两等，家多资力，贪名好胜，遇物收置，不过听声，此谓好事。"与附庸风雅的好事家相对的赏花者，即文震亨所谓的能得花之性情的人，不言而喻，文震亨将自己归于会赏花之人的行列。

会赏花却不需要会种花，提到养育菊花的"六要""二防"后，文震亨认为此乃园丁之事，"又非吾辈事也"。与其说在赏菊花，不如说在谈论赏菊花之人。行文中有对富贵好事者的轻视，也有对修剪劳作的不屑，最津津乐道的则是坐卧把玩。"宁可抱香枝上老，不随黄叶舞秋风"（朱淑真《菊花》）的菊花还真带着文人清高孤独的影子。

自汉魏以来，重阳节有登山、佩茱萸、饮菊花酒的习俗。晋代诗人陶渊明尤爱菊花。至唐宋时，重阳赏菊成为风俗。宋代，菊之名种培植很多，盛况超越前代，成为当时城市居民的一大活动。南宋宫廷为颂扬“太平盛世”，创办了一年一度的“菊花灯会”，朝廷要求把各地的菊花送至都城临安展出。灯会期间，都城白天观花，夜里观灯、品菊，热闹非凡。明清时期，江南一带继续发展了赏菊的传统，有堆菊花山等项目，菊花品种展览，其名目多至千种。苏州等地的菊花展览，达到相当大的规模。如今，每到秋天，苏州园林里依然菊花盛开，拙政园、虎丘、留园、沧浪亭等园林里，假山、厅堂、楼阁，每一处景致中都错落点缀着菊花。

兰

【原典】

兰出自闽中①者为上，叶如剑芒，花高于叶，《离骚》所谓“秋兰兮青青，绿叶兮紫茎”者是也。次则赣州者亦佳，此俱山斋所不可少，然每处仅可置一盆，多则类虎丘花市。盆盎须觅旧龙泉②、钧州③、内府④、供春⑤绝大者，忌用花缸、牛腿⑥诸俗制。四时培植，春日叶芽已发，盆土已肥，不可沃肥水，常以尘帚拂拭其叶，勿令尘垢；夏日花开叶嫩，勿以手摇动，待其长茂，然后拂拭；秋则微拨开根土，以米泔水少许注根下，勿渍污叶上；冬则安顿向阳暖室，天晴无风舁（yú）出⑦，时时以盆转动，四面令匀，午后即收入，勿令霜雪侵之。若叶黑无花，则阴多故也。治蚁虱，惟以大盆或缸盛水，浸逼花盆，则蚁自去。又治叶虱如白点，以水一盆，滴香油少许于内，用棉蘸水拂拭，亦自去矣。此艺兰简便法也。又有一种出杭州者，曰“杭兰”；出阳羡⑧山中者，名“兴兰”；一干数花者，曰蕙，此皆可移植石岩之下，须得彼中原土，则岁岁发花。珍珠、风兰，俱不入品。箬兰，其叶如箬，似兰无馨，草花奇种。金粟兰名“赛兰”，香特甚。

【注释】

①闽中：指福建。唐朝中期以前，“闽中”即“闽”的称呼。

②龙泉：指龙泉窑出产的陶器。龙泉窑是宋代著名的瓷窑，因其主要产区在浙江省龙泉市而得名。

③钧州：指钧窑瓷器。钧窑地处河南禹县古均台和神镇一带。

④内府：指内府款瓷器。多见于元代磁州窑系梅瓶。明代永乐、宣德年间，内务府在景德镇烧制官窑瓷器，永宣以后极少再题"内府"款。

⑤供春：指"供春壶"，是宜兴紫砂壶中的精品。供春是做紫砂壶的鼻祖，为明正德、嘉靖年间的人，他烧制出了名闻遐迩的紫砂茶壶。

⑥牛腿：牛腿缸，花缸的一种，口大，下部略尖。

⑦舁（yú）出：抬出来。

⑧阳羡：今宜兴一带，宜兴古称"阳羡"。

【译文】

福建出产的兰是最好的，叶如剑刃，花高于叶，《离骚》所谓"秋兰兮青青，绿叶兮紫茎"说的就是这种兰花。其次赣州的兰花也不错，这些兰花都是山斋中不可缺少的，但是每处只可种一盆，多了就像虎丘的花市。盆钵要挑选龙泉、均州、内府、供春等名窑出产的最大型号的，忌讳使用花缸、牛腿缸这类俗品。四季培植，春天兰花发芽，花盆中的土已经很肥，不可以再施肥水，常常用尘帚来拂拭兰花的叶子，不能积存灰尘污垢；夏天兰花绽放，叶子娇嫩，切勿以手摇动花株，等待花叶长得茂盛，然后拂拭灰尘；秋天则轻轻松开根部的土，用淘米水少许浇灌根下，不要渍污到叶子上；冬天则将花盆安顿在向阳的暖室内，晴朗无风天就搬到室外，不时转动花盆，让花的四面均匀受光照，午后即收回室内，避免发生霜冻。如果叶子黑，不开花，则是缺少阳光的缘故。要治花上长的蚁虱，用大盆或缸装上水，把花盆浸入其中，则虫蚁自然离去；治像白点一样的叶虱，准备一盆水，滴入少许香油，用棉花蘸水来擦拭，叶虱也自然除去。这些是种兰花的简便方法。有一种杭州产的，叫杭兰；出自阳羡山中的，名叫兴兰；一株开数朵花的叫蕙，这些都可以移植到岩石之下，只要使用它原生的土壤，就会年年开花。珍珠、风兰都不入品。箬兰叶子像竹笋，似兰而无香，是奇特的花卉。金粟兰名赛兰，特别香。

古法今解

兰花是兰属植物的总称，这类植物至少有750多属，超过20000种，广泛分布于全球，主要在热带和亚热带地区中有近200属，1200多种，以及许多亚种、变种和变型。

兰花的观赏价值很高，是一种风格独异的花卉。兰花的花色淡雅，其中以嫩绿、黄绿的居多，但以素心的品种为名贵。兰花的花姿有的端庄隽秀，有的雍容华贵，富于变化。兰花的叶终年鲜绿，刚柔兼备，姿态优美。兰花的香气，清而不浊，一盆在室，芳香四溢。古人有诗称"手培兰蕊两三栽，日暖风和次第开；坐久不知香在室，推窗时有蝶飞来"。将兰花的幽香表现得淋漓尽致。室内放几盆兰花，会顿觉生意盎然。花开的时候，清香阵阵，让人感到生机勃勃，心旷神怡。

古人起初以采集野生兰花为主，人工栽培兰花则从宫廷开始。魏晋以后，士大夫阶层的私家园林中，开始以兰花点缀庭园，直至唐代，兰蕙的栽培才发展到一般庭园和花农培植。宋代的艺兰业很发达，有关艺兰的书籍及描述很多：如宋代罗愿的《尔雅翼》有"兰之叶如莎，首春则苗其芽……花甚芳香，大抵生深林之中，微风过之，其香蔼然达于外，……然江南兰只春芳，荆楚及闽中者秋复再芳"之说。

与竹一样，兰也是花中君子。文震亨介绍了兰的各地品种、四季养育方法及怎样去除蚂蚁、叶虱，显示出对兰的精心呵护。

兰最典型的意象是空谷幽兰。《孔子家语》："芝兰生于深林，不以无人而不芳；君子修道立德，不为穷困而改节。"君子要像芝兰一样高洁，但在文人笔下空谷幽兰带有孤芳自赏的味道，也展示着自己的人生困境。

明、清两代，兰艺又进入了昌盛时期。随着兰花品种的不断增加，栽培经验的日益丰富，此时有关兰花的书籍、画册数目较多，如明代张应文的《罗篱斋兰谱》，高濂的《遵生八笺》，书中都有关于兰花的记述。李时珍的《本草纲目》也对兰花的释名、品类及用途都有论述。

清代艺兰专著更多，如浙江嘉兴人许霭龢的《兰蕙同心录》，袁世俊的《兰言述略》等，相关名著很多。民国时，浙江杭县人吴恩元出版了《兰蕙小史》，对当时的兰花品种和栽培方法作了介绍，共记述浙江兰蕙名品百余种，并配有照片和插图多幅，图文并茂，引人入胜。

文震亨说"兰出自闽中者为上"，在今天看来未必对。今天，产自安徽大别山的很多兰草品种非常稀有，闽中很难有兰花可与其相比，价格普遍比闽中的兰花贵，可能文震亨当时没有见过。

瓶花

【原典】

堂供①必高瓶大枝，方快人意。忌繁杂如缚，忌花瘦于瓶，忌香、烟、灯煤熏触，忌油手拈弄，忌井水贮瓶，味咸不宜于花，忌以插花水入口，梅花、秋海棠二种，其毒尤甚。冬月入硫黄于瓶中，则不冻。

【注释】

①堂供：指放置在堂屋正厅。我国古代的插花艺术源于佛前供花，故有"堂供"一说。

【译文】

厅堂陈列的瓶花要高瓶大枝才让人赏心悦目。忌讳繁杂束缚；忌讳花瘦于瓶；忌讳香、烟、灯火熏染；忌讳用油手抚弄；忌讳瓶里装井水，因为水发咸不适合插花；忌讳将插花瓶里的水误入口中，插过梅花、秋海棠两种花的水毒性比较大。冬天把硫磺加入花瓶中，水就不会结冰。

古法今解

插花就是把花插在盘、盆、瓶里，所插的花材是花、枝、叶，根据一定的构思来选材，遵循一定的创作法则，插成一个优美的造型，借此表达一种主题，传递一种感情和情趣，使人看后赏心悦目，获得精神上的美感和愉快。插花看似简单容易，然而要真正插成一件好的作品却并非易事。因为它既不是单纯的各种花材的组合，也不是简单的造型，而是融生活、知识、艺术为一体的一种艺术创作活动。

中国插花艺术大概起始于魏晋南北朝时的佛前供花，隋唐后又由宫廷插花转入民间，宋元时插花已经较为普遍，明代则进入繁荣期。宋代插花艺术精雅缛丽，明代在前人的基础上建立了系统和完整的插花理论，把插花艺术推向顶峰：明代的插花著作十分丰富，如《花史左编》《瓶花三说》《瓶花谱》《瓶史》等，将中国画和中国古典园林的表现技法运用于插花之中。

明代初期，受宋代理学影响，以中立式厅堂插花为主，造型丰满，寓意深邃；中期插花追求简洁清新，色彩淡雅，疏枝散点，朴实生动，不喜豪华富贵，常用如意、灵芝、珊瑚等装点插花。到了明代晚期，花道发展到了中国历史上的鼎盛时期：这时的插花艺术追求参差不伦，意态天然；讲究俯仰高下，疏密斜正，各具意态，得画家写生折枝之妙，方有天趣；构图严谨，注意花材同容器的比例关系。

明代人对花器的选择，可谓十分精心。花器的材质上，以瓷器、铜瓶器为重，以金、银瓶器为轻，崇尚清雅风格。时节上，春、冬两季用铜器；秋、夏两季用瓷器。放置的场所，在厅堂适合大瓶，书房适合小瓶。

文震亨对瓶花的介绍较简单，提出了诸种忌讳，多引用《瓶花谱》一书，此书为明人张谦德所著。瓶花摆置在厅堂要高瓶大枝才显得大气，放在书房卧室则要精巧雅致，人处居室而花香缭绕，人融于花卉之中，但瓶花并不长久。

张谦德在《瓶花谱》中指出花器的讲究："小瓶插花，宜瘦巧，不宜繁杂……瓶花虽忌繁冗，尤忌花瘦于瓶"。他还讲到"花忌"："瓶花之忌，大概有六：一者井水插贮，二者久不换水，三者油手拈弄，四者猫鼠伤残，五者香烟灯煤熏触，六者密室闭藏，不沾风露：有一于此，俱为瓶花之病。"文震亨多处援引了他的观点，但不及他论述得详尽，从中也可以看出《长物志》这部书对于前人著述的继承。

近年来，随着人民生活水平逐步提高，鲜花逐步回到了人们的生活当中。在今天，插花已经变成一门不可或缺的手艺。

盆玩

【原典】

盆玩，时尚以列几案间者为第一，列庭榭中者次之，余持论则反是。最古者以天目松为第一，高不过二尺，短不过尺许，其本如臂，其针若簇，结为马远①之"欹斜诘屈"，郭熙②之"露顶张拳"，刘松年③之"偃亚层叠"，盛子昭④之"拖曳轩翥（zhù）"等状，栽以佳器，槎（chá）牙可观。又有古梅，苍藓鳞皴（cūn），苔须垂满，含花吐叶，历久不败者，亦古。若如时尚作沉香片者，甚无谓。盖木片生花，有何趣味？真所谓以"耳食"者矣。又有枸杞及水冬青、野榆、桧柏之属，根若龙蛇，不露束缚锯截痕者，俱高品也。其次则闽之水竹，杭之虎刺⑤，尚在雅俗间。乃若菖蒲九节，神仙所珍，见石则细，见土则粗，极难培养。吴人洗根浇水，竹翦（jiǎn）修净，谓朝取叶间垂露，可以润眼，意极珍之。余谓此宜以石子铺一小庭，遍种其上，雨过青翠，自然生香；若盆中栽植，列几案间，殊为无谓，此与蟠桃、双果之类，俱未敢随俗作好也。他如春之兰蕙；夏之夜合、黄香萱、夹竹桃花；秋之黄密矮菊；冬之短叶水仙及美人蕉诸种，俱可随时供玩。盆以青绿古铜、白定、官、哥⑥等窑为第一，新制者五色内窑⑦及供春粗料可用，余不入品。盆宜圆，不宜方，尤忌长狭。石以灵璧、英石、西山佐之，余亦不入品。斋中亦仅可置一二盆，不可多列。小者忌架于朱几，大者忌置于官砖，得旧石凳或古石莲磉为座，乃佳。

【注释】

①马远：南宋画家，与李唐、刘松年、夏圭并称"南宋四家"。

②郭熙：北宋画家，存世作品有《早春图》《关山春雪图》等，其子郭思集其画论为《林泉高致集》。

③刘松年：南宋宫廷画家，代表作有《四景山水图》卷及《天女献花图》卷。

④盛子昭：即盛懋，字子昭，元代富有盛名的民间画家。

⑤虎刺：茜草科虎刺属常绿小灌木，枝条屈曲，寿命长，地栽和盆栽都能活

到百年之久，因此，又被赞为"寿庭木"。

⑥白定、官、哥：指定窑白瓷和官窑、哥窑出产的瓷器。北宋五大名窑为"定汝官哥钧"。

⑦内窑：南宋青瓷器名窑之一。

【译文】

盆景，流行以陈列于几案之上为第一，陈列在庭院台榭中次之，我的观点正好相反。最古朴的以天目松为第一，高不超过二尺，矮不低于一尺，树干像手臂，针叶如簇，形成画家马远笔下的"倾斜弯曲"，郭熙笔下的"粗豪之态"，刘松年笔下的"丑怪层叠"，盛子昭笔下的"低曳高飞"这些姿态，用上等盆钵栽植，参差错落，十分可观。另有古梅，苔藓斑驳，树皮皱皱，含花吐叶，经久

不败，很古雅。如果像时尚那样做些沉香片，没什么意思。木片生花，有什么趣味？这不过是徒信传闻而已。还有枸杞及水冬青、野榆、桧柏这一类，根如龙蛇，不露束缚锯截痕迹的都是上品。其次是福建的水竹，杭州的虎刺，尚在雅俗之间。至于九节的菖蒲，为神仙所喜爱，栽在石块间长得瘦弱，栽在土壤里就很粗壮，极难培养。吴地的人洗根浇水，修剪

干净，认为取早晨叶子间的晨露可以润眼，非常珍贵。我认为应该用石子铺设庭院，遍植菖蒲，雨后青翠欲滴，自然生香；若种植在盆钵中，陈列几案间，非常无趣，它与蟠桃、双果一类的东西，都不能趋俗迎合时尚。其他的如春之兰蕙、夏之夜合、黄香萱、夹竹桃花，秋之黄密矮菊，冬之短叶水仙及美人蕉诸种，都可随时供把玩。花盆以青绿古铜及白定、官、哥等窑所产为第一，新窑产的五彩内窑及供春所产的粗料可用，其余的都不入品。花盆宜圆不宜方，尤其忌讳狭长。用灵璧、英石、西山这些石块点缀，其余的都不入品。居室内只可放置一两盆，不可多放。小盆景忌讳放置在红色几案上，大盆景忌讳放置在官窑砖上，用旧石凳或古旧的莲花石墩为座，最好。

古法今解

　　盆景以植物、山石、土、水等为材料，经过创作栽培，在盆中塑造大自然的优美景色，达到缩地成寸、小中见大的艺术效果，同时以景抒怀，表现深远的意境。盆景一般有树桩盆景和山水盆景两大类，盆景是由景、盆、几（架）三个部分组成。

　　盆景起源于中国，这是世所公认的。盆景在唐代就已经具雏形，陕西乾陵发掘的唐代章怀太子李贤（武则天之子）墓的甬道东壁上，有侍女手捧盆景的壁画，所绘的盆景和现代盆景非常相似。故宫博物院内存有一幅唐代画家阎立本绘的《职贡图》，图中有一个侍者手托浅盆，盆中立着造型优美的山石，和现代山水盆景十分相似。

　　宋代盆景之丰富，是前所未有的：盆艺与文人、画家相结合，把诗画作品所描绘的意境情趣，引用到盆景创作上，逐渐把盆景艺术从自然山水阶段，推进到写意山水阶段。宋代盆景的名称有盆玩、盆山、假山、假山小池、盆池、盆花、盆草、盘松、盆梅、盆兰等。

　　苏州虎丘山塘一带的盆景很兴盛，盆景中有一个派别，叫"苏派"，即指苏州的盆景。清代诗人沈朝初在《忆江南》里说："苏州好，小树种山塘。半寸青松虬干古，一拳文石藓苔苍。盆里画潇湘。"苏派盆景以古雅拙朴见长。几十年乃至上百年的虬干老枝，栽种在小盆之中，竟能高不盈尺，自然成态，或悬或垂、或俯或仰，配以古盆和苏式几架，古趣盎然。

　　文震亨对盆玩细加品评，排列盆栽植物的等次，否定时尚的盆栽方法，为辨别雅俗等提出宜忌。因"花木"卷中诸多花卉是盆栽植物，所以本文有为本卷作总结的意味。植物盆栽是通过攀扎、修剪等技术加工和园艺栽培，在盆中表现人类喜爱的大自然的景象。但这样或许已非自然，而是加入了人类意志的自然，所以晚清的龚自珍才在《病梅馆记》中抨击了这种变态的审美观，并决心终生疗梅，还梅花以自由。

卷三　水石

【原典】

石令人古，水令人远，园林水石①，最不可无。要须回环峭拔，安插得宜。一峰则太华②千寻，一勺则江湖万里。又须修竹、老木、怪藤、丑树，交覆角立③，苍崖碧涧，奔泉汛流，如入深岩绝壑之中，乃为名区胜地。约略其名，匪一端矣。志《水石第三》。

【注释】

①水石：流水及水中之石。

②太华：指华山。据《山海经》记载："又西六十里，太华之山，削成而四方，其高五千仞，其广十里。"

③角立：特出，独立。

【译文】

石让人觉得古雅，水让人觉得悠远，所以园林中水、石最不可或缺。水、石的设置需要回环峭拔，布局得当。造一山则有华山壁立千寻之险峻，设一水则有江湖万里之浩渺。还要有修竹、老木、怪藤、丑树，交相掩映，卓然而立，崖壁深涧、飞泉奔涌，似入深岩绝壑之中，才算得上名区胜地。这里粗略列举，并非都要如此。记《水石第三》。

古法今解

此文为本章序言，文震亨并没有概括水、石设置的原则，而是指出水、石为园林建筑中必不可少的点缀，并举例道出了水、石设置要达到的效果。整个园林在文震亨笔下像一幅山水画，水、石设置就是画作中浓墨重彩的一笔。

"一峰则太华千寻，一勺则江湖万里"，是研究古典园林的学者经常引用的经典名言，展现出了江南园林造景的特点：小中见大，芥子而纳须弥。江南园林因空间范围狭小，需要将有限的元素，经过独具匠心的概括和凝练，唤起人们对更广阔的自然山水的联想，游目于其中而恍若置身于真山水中，这是园林建筑"以有限寓无限"的基本特征。

水与石的协调设置能让园林风景大为增色，北宋诗人穆修在《鲁从事清晖阁》中吟咏道："水石精神出，江山气色来。"王维《山居秋暝》中"明月松间照，清泉石上流"的画面更是充满了诗情画意。在山水画中，水与石常常交融在一起，动静有致，意在画外。水与石看上去毫不相干，石至刚，水至柔，石至静，水至动，然而水与石却常常不可分割，石的静默烘托了水的流动，水的柔弱显示了石的刚强。水滴石穿比喻长久坚韧的努力，水落石出则喻示事物真相的完全显露。水石相击，浪花朵朵，漱石枕流，何等逍遥。水与石进入人类的视野，常常脱离了自然属性而被赋予了人格化的品质。

清泉漱石是园林中必不可少的一道风景，水与石相摩挲，刚柔相济。古人造园时，对掇石、理水有着浓厚的兴趣和独到的见解。秦汉以来的宫苑，都是"一池三山"的形式。秦始皇"引渭水为池，筑为蓬、瀛"，把渭水引到皇家园林中，形成一个大水池，而后建两座山，比拟为传说中的仙山——蓬莱、瀛洲。汉武帝的建章宫"其北治大池，渐台高二十余丈，名曰太液池，中有蓬莱、方丈、瀛洲"。一言以蔽之，就是一座太液池加三座山。

计成《园冶》中写道："轩楹高爽，窗户虚邻；纳千顷之汪洋，收四时之烂漫。梧阴匝地，槐荫当庭；插柳沿堤，栽梅绕屋；结茅竹里，浚一派之长源；障锦山屏，列千寻之耸翠，虽由人作，宛自天开。"园林造景，妙在以少胜多，效仿自然山水，而又能将自然山水凝练、浓缩于一方小园之内。

江南园林的水石造景极具典型性和寓意性。用石堆砌的一座假山，要极尽崎岖险峻之能事，如同华山千仞险峰的缩影。一湾池水，曲折回环，水波跌宕，使人联想起烟波浩渺的大江大湖……掇石理水的时候（理水是中国园林中的一个主题，有时又称作水体），还要有植物造景，以青翠的修竹、古朴的老木、奇异的藤蔓、丑怪的树，各种造景元素和谐搭配，相互映衬，形成一种美轮美奂的景象，使人如同进入风景胜地。

广池

【原典】

凿池自亩以及顷，愈广愈胜。最广者，中可置台榭之属，或长堤横隔，汀蒲、岸苇杂植其中，一望无际，乃称巨浸。若须华整，以文石为岸，朱栏回绕，忌中留土，如俗名战鱼墩[1]，或拟金焦[2]之类。池旁植垂柳，忌桃杏间种。中畜凫雁，须十数为群，方有生意。最广处可置水阁，必如图画中者佳。忌置簰（pái）舍[3]。于岸侧植藕花，削竹为阑，勿令蔓衍。忌荷叶满池，不见水色。

【注释】

①战鱼墩：苏州俗称，即土墩在水中，便于撒网捕鱼。

②金焦：金山与焦山的合称。

③簰（pái）舍：在竹排或木排上搭建的小屋。簰，指水中漂浮的竹排、木排。

【译文】

开凿池塘，小则一亩，多则一顷，越大越好。在很大的池塘中间可建楼台水榭，或者筑长堤横隔，堤上种植菖蒲、芦苇，一望无际，这才称得上大泽。如果想要华美齐整，用有纹理的石头砌岸，朱栏环绕，忌水中留土堆，就像俗称的"战鱼墩"，或模仿金山、焦山之类的。水池边种植垂柳，不要桃树、杏树夹杂而种；水中蓄养野鸭、大雁，须得十多只成群养，才有生气。水面最开阔处，可以建造水阁，照画中样式修建最好。忌放置木排搭建小屋。在岸边种植荷花，削竹子做栏杆，不让荷花蔓延开。忌讳荷叶覆盖住水池，因为这样会看不到水色。

古法今解

计成《园冶》中提及在水池中叠山："池上理山，园中第一胜也。若大若小，更有妙境。就水点其步石，从巅架以飞梁；洞穴潜藏，穿岩径水；峰峦飘渺，漏月招云；莫言世上无仙，斯住世之瀛壶也。"以水中假山比喻神话中的仙岛，这是古典园林一贯的传统。北宋都城汴京："近东即迎祥池，夹岸垂杨、菰蒲、莲荷，凫雁游泳其间。"这是《东京梦华录》记载的一段话，描写的是一幅水中浮游的禽鸟与水生植物共同组成的水岸景观。

古典园林中的广池，最广的当属皇家园林——只有帝王家，因为只有他们才有财力与气魄开凿烟波浩渺的广阔水面。其中较为著名的，有汉代的昆明池、太液池，唐代的曲江，明清的昆明湖。

汉代的昆明池在长安城西的沣水、涌水之间，上林苑之南，建于汉武帝元狩四年（前119年），当时引沣水而筑成池，水面广阔，周围十里。太液池是引昆明池水形成的人工湖，位于建章宫的西北面。池岸有人工雕刻的石鲸、石鳖；池中建20丈的渐台，还筑有象征仙山的瀛洲、蓬莱、方壶等假山。曲江池位于唐代长安城东南隅，因水流曲折得名。唐玄宗时引沪水注入曲江，使水面更为开阔，水岸曲折，可以荡舟。池中种植荷花、菖蒲等水生植物，亭楼殿阁隐现于花木之间。北京的昆明湖，原是一处天然湖泊，元代郭守敬开挖通惠河，引流水及西山一带泉水汇入湖中，成为元大都的水库。明代，湖中植荷花，湖畔有寺院、亭台之胜，酷似江南风景，当时人称有"西湖十景"。清朝乾隆年间，乾隆皇帝兴建清漪园，将湖开拓，成为现在的规模，并依汉武帝故事，命名昆明湖。乾隆皇帝有诗称："何处燕山最畅情，无双风月属昆明。"

小池

【原典】

阶前石畔凿一小池，必须湖石四围，泉清可见底。中畜朱鱼①、翠藻，游泳可玩。四周树野藤、细竹，能掘地稍深，引泉脉②者更佳。忌方圆八角诸式。

【注释】

①朱鱼：指园林中饲养的名贵观赏鱼类。清代有著作《朱鱼谱》。

②泉脉：泉水。出自《黄帝内经》中的《灵枢》："地有泉脉，人有卫气。"

【译文】

台阶前、山石旁边开凿一小池塘，四周一定要用太湖石砌边，池水清澈见底。池中饲养金鱼、水草，可以在其中游泳。四周种上野藤、细竹，如果能掘地再深一些，将泉水引入池中就更好了。池塘忌讳方、圆、八角等这类形状。

古法今解

池塘是小于湖泊的水体，有天然形成的，也有人工挖掘的。文震亨所讲乃园林中人工开凿的池塘，有广池，有小池。广池越大越好，小池则要精致幽雅。广池和小池形式、周围环境不同，布置方式也不一样。但相同的是，都要有自然之趣，而无实用之俗气。

《园冶》指出："约十亩之基，须开池者三，曲折有情，疏源正可，余七分之地，为垒土者四，高卑无论。"从苏州人的造园实践来看，几乎每座园中都挖水池。池有大小之分，但即便是广池，也不会很大。整个园以水池为中心，沿水池四周，环列建筑，从而形成一种向心、内聚的格局。这种格局形式，可使空间具有开朗、宽阔之感，如苏州畅园、鹤园、网师园等。水池和建筑之间的空间以花木、假山掩隐，水面倒影依依，扩大了空间的视觉、听觉范围，使空间更有自然情趣。可见，池塘是园林中重要的水体，可将江河湖海的自然之水引进自家宅院，构筑美丽的水景。以池塘为中心，岸边堆叠山石，杂种花草，点缀藤萝，池中蓄养金鱼、野鸭、大雁，极具观赏价值。而季节转换也鲜明地反映在池塘的一草一木上，南朝谢灵运《登池上楼》："池塘生春草，园柳变鸣禽。"此诗虽自然平淡，却清新且充满了望见春天的惊喜。

江南园林为自然山水式造景，与西方园林的规整式造景有着迥然不同的风格。规则的方圆八角等水池样式，在江南园林中极为罕见。长方形、正方形、圆形、三角形的水池在西方古典园林中是常见的，如法国凡尔赛宫的圆形水池，浑圆如日，像在地上用圆规画出来的。但是江南古园的水池都没有勾勒几何图形的概念，而是随着地势而布局，乃至故意做成曲折回环、幽深蜿蜒的水系。水岸多为驳岸，以太湖石砌成装饰，曲折起伏，凹凸不平，更以花木点缀，亭台掩映，形成一派自然婉约的江南风景。

园林大都占地不算很大，空间有限，故而广池不多见，小池却处处都有。

水池虽小却很讲究，细节耐人寻味。池的四周用玲珑的太湖石砌边，形成驳岸的效果，小而精巧。池水须得清澈，最好与地下水相通。水中要有生趣，须养几尾漂亮的金鱼，游曳翠藻间，鱼游水中，人可站在池边观赏；池畔的植物造景也要有意趣，不妨种些藤蔓和几竿竹子，粗枝大叶的不好，须得挑选枝干纤细的品种，比如湘妃竹种小池边最好。园林即便面积不大，有水池便显得活泼有趣。用藤蔓植物来造景，在苏州园林中较为常见。尤其是一带粉墙，往往种一墙藤萝，夏日取其葱绿，冬天叶子落尽，虬曲缠绕的藤蔓，更有古意。如吴江静思园，沿院墙种着爬山虎，在冬日暖阳中，满满一墙的缠绕藤枝，极有意趣，是池"四周树野藤、细竹"的完美体现。

瀑布

【原典】

山居引泉，从高而下，为瀑布稍易，园林中欲作此，须截竹长短不一，尽承檐溜^①，暗接藏石罅（xià）^②中，以斧劈石叠高，下凿小池承水，置石林立其下，雨中能令飞泉溅（pēn）薄^③，潺湲（chán yuán）^④有声，亦一奇也。尤宜竹间松下，青葱掩映，更自可观。亦有蓄水于山顶，客至去闸，水从空直注者，终不如雨中承溜为雅。盖总属人为，此尤近自然耳。

【注释】

①檐溜：指檐沟流下的水。

②石罅（xià）：石头裂缝。

③溅（pēn）薄：冲荡、激荡。

④潺湲（chán yuán）：水流缓慢的样子。

【译文】

在村野山居，接引山泉从高而下形成瀑布比较容易，在园林中想这样做，就需要用长短不一的竹子，承接檐沟流水，隐蔽地引入岩石缝隙，用斧劈石重叠垒高，下面开凿小池承水，安放一些石头在池子里面，下雨的时候能让飞泉激荡，流水潺潺，也是一大奇观。尤其适合在竹间松下，青翠掩映，更为可观。也有人在山顶蓄水，客人到时打开水闸，水从高空直流而下，但终究不如雨中承接流水更雅致。因为山顶蓄水终归属于人为，而承接雨水则更接近自然。

古法今解

瀑布在地质学上叫跌水，即河水在流经断层、凹陷等地区时垂直地从高空跌落自然形成的景观。中国比较有名的瀑布属贵州黄果树瀑布，宽 81 米，水从 74 米高的断崖中跌下，发出轰隆巨响，浪花四溅，水珠飞扬，非常壮观。造成跌水的悬崖在水流的强力冲击下不断地坍塌，使得瀑布向上游方向后退并降低高度，最终又导致瀑布自然消失。河床平缓无法形成瀑布，瀑布奇观的形成都需要遇见悬崖。

明代的园林已广泛采用假山瀑布的造景技法。计成《园冶》中写道："瀑布如峭壁山理也。先观有高楼檐水，可洞至墙顶作天沟，行壁山顶，留小坑，突出石口，泛漫而下，才如瀑布。不然，随流散漫不成，斯谓'坐雨观泉'之意。"可以看出，收集檐溜之水，需要通过一定的技术手段，使水流能够喷涌而下，有水声、水势，不然则水流散漫，如同雨中观泉，甚为乏味。

瀑布在园林中，属于动态的水体设计。苏州园林擅长"理水"，水体设计手法是多样的，园中之水，可以是宁静平缓的荷塘曲水，也可以是流动喷涌的飞泉流瀑。然而，建在城市中的园林，没有山野之中天然的流水飞泻，怎样才能造出瀑布呢？造园者自有妙招。

园林中的假山，大都巧妙收集屋檐上的雨水，汇集起来，从假山上倾泻而下，形成小型的人工瀑布。如环秀山庄西北角的假山，利用屋顶雨水流注池中，略存瀑布之意。承接屋檐水并不是唯一的技法，环秀山庄东南角的假山，则在山石后设小槽承受雨水，由石隙婉转下泻，形成小瀑布景观。

苏州狮子林的"听瀑亭"，则利用水柜蓄水，山涧中出湖石三叠，下临深潭，水闸一开，形成三叠瀑布。狮子林的"听瀑亭"名闻遐迩。这座亭子筑于假山的最高处，亭子一侧，即有人工瀑布，机关一开，水流经湖石三叠直泻而下，波影茫茫，水声涛涛，如同一曲交响乐。

瀑布的造型千变万化、千姿百态。瀑布的形式有直落式、跌落式、散落式、水帘式、薄膜式以及喷射式等。按瀑布的大小有宽瀑、细瀑、高瀑、短瀑以及各种混合型的涧瀑等。人造瀑布虽无自然瀑布的气势，但只要形神具备，也会产生自然之趣。

凿井

【原典】

井水味浊，不可供烹煮；然浇花洗竹，涤砚拭几，俱不可缺。凿井须于竹树之下，深见泉脉，上置辘轳引汲，不则盖一小亭覆之。石栏古号"银床"，取旧制最大而古朴者置其上。井有神，井旁可置顽石，凿一小龛（kān），遇岁时奠以清泉一杯，亦自有致。

【译文】

要井水有异味，虽然不能用来烹饪煮茶，但用它浇花、洗竹器，洗砚台、擦几案都是不可缺少的。凿井须得在竹林树下深挖引泉，在井上放置辘轳取水，也可以盖一座小亭子遮盖。石栏杆古称"银床"，选取旧式最大而又古朴的石栏杆，安放在井台上。井有井神，旁边可以放置石头凿的小神龛，祭祀时节祭奠一杯清泉，也自有一番情致。

《古法今解》

井栏杆在古代多称为"井床"，井床又有个雅称叫"银床"，连井栏杆都以银做成，形容居家用度之奢华。"银床"在诗文中往往是表达一种略带夸张的意境，或者是为了跟"玉"对仗使用，如"玉醴吹岩菊，银床落井桐"，又如"风筝吹玉柱，露井冻银床"。诗人陆游家的水井旁种着梧桐树，故而他写了诸多关于梧桐叶落到井栏杆上的诗句，夏天是"细绠铜瓶落井床"，秋夜为"梧桐落井床"，初冬是"桐落井床多槁叶"。

陆羽《茶经》中，说泡茶用水，"山水上，江水中，井水下"。以井水来烹饪，自然不是古人的首选。文震亨认为井水只适合浇花、擦洗用，那么问题来了：煮饭烹茶用什么水呢？这一问题的答案，可参考《红楼梦》中的大观园。比如宝玉、黛玉、宝钗到妙玉的栊翠庵做客，喝着妙玉泡的茶，觉得清醇无比，原来泡茶的水"是五年前我在玄墓蟠香寺住着收的梅花上的雪，共得了那一鬼脸青的花瓮一瓮"。可见对于风雅人士，井水是不能入眼的。

天泉 ①

【原典】

秋水②为上，梅水③次之。秋水白而洌（liè）④，梅水白而甘。春冬二水，春胜于冬，盖以和风甘雨，故夏月暴雨不宜，或因风雷蛟龙⑤所致，最足伤人。雪为五谷之精，取以煎茶，最为幽况⑥，然新者有土气，稍陈乃佳。承水用布，于中庭受之，不可用檐溜。

【注释】

①天泉：天上所落下的水，即雨水、雪水。

②秋水：指秋天的雨水。

③梅水：指梅雨季节的雨水。

④洌（liè）：清澈，不混浊。

⑤蛟龙：古代传说的两种动物，居深水中。相传蛟能发洪水，龙能兴云雨。

⑥幽况：清冽。况，水寒。

【译文】

天泉以秋天的雨水为最佳，黄梅季节的稍差一点。秋水洁净清澈，梅水洁净甘甜。春季、冬季的水相比，春天的胜于冬天的。因为春季风和雨润，而夏季狂风暴雨，不适合饮用，或者是因为风雷蛟龙所导致的，对人伤害很大。雪为五谷的精华，取来煎茶最是清冽，然而新取的雪水带土腥气，稍微放置一段时间才好喝。雨水要用布在庭院中露天承接，不能用屋檐取水。

古法今解

古人认为，夏季的暴雨，如同天地之怒气，不宜食用。明代屠隆在《茶说》中记道："春冬二水，春胜于冬，都以和风甘雨得天地之正施者为妙，唯夏月暴雨不宜。或因风雪所致，实天地之流怒也。龙行之水，暴而淫者，旱而冻者，腥而墨者，皆不可食。"文震亨说"故夏月暴雨不宜，或因风雷蛟龙所致，最足伤人"，是沿袭了屠隆的说法，只是行文更为简洁，没有在"龙行之水"上纠缠过多。屠隆则发挥得更深入，讲夏日的暴雨，是天地之流怒，夹杂冰雹的，腥臭墨黑的都不能食用。

古人对于秋水的偏好，或许是源于《庄子》为秋天的水赋予了无与伦比的诗意。此后有许多与秋水相关的词语，都是动情、痴情的意象，如"望穿秋水"，《西厢记》中唱道："你若不去啊，望穿他盈盈秋水，蹙损他淡淡春山。"

夏天暴雨季节的水，最不适合食用，因为是蛟龙行雨，龙最暴躁的时候布洒的水，食之伤人身体。这些叙述，并非文震亨的原创，他也是抄录前人，将屠隆《茶说》中的句子几乎照搬过来。

雪水被视为是五谷之精魂的凝结。《氾胜之书》中记载："取雪汁渍原蚕屎五六日，待释，手挼之，和谷种之，能御旱，故谓雪为'五谷精'也。"贾思勰的

《齐民要术》也说："雪汁者，五谷之精也，使稼耐旱。"种地时施以雪水，可以令庄稼耐寒，这是古人总结出来的农耕经验。

雪水烹茶最受幽人雅士的喜爱。旧时，有一副绝佳的对联，上联为：雪水烹茶天上味，下联为：桂花作酒月中香。雪水烹茶乃天上之清味，桂花酿酒是月宫里的芳香。可知雪水烹茶的做派，风雅已极，出尘脱俗，只有天上的仙人可以比拟——故而《红楼梦》中，妙玉是用雪水烹茶来款待林黛玉和薛宝钗。采集雪水也有讲究，首选梅花、松枝上的雪。须得纤纤素手，将花枝上的积雪一一采来，雪中带着花的馨香，方是上佳。采集花上积雪，是很费功夫，心清的人自然有这份耐心，有这份意趣。若是拿着铲子往雪地里一铲一大坨，那可是太煞风景了……新采集的雪会有一些土气，放置一段时间，风味更佳。妙玉采来梅花上的雪，而后封罐储存，埋在地下存放五年。清人吴我鸥《雪水煎茶》诗云："绝胜江心水，飞花注满瓯。纤芽排夜试，古瓮隔年留。"在古人看来，雪水烹茶，桂花酿酒都是世间难得的雅趣，既美味，又风雅。

在生活越来越粗糙的今天，我们很难再有这样敏感的味觉来判断大自然的赐予，而文震亨显然很有实际经验。古人一直有用雨水、雪水煎茶的风俗。唐人陆龟蒙在《煮茶》诗中有："闲来松间坐，看煮松上雪。"文人用雨水、雪水烹茶，也有一种雅致的趣味在里面。今天，由于工业污染，我们已不能直接饮用雨水、雪水了。

地泉

【原典】

乳泉①漫流如惠山泉为最胜，次取清寒者。泉不难于清，而难于寒。土多沙腻泥凝者，必不清寒。又有香而甘者，然甘易而香难，未有香而不甘者也。瀑涌湍急者勿食，食久令人有头疾。如庐山水帘②、天台瀑布，以供耳目则可，入水品则不宜。温泉下生硫黄，亦非食品。

【注释】

①乳泉：甘美而清冽的泉水。惠山泉：在江苏无锡的西郊。

②庐山水帘：江西庐山康王谷的水。天台瀑布：浙江天台山的瀑布。

【译文】

地下涌出的泉水像惠山泉那样的为最好，其次是水质清凉的。泉水清澈不难，难的是清凉。水中土多沙腻、挟带泥土凝滞的，必然不清凉。又有味道清香而甘甜的泉水，然而甘甜容易清香则难，没有泉只是清香而不甘甜的。喷涌湍急的泉水不能饮用，经常饮用会头疼。如庐山水帘、天台瀑布，供观赏还行，用来饮用就不行。温泉水富含硫磺，也不能作为饮用水。

古法今解

泉水本是指从地下流出来的水，《诗经》："相彼泉水，载清载浊。"而文震亨笔下有天泉，有地泉。雨水、雪水从天而降，即天泉；泉水从地下涌出，即地泉。对于天泉、地泉的口感，文震亨辨别之细致幽微，令人叹服。天泉中，秋水胜于梅水，春水胜于冬水。地泉中，清凉难于清澈，清香难于甘甜。

乳泉，指钟乳石上的滴水，也指涓涓细流的泉水。"乳泉漫流"一语有出处，陆羽的《茶经》中说"其山水，拣乳泉，石池漫流者上，其瀑涌湍漱勿食之"。乳泉之水甘美而清洌，水质优良。

品泉的雅趣源于唐代的茶圣陆羽。相传陆羽当年游历名山大川，品鉴天下名泉佳水时，曾登临江西庐山品评诸泉，将庐山谷帘泉评为"天下第一名泉"，并为该泉题写了气势雄浑的联句："泻从千仞石，寄逐九江船。"无锡惠山泉则被陆羽列为天下第二泉。历代以来，四方茶客们不远千里前来汲取泉水。北宋时，京城显贵和名士也不惜千里之遥，以舟车载运惠山泉水至开封。为了防止因长途跋涉水味变质，还摸索出"折洗惠山泉"的办法。惠山泉水运到汴州后，用细沙淋过，去掉其尘污杂味，便像新汲的一样。元代书法家赵孟頫专为惠山泉书写了"天下第二泉"五个大字，至今仍完好地保存在泉亭后壁上。赵孟頫还吟了一首咏此泉的诗："南朝古寺惠山前，裹茗来寻第二泉。贪恋君恩当北去，野花啼鸟漫留连。"

不同地方的泉有不同的水质，不同的泉水养育了不同的人，中国的乡土观念向来与山水有莫大的关系。佳美的泉水给我们的古人带来了灵感，也留住了美好的记忆。

丹泉

【原典】

名山大川，仙翁修炼之处，水中有丹，其味异常，能延年却病，此自然之丹液①，不易得也。

【注释】

①丹液：道教称长生不老之药。

【译文】

在名山大川仙翁修炼的地方，水中有丹药，味道比较特别，喝了能延年祛病，这是天然的丹液，不易得到。

《古法今解》

传说中，在名山大川，有道家仙人修炼，附近的水也受熏染，水中有长生不老之丹药，饮用了能延年益寿。关于丹泉的论述，也不是文震亨的原创。万历年间，屠隆在《茶说》中说："丹泉，名山大川，仙翁修炼之处，水中有丹，其味异常，能延年祛病，尤不易得。"这跟文震亨的论述几乎一样：屠隆比文震亨年长约40岁，自然不会是屠隆抄文震亨的。

文震亨如此照搬前人的话，只能理解为，他对这一个条目并无多少心得，但又希望尽可能多地写内容，以保持全书的完整性，所以不吝抄袭。但从另一面也可以看出，他家中藏书很多，阅读面非常广，许多江南名士所著的书他都能阅览到。实际上，文震亨家族经历几代经营，在明末已经是苏州久负盛名的世家大族。他的曾祖父文徵明，官职翰林待诏，享年90岁，可谓名满天下。文震亨的父亲、兄长也都是名士，他家是典型的书香世家，家中读书风气浓郁，藏书丰富。古时书籍不易得，儒林士子往往只读四书五经，儒家经典总归容易得到，但一些消遣类的书、怡情养性的书，那真是只有世家大族才能藏有，寒门学子往往无缘见到。

丹泉带着浓郁的道教印记，出自道家真人修炼之地。唐代道教文化兴盛，丹泉水在唐诗中被称为"丹液"。当时人们认为喝了丹泉水可以延年益寿，故称

"延寿丹泉"，可见丹泉在古人的想象中是仙家之珍品。

在古人看来，丹泉也只存在于传说中，连见识广博的文震亨都没亲眼见过，自己无心得，只能照搬前人。这种泉水，可以看成是道教神话的产物。

自然的泉来自山麓或地下，有温泉与冷泉之分。人工泉的形式则更为繁多，在现代园林中应用较多的是喷泉、壁泉、地泉和涌泉，其中尤以喷泉被视为现代园林的明星。

品石

【原典】

石以灵璧为上，英石次之，然二种品甚贵，购之颇艰，大者尤不易得，高逾数尺者，便属奇品。小者可置几案间，色如漆，声如玉者最佳。横石以蜡地①而峰峦峭拔者为上，俗言"灵璧无峰""英石无坡"。以余所见，亦不尽然。他石纹片粗大，绝无曲折、屼峍（wù lù）、森耸、峻嶒（céng）②者。近更有以大块辰砂、石青、石绿为研山、盆石③，最俗。

【注释】

①蜡地：蜡色的质地。

②屼峍（wù lù）、森耸、峻嶒（céng）：屼峍，耸立貌。森耸，众多而高峻。峻嶒，高。

③辰砂、石青、石绿为研山、盆石：辰砂，朱砂，赤红色；石青，蓝铜矿，色青翠；石绿，孔雀石；研山，砚台的一种。利用山形之石，中凿为砚，砚附于山，故名；盆石，置于盆中供清玩之石。

【译文】

园林用石以灵璧石为最好，英石排在其后，但二者品种珍贵，很难购买到。高大的石头尤其不易得到，几尺高的石头就算珍品了。小的石头可放置在几案之上，颜色如漆般光亮，声音如玉石般清脆的最佳。横石以蜡色质地、形状如峰峦峻峭的石头为上品，俗话说"灵璧无峰""英石无坡"。依我所见也不尽然。其他石头纹理粗大，绝无曲折、高耸、陡峭之势。现在有人以大块丹砂、石青、孔雀石为砚台、盆石，显得非常俗气。

古法今解

　　这篇开始转入园林中的用石。品石就是指对石头的品评观赏，文震亨将各个品种的石头分出类别高低——上品、珍品、极品一一列举，也表达出他与俗众不同的审美趣味。

　　园林无石则不秀、无石则不雅，石是园林风景中重要的点缀。古人对奇石的欣赏有着悠久的历史，也积累了不少品石的经验。石也被赋予了人格化的精神，或挺拔俊秀，或阴柔秀丽，或愚拙奇异，或浑朴敦厚，"横看成岭侧成峰，远近高低各不同"，石之多样变幻，加上观赏者的联想和审美心理的差异，呈现出千姿百态的美。晋陆机《文赋》："石韫玉而山辉，水怀珠而川媚。"看似坚硬朴拙的石头，却蕴藏着美玉。唐柳宗元《至小丘西小石潭记》："全石以为底，近岸，卷石底以出，为坻，为屿，为嵁，为岩。"石的各种姿态成就了潭水的清秀雅致。

灵璧

【原典】

　　出凤阳府宿州灵璧县，在深山沙土中，掘之乃见，有细白纹如玉。不起岩岫（xiù）①。佳者如卧牛、蟠螭（chī）②，种种异状，真奇品也。

【注释】

　　①岩岫（xiù）：洞穴。

　　②蟠螭（chī）：弯曲的无角之龙。

【译文】

　　灵璧石产自凤阳府宿州的灵璧县，一般埋在深山的沙土中，挖开沙土就显露出来，洁白如玉，有细白纹。没有孔眼。其中上好的石头如卧牛、弯曲的无角之龙，有各种奇异的形状，堪称石头中的奇品。

古法今解

　　在宿州的灵璧县，有个叫"磬山"的地方，地下盛产灵璧石。因为常年累月的开采，许多地穴已有数丈深了。灵璧石因为长期浸埋于红泥土中而积满淤渍，当地人多采用铁制刀具遍体剔刮，这样剔刮两三遍，才能使石色全部显露出来。然后用铁丝帚或者竹帚兼用磁末将其石面清刷干净整治润泽，敲击石体有铿锵的声响，但石底大多嵌有难以除尽的淤渍。

灵璧石也叫磬石，质密而脆，磨之有光，扣之声音清越。其质、形、色、纹都有很高的艺术欣赏价值，现在还被誉为"天下第一石"。文震亨将灵璧石列为最上品，欣赏其卧牛、蟠螭等奇异的形状。灵璧石小者如拳，大者高数丈，无论大小都是天然成型的。往往巉岩嶙峋、沟壑交错，具有苍古的气韵。有些灵璧石色彩艳丽丰富，音质"玉振金声"，轻击微扣，就可以发出玲珑之声，余韵悠长。灵璧石不管是放置在园林还是室内，都能带来悠远的意境，堪称一奇。

英石

【原典】

出英州①倒生岩下，以锯取之，故底平起峰，高有至三尺及寸余者，小斋之前，叠一小山，最为清贵②，然道远不易致。

【注释】

①英州：今广东英德。

②清贵：清雅。

【译文】

英石产自英州倒生岩下，在岩石上锯下来，所以呈底部平坦的峰峦形状，高的岩石有三尺长，小的岩石仅一寸多长。在小的屋室之前，用英石堆一个小山，最为清雅。但是英石产地太远，不易得到。

古法今解

英石具有悠久的开采和玩赏历史。这种石料属沉积岩中的石灰岩，主产于广东北江中游的英德山间。该地岩溶地貌发育较好，山石容易被溶蚀风化，因此形成嶙峋褶皱的形状，崩落山谷溪流中后，经酸性土壤腐蚀后，呈现嵌空玲珑的形态。英石本色为白色，因风化及富含矿物杂质而出现多种色泽，有黑色、青灰、灰黑、浅绿等色，观赏以黝黑如漆为上品。石质坚而脆，敲打时会发出金属声，材质以略带清润的价值最高。英石玲珑剔透，千姿百态，体积大的可作园林风景，体积小的可作案几间盆景，极具观赏和收藏价值，是中国四大园林名石之一。《云林石谱》记载，英石在宋代已被列为皇家贡品，是当时制作假山盆景的上乘材料。文震亨则以为，在书房外用英石叠一座小山是最清雅的。

英石产自广东英德，当时交通不发达，英德属于偏远地区，所以文震亨说它产地太远，不易获得。古代交通不发达，文震亨在欣赏英石时，不免遗憾地说，这种石头不容易运来。确实江南园林所用的奇石，一般都产自江南一带，便于就地取材。石材本来就沉重，如果产地太远，要想得到它实在多有不便。

太湖石

【原典】

石在水中者为贵，岁久为波涛冲击，皆成空石，面面玲珑。在山上者名"旱石"，枯而不润，赝①作弹窝②，若历年岁久，斧痕已尽，亦为雅观。吴中所尚假山皆用此石。又有小石久沉湖中，渔人网得之，与灵璧、英石亦颇相类，第声不清响。

【注释】

①赝：伪造。

②弹窝：指太湖石上的孔洞。中国画有一种笔法叫"弹窝皴"，就是用来画太湖石的皴法。

【译文】

在水中的太湖石最为珍贵，因为多年被波涛冲激腐蚀，会形成许多洞孔，面面玲珑剔透。生在山上的叫旱石，看起来干枯不温润，如果人为地开凿洞孔，如经历较长岁月凿痕消失了，也会显得很雅观。吴中一带所喜欢的假山，用的都是旱石垒起来的。还有一类小石，久沉湖中，被渔夫捕捞获得，与灵璧石、英石非常相像，只是声音不清脆。

古法今解

太湖石又叫窟窿石、假山石，文震亨将之分为水石与旱石，以水石为贵。水石产于太湖，旱石产于吴兴，太湖有些地方也有。太湖石坚硬而润泽，有嵌空、穿眼、宛转、嶮怪等形态。太湖石的颜色有一种白色，一种青黑色，一种微青黑色。太湖石的地质有纵横交错的纹理，纹理脉络起伏隐现，石的表面上遍布凹凸不平的陷坑，都是因为风浪的冲击而形成的，称之为"弹子窝"，敲击时能发出微弱的声响。

太湖石是江南园林的标志性景观，石上的弹窝尤为经典。在清代的装饰画上，但凡描绘园林仕女图，几乎都能看到图中有太湖石，能看到石上玲珑有致的弹窝。

太湖石的故事充满了传奇。北宋时，苏州造园业已经兴盛，太湖石被用于园林中。至宋徽宗时，苏州人朱勔擅长造园，号称"花园子"，朱氏后结识了蔡京，并得到皇帝的赏识，被派往南方征调各地奇花异石运往汴京，建造"艮岳"。朱勔在苏州设"应奉局"，以船运载江南异花、珍木、奇石，役夫数以千计，将民间异品掠夺一空，百姓苦不堪言，这便是臭名昭著的"花石纲"，由于采办花石纲，西山的上好的太湖石已基本被采尽，大、小谢姑山都被采成与湖面相平了。朱勔在两座山各采得巨型太湖石峰，名为"大谢姑""小谢姑"。"大谢姑"先运往汴京，置于艮岳，称"昭功神运石"，而运载"小谢姑"的船则不幸沉于太湖，当时只捞得石峰，底座却没有捞上来，所以没能及时北运。不久，北宋灭亡，"小谢姑"石峰被弃于荒野，成为著名的"艮岳遗石"。清代，乾隆皇帝南巡驻织造署，织造太监将瑞云峰运到织造署西行宫的西花园内。这座经历坎坷的奇石，从此安住此地，虽然历二百多年风雨沧桑，一直巍峨峻拔。清代有诗记其事："闻说凌波大谢姑，妆成艮岳一峰孤。瑞云飞入西园去，谁写浔阳载石图。"然而，艮岳遗石远不止这一座。今天，我们看到苏州留园内的"冠云峰"，上海豫园的镇园之宝"玉玲珑"，苏州常熟公园的"沁雪石"，都是当年"花石纲"的遗珠。

尧峰石

【原典】

近时始出，苔藓丛生，古朴可爱。以未经采凿，山中甚多，但不玲珑耳。然正以不玲珑，故佳。

【译文】

尧峰石是近年才发现的，石头上苔藓丛生，古朴可爱。因为以前未经开凿，所以山中很多，只是不精致玲珑。但正因为不精致，所以才好。

古法今解

尧峰石产于苏州尧峰山，据文震亨记载，明代的时候才发现不久，所以山中很多，不像之前提到的灵璧石、太湖石，因为历史悠久，开采很普遍。文震亨在此处提出了一个独特的欣赏视角：尧峰石正因为不精致，所以才美。这个提法并非文震亨所独有，而是晚明文人一种流行的观念，张岱《五异人传》品评人物时说："人无癖不可与交，以其无深情也；人无疵不可与交，以其无真气也。"人正因为有缺点，才是一个有真情的人，不完美的人才是真实的人。这与晚明追求真、奇、性灵等个性解放的文艺思潮紧密相关，开始关注并包容人性中的弱点。反映到对物的鉴赏上面，便是追求自然美，看到不完美当中的美。

苏州近郊的尧峰山，有"奇丽甲吴下"之美誉。相传帝尧时，洪水泛滥淹没诸山，唯此山不没，吴人得以避居存活，故名尧峰，又名尧封山。尧峰山产的尧峰石，计成评价"其质坚，不入斧凿，其文古拙"。尧峰石质地坚硬，且纹理古朴，有其独特的美感。

尧峰石是从明朝中后期才开始用于造园的。北宋时主要开采太湖周边的太湖石，以至大小谢姑山的石头被开采殆尽，对当地的生态环境造成了毁灭性的伤害。石材属于不可再生资源，太湖石被开采殆尽之后，亟须另觅其他石料作为替代品，故而尧峰石应运而生，在明代中晚期，被大量应用到造园叠山中。

尧峰石在石材中属于黄石，线条厚重、质朴，叠山效果雄浑大气。尧峰石的使用是造园叠山史上的大事，原因有二：其一，尧峰石的使用，使得苏州一带的造园业更趋于务实。唐宋以后，赏石、拜石、宴石的癖好成风，江南一带犹甚。凡是从事叠山造园的人，必须先深谙石性，遂到处寻访佳石，以供叠山之用。选石发展到极致，不仅导致了北宋"花石纲"那种祸国殃民的闹剧，对于明代的士人而言，为追逐奇石而付出的代价也是很大的。当时江南一带造园的风气，有人为了运一两块奇石，不惜拆了城门、损坏道路，把牛都累得气喘流汗，耗费极大的人力物力，只为了运几块石头。在这种风气下，也有人开始反思，认为没必要舍近求远。文震亨赞同这种观点，明末的造园家张南垣也如此。苏州近郊尧峰山出产的尧峰石，因地利之便，就成为一种非常适合造园用的石材。其二，尧峰石标志着造园史上一个新的假山流派——黄石假山流派的兴起。与太湖石假山的阴柔之美迥然不同，黄石假山创造出了一种新的叠山风格：棱角分明、苍劲古拙，呈现出质朴雄浑的阳刚之美。所以文震亨说"但不玲珑耳。然正以不玲珑，故佳"。尧峰石没有太湖石的玲珑剔透，然而正是这种雄浑之美，在园林中大放异彩。

明代人造园，喜将太湖石、尧峰石假山都含纳其中，形成相互映衬、对比的效果。如苏州耦园、东花园是以尧峰石叠山，西花园用太湖石叠山。东花园的叠山之法，沿用了造园大师张南垣的技法，取竖向的岩层结构，使黄石叠成峰状，形成悬崖陡立、峭壁惊险的奇势，成为黄石假山的经典案例。

昆山石

【原典】

出昆山马鞍山①下，生于山中，掘之乃得，以色白者为贵。有鸡骨片②、胡桃块③二种，然亦俗尚，非雅物也。间有高七八尺者，置之古大石盆中，亦可。此山皆火石④，火气暖，故栽菖蒲等物于上，最茂。惟不可置几案及盆盎中。

【注释】

①马鞍山：在今昆山市西北，因形状如马鞍，俗称"马鞍山"，新中国成立后改名为"玉峰山"。

②鸡骨片：昆山石中的名贵品种，今称"鸡骨峰"。

③胡桃块：昆山石中的名贵品种，今称"胡桃峰"。

④火石：燧石，古时用以取火，多为制造玻璃的材料。

【译文】

昆山石产自昆山的马鞍山下，在山中挖开泥土常常就可得到，以白色的最为珍贵。有鸡骨片、胡桃块两种，但都俗气，不是很雅致的东西。间或会有七八尺高的，放置在高大的石盆中，样子也可以。马鞍山上都是火石，所以地方火气温暖，栽种其上的菖蒲等植物非常茂盛。只是这样就不能将石头放在几案上及盆盎中了。

古法今解

昆山石又称玲珑石，与灵璧石、太湖石、英石同被誉为"中国四大名石"。而文震亨并不欣赏昆山石，认为有些俗气。昆山石天然多窍，色泽白如雪、黄似玉，晶莹剔透，形状无一相同，广受喜爱。文震亨不喜欢它，正像人与人的相遇、相交需要缘分一样，人与石的相遇也需要缘分吧？

昆山石在园林中主要用来装点盆景。明代人喜欢在石上种花木，种菖蒲花及小松柏等，长势茂盛。昆山石与太湖石、雨花石并称为"江苏三大名石"，开采历史已逾千年。昆山石又名"玲珑石"，天然多窍，色泽白如雪、黄似玉，晶莹剔透，形状无一相同，又因产出少而被视为供石中的珍品，喜爱的人都视为珍奇，竞相重价购买，如偶然得一精品，更是深藏不肯轻易出示。

昆山石的小品种非常丰富，除了文震亨提到的鸡骨峰、胡桃峰两个品种，还有杨梅峰、荔枝峰、海蜇峰等，但每个品种的数量都十分稀少。

宋代以来，屡有奇石爱好者邮书乞取昆山石的记载。昆山石也很受文人的喜爱，宋代诗人陆游有"雁山菖蒲昆山石，陈叟持来慰幽寂。寸根蹙密九节瘦，一拳突兀千金值"的句子。元代诗人张雨在《得昆山石》一诗中，写道："昆丘尺璧惊人眼，眼底都无嵩华苍。隐若连环蜕仙骨，重于沉水辟寒香。"

锦川 将乐 羊肚石①

【原典】

石品中惟此三种最下，锦川尤恶。每见人家石假山，辄置数峰于上，不知何味？斧劈②以大而顽者为雅，若直立一片，亦最可厌。

【注释】

①锦川、将乐、羊肚石：即锦川石、将乐石、羊肚石。锦川石是一种假山石；将乐石产于福建将乐县；羊肚石，又名浮海石，为火山喷出的岩浆形成的多孔状石块。

②斧劈：即斧劈石，一种假山石，以江苏武进、丹阳所产最为有名。

【译文】

石头按照品级算，以锦川石、将乐石、羊肚石这三种最差，其中锦川石尤其差。每回见到有的人家假山上放置几块这类石头，不知道是有什么趣味。斧劈石以大而坚硬的为雅致，如果直立一片的话，就显得非常难看。

古法今解

古典园林中选石非常讲究，只有精通石材的人才能造园。石的品质有高下之分，文震亨认为锦川石、将乐石、羊肚石是最次的。但是计成在《园冶》中提到的选石标准不一样，他认为石材宜旧，以旧为美，如锦川石，应该选取年代久的，指出"旧者纹眼嵌空，色质清润，可以花间树下，插立可观"。意思是说，旧的石料，纹眼嵌空，石头的质地也清朗温润，可以作为花木间的景观。

文震亨提到的这几种奇石都是产自南方，也是明代园林中常见的用于造景的观赏石。

宜兴锦川石又名松皮石、石笋石，产于江苏宜兴，锦川石外表似锦川、松皮，状如砥柱，带有眼窠状凹陷，颜色较多，有淡灰绿、土红、黄、赭等色，有纯绿色的，也有五色兼备的。大小一般只一丈左右，有大块的就属于名贵石料了。

将乐石产于福建，属黑色泥板岩，颜色黑，质地坚硬，内部及表面依稀可见银色闪光点。真正使将乐石富于盛名的是用它来制作砚台。将乐龙池砚是我国著名古砚之一。龙池砚的原材料，是埋藏在深山岩层中的天然泥质板岩，选颜色纯青、质地松结适度、柔中带刚的上好石料，精心雕刻成砚台。制作的成品，光泽明亮、温滑，以物击之，声音铿锵悦耳，发墨细腻，墨色光亮。

斧劈石多用作盆景，以武进、丹阳一带出产的最为有名。苏派盆景中有一类，称"水石盆景"，石材就以用斧劈石为多。因斧劈石属硬质石材，其表面皱纹与中国画中"斧劈皱"相似，形状修长、刚劲，造景时适合做剑峰绝壁景观，形态雄秀，色泽自然。但文震亨认为，如果简单地把斧劈石堆砌一片，单调而没有变化，这种造景效果是很不好的。

土玛瑙

【原典】

出山东兖（yǎn）州府①沂州，花纹如玛瑙，红多而细润者佳。有红丝石，白地上有赤红纹。有竹叶玛瑙，花斑与竹叶相类，故名。此俱可锯板，嵌几榻屏风之类，非贵品也。石子五色，或大如拳，或小如豆，中有禽鱼、鸟兽、人物、方胜②、回纹③之形，置青绿小盆，或宣窑④白盆内，斑然可玩，其价甚贵，亦不易得，然斋中不可多置。近见人家环列数盆，竟如贾肆。新都⑤人有名"醉石斋"者，闻其藏石甚富且奇。其地溪涧中，另有纯红纯绿者，亦可爱玩。

【注释】

①兖（yǎn）州府：今山东兖州市，明洪武十八年（1385年）设为兖州府，沂州为兖州府辖区。

②方胜：一种首饰，由两个斜方形一部分重叠相连而成，后也泛指这种形状。

③回纹：由横竖短线折绕组成的方形或圆形的回环状花纹，形如"回"字。

④宣窑：即宣德窑，明宣宗宣德年间的景德镇官窑，代表了明代瓷器的最高水平。

⑤新都：指安徽徽州。汉代在徽州设立"新都郡"，隶属扬州，故而徽州又称"新都"。

【译文】

土玛瑙出产于山东兖州府沂州，花纹像玛瑙，多红色并且质地细润的为好。有红丝石，白色的质地上有赤红色花纹。有竹叶玛瑙，纹理与竹叶相似，因而得名。这两种都可以锯成薄板，镶嵌在几案，卧榻、屏风之类的家具上面，不是名贵的品种。有一种无色的土玛瑙石子，有的大如拳头，有的小如豆，石上有游鱼、飞鸟、走兽、人物，以及方胜、回纹这样的形状，放到青绿色小盆中，或在宣德窑的白盆内，色彩斑斓，值得赏玩。这类石子的价格昂贵，不易得到，但书房里也不能多放。最近看见有人在家里环列一圈，摆了好几盆，完全像店铺一样。徽州有个"醉石斋"，听说主人收藏的石头丰富并且奇绝。沂州的山涧溪流中，另外有纯红、纯绿色的石头，也作为玩赏之物。

古法今解

土玛瑙是一种用来赏玩的小石头。山东兖州出产的土玛瑙，文献记载很多。《本草纲目》记载："土玛瑙出山东沂州，亦有红色、云头、缠丝、胡桃花者"。《临沂县志》记载了土玛瑙的种类："产玛瑙有胡桃纹、苔纹、云雾纹、缠丝数种，颜色有红、白、灰。"从文震亨的记载来看，当时苏州一带，将五彩斑斓的小石子放在盆中观赏的风气颇为流行。南京的雨花石也属于这一类观赏小石，如今在诸多奇石馆或花卉市场，还能见到店铺门口摆放一圈水盆，盆中放着五颜六色的雨花石以及各地不知名的彩石。文震亨所说"近见人家环列数盆，竟如贾肆"的景象，仍然处处可以见到。可见赏石的传统，即便经历了几百年的岁月流逝，依然没有改变。

文震亨提到的一个品种，叫红丝石，其外有表皮，或白或赤，纹理如林木之状，红黄相间，有的如同山石尖峰，有的如同禽鱼、云霞、花卉，纹彩不一，资质润美。红丝石最经典的用途是做砚台。在唐朝，红丝石做的砚台位居四大名砚之首。砚台以山东青州出产的红丝砚为第一，绛州次之，再往后排，才有端砚、歙砚。在宋朝末年，石料资源逐渐枯竭，故而红丝砚数量稀少，流传到现在的，堪为至宝。土玛瑙还可以镶嵌到桌面、屏风中。

文震亨还提到一则见闻，讲新都有个"醉石斋"，主人收藏的石头很多。对于文中的"新都"指何地，学者看法不一。有人说"新都"指现在的成都市新都区。但文震亨世居江南，能娴熟地了解成都某地收藏故事的可能性不大。

大理石

【原典】

出滇中，白若玉、黑若墨为贵。白微带青、黑微带灰者，皆下品。但得旧石，天成山水云烟，如米家山①，此为无上佳品。古人以镶屏风，近始作几榻，终为非古。近京口②一种，与大理相似，但花色不清，石药③填之为山云泉石，亦可得高价。然真伪亦易辨，真者更以旧为贵。

【注释】

①米家山：宋代画家米芾，独创水墨山水法，人称"米家山"。

②京口：今江苏镇江。

③石药：古人服用的某些经过淬炼的矿物质，如五石散、寒石散。

【译文】

大理石产自云南，白如玉、黑如墨的品种最为珍贵，白色中微带青色、黑色中微带灰的都属于下品。如果能得到一种老料的大理石，天然形成山水云烟的画面，如米芾的山水画，这是无价珍品。古人用大理石来镶嵌屏风，近年才开始用来制作几案卧榻，终究不是古法。最近京口有一种石头与大理石相似，只是花色不清，用石药填充在空隙里，做成山云泉石的画面，也可以卖到高价。然而真假也容易分辨，真品更以旧石为珍贵。

古法今解

大理石，顾名思义，指产自云南大理的石头。这种石头的原料为石灰岩，剖面可以形成一幅天然的水墨山水画，古人常选取具有成型的花纹的大理石，用来制作画屏或镶嵌画。后来，大理石这一名称发展为指有各种颜色花纹的，用来做建筑装饰材料的石灰岩。

大理石的品种较多。以花纹和颜色命名的有雪花白、艾叶青；以花纹形状命名的有秋景、海浪。白色大理石通常被称为汉白玉，西方制作雕像的白色石料也称为大理石。

云南大理地区自唐代就开始采石，开采方式主要是洞穴式的手工开凿，如今还可以看到一些古老的矿洞遗迹，如官厅洞、老虎洞、燕子洞、龙王庙洞和"七十二股花线洞"等。有的矿洞十分狭小，采石工人要弓腰或蹲着劳作，条件艰苦异常，遇到矿洞崩塌，则死伤无数，可见多少内府珍玩都饱含着劳动者的血泪。儒家提倡节俭的美德，在古时确实有极强的现实意义，奢侈品不仅价格昂贵，更是劳民伤财。

永石

【原典】

即祁阳石，出楚中。石不坚，色好者有山水、日月、人物之象。紫花者稍胜，然多是刀刮成，非自然者，以手摸之，凹凸者可验。大者以制屏，亦雅。

【译文】

永石即祁阳石，产自楚地。石质不硬，成色好的，有山水、日月、人物的图像。紫色花纹的稍好一些，但多数是用刀刻成的，并非自然形成，用手摸石，表面凹凸不平。不过大块的永石用来制屏风，也还雅致。

古法今解

　　祁阳石属黏土质板岩，石料产自湖南永州祁阳县下奥世地层中，矿物含量多，颜色有浅绿、灰绿、朱紫、褐色等色。其中有一个品种古人称"紫袍玉带"，通体为紫色，中间夹有青绿石纹，如绿色玉带缠腰，紫绿相映，浑然天成，状似官至极品所佩戴的蟒袍玉带。另一种为页层岩质彩石，剖开后颜色层次丰富，有紫艳、黄褐、乳白等颜色，也有黑色层。

　　祁阳石中有黑色云烟状花纹的，可以镶嵌器皿，或镶嵌屏风；没有花纹的紫色、绿色品种，则可以制作砚台。用祁阳石制作的砚台，称祁阳砚，是湖南的顶级石砚。紫袍玉带的品种尤其受到皇家的喜爱，因符合帝王身份，也有"紫气东来"的吉祥寓意。据记载，乾隆皇帝的御书桌上，就有一方祁阳石制作的"紫袍玉带龙砚"。这方砚台，据说是祁阳籍的大臣陈大受作为珍宝进献的，乾隆皇帝十分喜爱，加以珍藏，并要求照例朝贡。从此，祁阳砚就作为贡品上献朝廷，祁阳石也被大规模开采。如今依然存在的两个祁阳石采石老坑——"花石板槽坑"和"哑巴岩坑"就是当时开发的。

　　祁阳石在民国时期几乎开采殆尽，石料资源奇缺，祁阳石砚也存世不多。故宫博物院收藏有数方祁阳石古砚及多件石屏风，品质上乘，系历代御用精品。

　　值得一提的是，假山是中国自然山水园的组成部分，对于形成中国园林的民族形式有重要的作用。我国岭南的园林中早有灰塑假山的工艺，后来又逐渐发展成为用水泥塑的置石和假山，成为假山工程的一种专门工艺。在我国悠久的历史中，历代有名的和无名的假山匠师们吸取了土作、石作、泥瓦作等方面的工程技术，并结合中国山水画的传统理论和技法，通过实践创造了我国独特、优秀的假山工艺。

卷四　禽鱼

【原典】

语鸟①拂阁以低飞，游鱼排荇（xìng）②而径度③，幽人会心，辄令竟日忘倦。顾声音颜色，饮啄态度，远而巢居穴处，眠沙泳浦（pǔ），戏广浮深，近而穿屋贺厦④，知岁司晨，啼春噪晚者，品类不可胜纪。丹林绿水，岂令凡俗之品，阑入⑤其中。故必疏其雅洁，可供清玩者数种，令童子爱养饵饲，得其性情，庶几⑥驯鸟雀，狎凫鱼，亦山林之经济也。志《禽鱼第四》。

【注释】

①语鸟：会说话的鸟，这里指鸣禽。

②荇（xìng）：多年生草本植物，叶略呈圆形，浮在水面，根生水底。

③径度：径直渡过。

④穿屋贺厦：指鸟雀逐人而栖。"穿屋"指黄雀，"贺厦"指燕子。

⑤阑入：擅自闯入，这里指掺杂进去。

⑥庶几：或许可以。

【译文】

鸟儿掠檐低飞，游鱼穿荇畅游，与幽雅之士心意契合，让人整日流连，忘记倦意。品赏禽鱼的声音、颜色，饮水啄食、神情姿态，远的，有栖息巢穴的飞禽，有浮沉嬉戏的游鱼，近的，有燕雀、鹊鸟、雄鸡、黄莺、乌鸦等，种类很多，不可胜数。红叶之林、碧绿之水，哪能让凡品俗物任意进入其中。所以一定要制备数种雅洁的品种，以供观赏，让童子爱护喂养，熟悉禽鱼的性情，能够驯养鸟雀，戏弄游鱼，这也是隐居山林者所应具备的学识。记《禽鱼第四》。

《古法今解》

这篇为卷四序言。这一卷是《长物志》中比较独特的一部分，全书其余各卷均写静止之物，只有此卷写飞禽游鱼。文震亨一开头就描绘了一幅充满诗意的，追求高雅的生活。对于园林禽鱼的养殖提出了两点要求：一是禽鱼要品种雅洁；二是人要熟悉禽鱼的性情，悉心爱护。

对与人亲近的鸟，古人有着特别的情感。黄雀是能穿屋的，唐代庄南杰的《黄雀行》："穿屋穿墙不知止，争树争巢入营死。"新房建成，燕子成群飞来庆贺，故而有"燕雀贺屋"之说。

文震亨认为驯鸟雀、狎凫鱼是"山林之经济"，是园林里的一项正事。可见当时江南一带的游乐之风是多么盛行。"经济"一词，在古人眼中多指正当堂皇之事。

明代的士大夫阶层是追求赏心乐事的。宋代"存天理，灭人欲"的理学风气，到晚明已经非常弱化，社会总体是倾向于享乐的，只是享乐有高雅和低俗之分。文震亨这样造园赏景，就属于高雅的享乐之一。

鹤

【原典】

华亭①鹤窠村所出，其体高俊，绿足龟文，最为可爱。江陵②鹤津、维扬③俱有之。相鹤但取标格奇俊，唳（lì）声清亮，颈欲细而长，足欲瘦而节，身欲人立，背欲直削。蓄之者当筑广台，或高冈土垅之上，居以茅庵，邻以池沼，饲以鱼谷。欲教以舞，俟其饥，置食于空野，使童子拊掌顿足以诱之。习之既熟，一闻拊掌，即便起舞，谓之食化④。空林别墅，白石青松，惟此君最宜。其余羽族，俱未入品。

【注释】

①华亭：今上海松江。唐代天宝年间，划昆山南境、嘉兴东境、海盐北境置华亭县，治所在今松江区。

②江陵：今湖北荆州。

③维扬：今扬州。

④食化：用喂养的办法驯化。

【译文】

华亭鹤窠村所产的鹤体态高大俊秀，绿足龟纹，非常可爱。江陵、扬州也产鹤。挑选鹤的标准是：风格杰出，叫声清亮，颈项细长，足瘦而有力，身材挺拔，背部平直。养鹤的人应该建筑广阔的平台；或者在高冈土坡之上，以茅庵为居住地；在临近水沼池塘的地方，喂以鱼虫谷物。如果教鹤舞蹈，等到它们饥饿的时候，将食物放置在空阔之地上，让童子拍手顿足诱惑它们。练熟以后，它们一听到拍手，就会翩翩起舞，这就是所谓的食物驯化。旷野山居，岩石松林间，只有鹤最适合留在其间。其余的飞禽都不入品。

鹤的体态优雅、颜色分明，在中国文化中具有吉祥、忠贞、长寿的象征。鹤的仪表脱俗，有很高的审美价值。除了鸣叫声响亮，被古人形容为"鹤鸣""鹤唳"，鹤的飞翔、舞动姿态也十分动人，有"鹤翔""鹤舞"之说。我国著名的鹤种——丹顶鹤在求偶时翩然起舞，嬉戏时起舞，连驱赶入侵者都是舞动的姿势，时而跳跃，时而展翅，时而昂首，时而翘尾，美不胜收。

鹤文化有着久远的历史。远古时候就产生了鹤的图腾，商族则继承了这一图腾文化。《诗经》说商朝的起源是"天命玄鸟，降而生商"。这里的"玄鸟"指的是玄鹤。古人认为，鹤虽是白色，寿过千年则变苍，又两千岁则变黑，所以称为玄鹤。早在《诗经》中已有"鹤鸣于九皋，声闻于天"的记载，秀美俊逸的鹤在文人笔下一直是高洁、俊雅的象征。文震亨也认为旷野隐居最适合有鹤为伴，并从体态、声音、风格等方面提出了相鹤的标准，对于怎样喂养鹤也有阐述。由《诗经》开始，"鹤鸣九皋"成为传统的吉祥图案。在明代，仙鹤是仅次于凤凰的吉祥之鸟。凤凰是皇后的象征，仙鹤则是官居一品的象征。明代一品文官的补服，绘着一只翱翔鸣叫的仙鹤。为官者，能以鹤为装饰，则表示可以奏对天子，位极人臣。明代的宫廷画家边景昭善画禽鸟，他画的《竹鹤图》和《双鹤图》都是传世之宝。可见明代贵族阶层有养鹤、赏鹤的风气，宫廷也如此。

不管是"闲云野鹤"还是"梅妻鹤子"，都和清高、隐逸有关，文震亨也说"空林别墅，白石青松，惟此君最宜"。然而让人倒胃口的是，一直追求自然古雅的文震亨却提出了训练野鹤的办法——食化。饥饿的野鹤在食物的诱惑下翩翩起舞，美则美矣，隐逸之士的自然与清高却荡然无存。当然，这也只是一种自娱的方式，文震亨在寻求人与鹤的互动与和谐，但说到底，还是难以脱俗，还是违背自然。

上海松江一带，古称"华亭"，以鹤闻名。因吴淞江入海口有大片湿地，两岸芦苇<u>丛生</u>，是丹顶鹤的越冬地，丹顶鹤成群结队飞来，聚集于此，古人认为这里是丹顶鹤的故乡。

鸂鶒（xī chì）①

【原典】

鸂鶒能敕（chì）水②，故水族不能害。蓄之者宜于广池巨浸，十百为群，翠毛朱喙，灿然水中。他如乌喙白鸭③，亦可蓄一二，以代鹅群，曲栏垂柳之下，游泳可玩。

【注释】

①鸂鶒（xī chì）：一种水鸟，属于雁形目鸭科鸳鸯属，体形大于鸳鸯，俗称"紫鸳鸯"，栖息于内陆湖泊和溪流边，为我国著名特产珍禽。

②敕（chì）水：道教中的一种修炼法术，用以祷告神灵，荡除邪秽，消灾免难。

③乌喙白鸭：指凤头鸭中的珍品——乌嘴白羽鸭，是著名的观赏鸭品种，明代文献中常见，至清代已经绝迹。近年，经过科研发掘，又有培育。

【译文】

鸂鶒有敕水的神通，所以水里的动物不能伤害它。鸂鶒适合饲养在广阔的水域，成群结队，翠毛朱嘴，灿然浮于水中。其他的水鸟，比如乌嘴白羽鸭，也可以养蓄几只，用来代替鹅群。曲栏环绕，垂柳依依，一群水鸟游水嬉戏，可供人赏玩。

古法今解

鸂鶒又名紫鸳鸯，形体比鸳鸯稍大，是一种长有漂亮的彩色羽毛的水鸟，经常雌雄相随，喜欢共宿同飞。它那漂亮的羽毛给人以美感，成双成对的生活习性使人产生对爱情的美好联想。

三国时代吴国沈莹著的《临海异物志》里面记载："鸂鶒，水鸟，毛有五彩色，食短狐，其在溪中无毒气。"这里所说的"短狐"，指"蜮"，又名射工，是一种被神话的甲虫，传说能含沙射影。蜮藏在水中，当有人经过的时候，用嘴巴含取沙子射向人在水中的影像，凡是影子被蜮射中的人都会发病，严重者甚至死亡。鸂鶒能猎食这种怪物，故而是吉祥之鸟，养于溪水中，能辟邪。

在宋代以前，人们形容水中成双成对的游禽，是指鸂鶒，而不是鸳鸯。但由于"鸂鶒"这两个字太生僻，不及"鸳鸯"朗朗上口，此后，民间逐渐用"鸳鸯"替换了"鸂鶒"。

在明、清两代，七品文官官服补子上，绣的就是鸂鶒。明代文官补服上的禽鸟，按官阶次序为：一品仙鹤，二品锦鸡，三品孔雀，四品云雁，五品白鹇，六品鹭鸶，七品鸂鶒，八品黄鹂，几品鹌鹑。

唐代宫苑中养着鸂鶒做观赏水禽，《开元天宝遗事》记载"五月五日，明皇避暑游兴庆池，与妃子昼寝于水殿中。宫嫔辈凭栏倚槛，争看雌雄二鸂鶒戏于水中。帝时拥贵妃于绡帐内，谓宫嫔曰：'尔等爱水中鸂鶒，争如我被底鸳鸯？'"

鹦鹉

【原典】

鹦鹉能言，然须教以小诗及韵语，不可令闻市井鄙俚之谈，聒（guō）然①盈耳。铜架食缸，俱须精巧。然此鸟及锦鸡、孔雀、倒挂②、吐绶（shòu）③诸种，皆断为闺阁中物，非幽人所需也。

【注释】

①聒（guō）然：声音嘈杂。

②倒挂：指倒挂鸟，一种原产于南洋一带的海外珍禽。

③吐绶（shòu）：指黄腹角雉，又称角鸡，为我国特产禽类。

【译文】

鹦鹉能学人说话，但必须教它小诗及押韵句子，不可让它听闻学习市井鄙俗之语，嘈杂刺耳。鸟架、食缸都要精巧。然而鹦鹉、锦鸡、孔雀、倒挂鸟、吐绶鸟等诸多种类，都被列为闺阁中的玩物，不是幽雅隐士所需要的。

《古法今解》

鹦鹉的羽毛大多色彩绚丽，鸣叫响亮，嘴巴是独具特色的钩喙。人们对鹦鹉最为钟爱的技能当属效仿人言，鹦鹉以善学人语被人们欣赏和钟爱。《礼记》记载："鹦鹉能言，不离飞鸟。"然而在文震亨看来鹦鹉不应是他所代表的"幽人"所应该饲养的，而是闺阁中物。与他经常提起的"幽人"相对的便是"闺阁"，他笔下的"物"似乎也有性别差异。

鹦鹉只是古人养来取乐的鸟，养在闺阁中供仕女们嬉戏逗弄。高洁脱俗的隐士是不养鹦鹉的。如宋代林逋隐居杭州孤山时，植梅养鹤，清高自适。文震亨提到的倒挂鸟，宋代也有记载。《苏轼诗集》中注说："岭南珍禽有倒挂子，绿毛红喙，如鹦鹉而小。自东海来，非尘埃中物也。"

养鹦鹉有讲究，器物需要精巧一点，最要紧的，不能让鹦鹉学一口粗话、脏话。

百舌 画眉 鸲鹆（qú yù）①

【原典】

饲养驯熟，绵蛮②软语，百种杂出，俱极可听，然亦非幽斋所宜。或于曲廊之下，雕笼画槛，点缀景色则可，吴中最尚此鸟。余谓有禽癖③者，当觅茂林高树，听其自然弄声，尤觉可爱。更有小鸟名"黄头④"，好斗，形既不雅，尤属无谓。

【注释】

①鸲鹆（qú yù）：即八哥。

②绵蛮：鸟的叫声。

③禽癖：养鸟的癖好。

④黄头：黄雀。

【译文】

饲养百舌、画眉、鸲鹆，把它们训练熟练后，能发出婉转温软的叫声，声音有数百种之多，都非常悦耳，但这些也不适合在幽静之室养殖。或者在曲径回廊之下，有朱栏画槛，加上雕琢精致的鸟笼用来点缀景色还可以，吴中人最爱这种鸟。我认为有养鸟癖好的人，应当去寻找茂密的树林、高大的树木，去听鸟雀们自然的鸣叫，那才是特别有趣可爱。另有名叫黄头的小鸟，生性好斗，外形也不雅观，更加无趣。

古法今解

百舌又叫翠碧鸟，善效其他飞鸟鸣叫。画眉善鸣，形似山雀。鹦鸲俗名八哥，可教以人语。三者都是鸣禽，但文震亨认为，三者都是幽斋所不宜驯养的，因为不具备野鹤之清雅飘逸。他不喜欢一种叫黄头的小鸟，也是因为其好斗的天性，这与文人雅趣不符。

养上几只笼鸟，聆听悦耳动人的鸣叫，观赏色彩艳丽的羽毛，真是其乐无穷。特别是在世事繁杂心境烦忧的时候，养鸟能使心灵得到净化，转忧为喜。画眉、百灵、芙蓉的婉转啼鸣，使全家人心旷神怡；鹦鹉、八哥的喋喋"人语"，给人带来欢乐。

苏州人有斗鸟的传统，每年春秋两季要斗画眉、斗黄头，这一习俗从明代一直延续到民国。

明代宫廷里有专门养鸟的御用监禽鸟房，有专管养鸟的校尉。开国皇帝朱元璋喜欢养画眉。这一爱好，极可能是他在凤阳做农民时便有，当皇帝后，癖好依旧。他喜欢在闲暇的时候听一听画眉叫，以放松身心。

清宫中养鸟的风气更盛，负责养鸟的部门是"养生处"——圆明园、颐和园都养着很多鸟。清代养鸟有讲究，称"文百灵，武画眉"。文人养百灵，武官养画眉。玩鸟人请安也分"文式安"和"武架子安"。这是因为清代的画眉笼子很大、很沉，拎这样的笼子去遛鸟需要极好的体力，文弱书生吃不消，故而文人不养画眉，练武的人方能养。民国时，苏州人斗黄头，集中于桐春园茶馆，每隔五天或十天为一期，养鸟人纷纷持着鸟笼，群集一堂，捉对儿厮打。斗鸟，很多人不过是取乐子，赌注很小，如土偶（烂泥娃娃）、耍货（小木玩具、虎丘玻璃"小景"）等。

朱鱼

【原典】

朱鱼独盛吴中，以色如辰州①朱砂故名。此种最宜盆蓄，有红而带黄色者，仅可点缀陂（bēi）池②。

【注释】

①辰州：今湘西沅陵一带，是著名的朱砂产地，出产的朱砂称"辰砂"。

②陂（bēi）池：指池塘、池沼。

【译文】

朱鱼盛行于吴中一带，因为它的颜色像辰州朱砂所以得名。朱鱼最适合盆中饲养，有一种红中带黄的，仅仅可供点缀池塘而已。

古法今解

朱鱼就是金鱼，也称作锦鱼、金鲫鱼，有红、白、紫、黄等色，变种较多。金鱼易饲养，身姿奇异，色彩绚丽，形态优美，一般都是金黄色，很受人们的喜爱，是具有中国特色的观赏鱼。中国金鱼是世界观赏鱼史上最早的品种，中国人养金鱼的历史很悠久，至少在宋朝时已开始家养，已陪伴着人类生活了十几个世纪。金鱼在我国民间有着吉祥的寓意：金玉满堂、年年有余。

明代养金鱼之风在苏州盛行，当时的名贵品种，因色如朱砂，称"朱砂鱼"。朱砂鱼是在盆中娇养的，为很多鉴赏家所珍爱的鱼种。而草金鱼，当时称"金鲫鱼"，只能养在池塘里。

生于万历初年的昆山人张德谦，著作颇丰，其中有一部《朱砂鱼谱》，详细记载了养朱砂鱼的心得。昆山毗邻苏州，且张家也是书香世家，与文震亨家族想必很有交情。张德谦算是文震亨的前辈，他所著的书文震亨大抵看过，不仅看了，还择其精要略作删减，就编入自己的书中。

养金鱼在我国历史久远，中国是金鱼的原产地。江南一带有许多世家，有的家族从明朝开始养鱼，代代延续至今。文震亨说金鱼最适合盆养，实际上之前金鱼一直养在水池中，只是到文震亨的时代才开始流行盆养。养鱼的水也有讲究，最好是取江中、湖中的水，其次是取清凉的井水，千万不能用城里河中的水。不是朱砂鱼的品种，其价值不及朱砂鱼的十分之一，最多只能放到池塘里点缀，不必在盆中珍养。

鱼类

【原典】

初尚纯红、纯白，继尚金盔、金鞍、锦被，及印头红、裹头红、连腮红、首尾红、鹤顶红，继又尚墨眼、雪眼、朱眼、紫眼、玛瑙眼、琥珀眼、金管、银管，时尚极以为贵。又有堆金砌玉、落花流水、莲台八瓣、隔断红尘、玉带围、梅花片、波浪纹、七星纹种种变态，难以尽述，然亦随意定名，无定式也。

【译文】

鱼类人们最初尊崇纯红、纯白，后来尊崇金盔、金鞍、锦被、印头红、裹头红、连腮红、首尾红、鹤顶红，再后来是尚墨眼、雪眼、朱眼、紫眼、玛瑙眼、琥珀眼、金管、银管，时尚认为极为珍贵。另外有堆金砌玉、落花流水、莲台八瓣、隔断红尘、玉带围、梅花片、波浪纹、七星纹等多样变种，难以全部说出来，但是也随意定名，并无固定格式。

古法今解

从文震亨对金鱼的分类中，不难看出他对金鱼是非常熟悉的，对流行文化非常了解。文震亨是从颜色的不同来给金鱼分类的，花纹的颜色、眼睛的颜色、背部的颜色等等，这也是古人传统的分类法，与今天以头部、身体、尾鳍等特征来区分为文系、龙系、蛋系三种金鱼不同。一方面因为古人缺乏我们今天的科学知识，另一方面也是古人对色彩的敏感，所以能在五颜六色的金鱼中做出细微的区分并予以恰切而诗意的名字。

明代养鱼，也有时尚潮流，不同时间流行的品种不一样。最初流行纯色的鱼，纯红、纯白的品种很受欢迎。后来流行看鱼头上的花纹，头顶金色如同戴头盔的、头顶如红印的、如鹤顶红的品种，很受欢迎。后面又流行看鱼的眼睛，墨眼、雪眼、朱眼、紫眼、玛瑙眼、琥珀眼……给鱼取的名字也很精彩，名叫堆金砌玉、落花流水、莲台八瓣……不过这些名字也都是古人一时兴起而取的。中国人给动植物取名字，向来不严谨，文艺性十足，不像西方人给动植物命名，有严格的科学界定，有种属、科目之分。

现代对于金鱼的分类基本分为四大类：草种，体型和鲫鱼类似，但颜色鲜艳，如红鲫鱼；文种，体型俯视呈篆体的"文"字形，眼球不突出，如珍珠、翻鳃等品种；龙种，是金鱼的典型品种，眼大膨出，尾鳍有四叶，如龙睛；蛋种，体型肥硕像蛋形，没有背鳍，眼球不突出，如虎头、水泡眼等品种。

文震亨提到的"印头红""鹤顶红"等，按现代的分类，属于文种鱼；"墨眼""雪眼""紫眼"等，属于龙种鱼。至于"堆金砌玉""落花流水""莲台八瓣"等，可能也属于文种鱼。

蓝鱼 白鱼

【原典】

蓝如翠，白如雪，迫而视之，肠胃俱见，此即朱鱼别种，亦贵甚。

【译文】

蓝鱼蓝如翠玉，白鱼色白如雪，凑近观看能见其肠胃，这是朱砂鱼的变种，也非常珍贵。

古法今解

在金鱼诸多种类中，文震亨只简单介绍了蓝鱼和白鱼。二者均为金鱼的变种。蓝鱼莹灰色，鳞不透明，透明的称为水晶蓝，此处的蓝鱼指的是水晶蓝。白鱼鱼鳞透明，即今天所谓的玻璃鱼。观赏水中穿梭的透明鱼时，我们不得不感叹造物主的神奇。但二者是珍贵的品种，对水质、温度的要求也较高，不易养活。

朱砂鱼中有两个变种，为养鱼人所珍爱，一种是蓝色的金鱼，另一种是白色的金鱼。蓝色的金鱼品种，如今还有，是一种古老的本土金鱼品种，但数量较为稀少。白色金鱼，张德谦说白色的最没用，会变色。

金鱼可以称得上是"变色鱼"，鱼的基本色，会随着身体的发育而逐渐发生改变，有些鱼会数次变色。《本草纲目》中记载："晋桓冲游庐山，见湖中有赤鳞鱼，即此也。自宋始有畜者，今则处处人家养玩矣。春末生子于草上，好自吞啖，亦易化生。初出黑色，久乃变红。又或变白者，名银鱼，亦有红、白、黑、斑相间无常者。"李时珍认为，晋代的桓冲在庐山见到赤色的鳞鱼是金鱼的祖先。宋代开始有人工饲养，而到明代则几乎处处都有养的。有的金鱼一开始是黑色的，后来变红，又有变白的。金鱼变色主要受神经系统和内分泌系统控制，多数金鱼对颜色的感应，主要依靠头部神经系统。一般来讲，金鱼变色是受环境因素的影响。

饲养金鱼的水通常为井水、河水、湖水，这些水富含微量元素，有利于金鱼体表色素细胞分裂和增加。用清水饲养金鱼，鱼苗变色较快，但变色后的金鱼淡而不艳，如果用新水与绿水交替饲养，变色加快，且色泽鲜艳。光照也直接影响金鱼体色变化，如果在室外受阳光直射，金鱼颜色容易变白。金鱼食用的饵料也是变色的原因：变色最佳的饵料是摇纹幼虫——血红虫，投这种饵料，红色、金色、蓝色的金鱼变色极快，并且熠熠生辉。

鱼尾

【原典】

自二尾以至九尾，皆有之，第美钟于尾，身材未必佳。盖鱼身必洪纤合度[1]，骨肉停匀，花色鲜明，方入格。

【注释】

①洪纤合度：指纤秾合度，不胖不瘦正合适。

【译文】

鱼的尾巴数从二尾到九尾的都有，只是将美丽集中在尾巴了，身材就不一定好。所以鱼身要大小适度，骨肉均匀，花色鲜明，才能入品级。

【古法今解】

金鱼作为观赏鱼，鱼尾也很有讲头。文震亨说鱼尾从二尾到九尾，实际上金鱼二尾居多，三尾以上的不多见。虽在讨论鱼尾，但文震亨认为美丽集中于鱼尾并不好，身材均匀、纤秾合度才美。这种观点体现的正是中庸的审美观，周正为美，奇异、不均匀不美，这是一种健康的审美观念，不以畸形为美，同时追求的也是一种玲珑的秀美，秀美才雅致。鱼尾也用来指线装书书页中缝的鱼尾形的标志，人眼角与鬓角之间的皱纹因形似鱼尾也被形象地称为鱼尾纹。

　　金鱼的鱼尾比普通鱼更美。宋词中有"鱼尾霞"一词形容霞光如金鱼尾巴的颜色。宋代周邦彦的《蝶恋花》词："鱼尾霞生明远树，翠壁黏天，玉叶迎风举。"明代已经培育出了九尾、七尾的金鱼，张德谦在《朱砂鱼谱》中有记载，当时在苏州颇为轰动，城中人成群结队到他家去观赏长着九尾的珍品朱砂鱼。即便是如今，七尾、九尾的金鱼也是极其罕见的品种，市场上极难见到，普通人家也不敢蓄养，估计养也养不活。金鱼娇贵，而这种长着九条尾巴的神品，更是天上难见、人间难养。也只有在明代苏州的深宅大院里，那些有着深切养鱼癖好而又不愁生计的世家子弟，每日带着一群丫鬟童仆，可以不计成本地精心饲养鱼。另外，当时没有环境污染，水体清澈，水质优良。这般天时、地利、人和，才能培育出如此神品。

观鱼

【原典】

　　宜早起，日未出时，不论陂池、盆盎，鱼皆荡漾于清泉碧沼之间。又宜凉天夜月、倒影插波，时时惊鳞泼剌，耳目为醒。至如微风披拂，琮琮（cóng cóng）成韵，雨过新涨，縠（hú）纹①皱绿，皆观鱼之佳境也。

【注释】

　　①縠（hú）纹：绉纱似的皱纹，比喻水的波纹。

【译文】

　　观鱼应当早起，在日出之前，不论池塘还是盆盎，鱼都游曳于清泉碧波之间。也适合在凉爽的明月之夜观鱼，月亮倒映水中，鱼儿穿梭腾跃，鳞波闪闪让人耳目惊醒。至于微风轻拂，水流琮琮，雨后新涨，水波如皱，都是观鱼的极佳境界。

古法今解

　　观鱼就要深得鱼之乐，鱼在什么时候最欢乐？文震亨认为是早晨太阳还没升起来的时候。不论水池沼泽还是水缸里的鱼都游来游去，很欢乐。明月高悬的时候，鱼也很欢乐，所谓"沉鱼落雁"，鱼见到美人的倒影会沉到水里去，见到月亮倒映水中也颇为惊吓，以至于在水中翻腾。还有清风徐来，新雨过后，这样的时刻都是观鱼最好的时刻。

柳宗元在《小石潭记》中描述自己在水潭边观鱼的感受："潭中鱼可数百头，皆若空游无所依。日光下澈，影布石上，怡然不动，俶尔远逝，往来翕忽，似与游者相乐。"水潭中的鱼游来游去，似乎在与游人作乐。可知观鱼的乐趣，鱼乐，人也乐。

西湖有"花港观鱼"，在西湖的西南，三面临水一面倚山。西山大麦岭后的花家山麓，有一条清溪流经此处注入西湖，称花港。南宋时内侍卢允升在山下建造别墅，称"卢园"，园内栽花养鱼，池水清冽、景物奇秀，称为"花港观鱼"。康熙南巡时，在苏堤映波桥和锁澜桥之间的定香寺故址上重新砌池养鱼，题有"花港观鱼"四字。如今，此处是一座占地20余公顷的公园，沿池岸花木落英缤纷，微风过处，好一幅"花著鱼身鱼嘬花"的景象，所到的游人无不起羡鱼之情。

吸水

【原典】

盆中换水一两日，即底积垢腻，宜用湘竹一段，作吸水筒吸去之。倘过时不吸，色便不鲜美。故佳鱼，池中断不可蓄。

【译文】

鱼盆里的水换过一两天之后，盆底就积满污垢，应该用斑竹作吸筒将它们吸出来。如果过时不吸，水色就不新鲜美观。所以，珍贵的鱼种绝不能养在池中。

古法今解

金鱼中的珍贵品种不能养在水池里的，池中水质混浊，鱼的品质很容易变差。金鱼是一种变异品种，其基因的改变与水体关系很大，最初的金鲫鱼是从天然河流、湖泊中捞出来，放在池塘中人工饲养变成了草金鱼。草金鱼再从池子里捞，用盆养就变异成了各种珍奇的金鱼品种。反过来，将已经培育出来的珍品再放回自然水体中，鱼的形态很快就会走样。

适合养池中的是锦鲤，这种鱼是草金鱼，即金鱼最初的品种，跟野生鲤鱼较为接近，只是颜色更鲜艳。这种鱼对水质要求不高，个头大，活泼矫健，游泳迅速，喜欢水流，在水中游动时清晰可见。

金鱼十分娇嫩难养，要想把金鱼养好必须精通饲养方法。金鱼属于会变色的鱼类。当鱼受伤、生病，或水中缺氧、水质变差时，鱼的体色会变暗而失去光泽。吸水是养鱼的一个重要环节，要时时保持缸内水体清洁，鱼的色泽才鲜亮。

现在的鱼缸都装备有过滤系统，但古时候没有，只能用人工方法过滤。明代苏州人用的方法是截取一段斑竹做成管子，吸掉积在鱼盆、鱼缸底部的尘垢。用嘴吸水一直是古法养鱼的传统，虽然不卫生但方便管用，延续了数百年。这种方法如果操作娴熟，先把空气吸出来后，嘴巴立即离开，这样就不会喝到鱼缸里的污水。如今发明的简易吸水器，出水端有气囊鼓子，用手反复捏气囊，能把管子中的空气抽掉，依靠大气压力把水抽出鱼缸。

水缸

【原典】

有古铜缸，大可容二石①，青绿四裹，古人不知何用，当是穴中注油点灯之物，今取以蓄鱼，最古。其次以五色内府、官窑、瓷州所烧纯白者，亦可用。惟不可用宜兴所烧花缸②，及七石③牛腿④诸俗式。余所以列此者，实以备清玩一种，若必按图而索，亦为板俗。

【注释】

①石：古代计量单位，十斗为一石。

②花缸：指宜兴所产的陶瓷堆花花缸，缸的表面有花卉装饰图案，呈半浮雕状。明代永乐年间，宜兴花缸的制作，已能达到容水 600 斤左右。

③七石：指七石缸，一种体量很大的水缸。

④牛腿：指牛腿缸，缸底有四条腿，如同牛腿。

【译文】

有一种古铜水缸，能装两石水，通身布满绿铜，不知古人用它来做什么的。应该是洞穴中用来盛油点灯的，现在用来养鱼，最为古雅。其次用内府、官窑、瓷州所产的纯白色水缸，也可以。但不可用宜兴产的花缸和七石牛腿缸这些粗俗的制品。我之所以列出这些，是为玩赏提供一个例子，如果按图索骥，也太死板庸俗了。

《古法今解》

"吸水"讲的是鱼儿生存的环境，"水缸"讲的是养鱼的外在装饰。吸水是要保持水的新鲜清洁，讲究水缸则是为了满足养鱼人的审美趣味。养鱼的水缸与栽花的盆盎一样，是古雅趣味的形式之一，不能俗气。但文震亨也指出更重要的是不能死板，他所说只是举例而已，重要的是领会他所说的精神。这精神的实质就是古雅。

古人为了养金鱼，着实费了不少心思。中国传统的鱼盆、鱼缸就是为养金鱼而生。为了觅得一口好缸来养鱼实在不容易，就如明人张德谦竟然搬了一口古旧的老铜缸去养他心爱的朱砂鱼，他还对铜缸琢磨半天，思考前代人拿这缸是干啥用的。虽想不明白，拿去养朱砂鱼，感觉十分合适，古意盎然，盆与金鱼，相得益彰。明代人多以陶盆来养金鱼。陶盆养鱼是中国古法养鱼的代表。利用陶盆盆壁的微孔增加水体的溶氧性。陶盆的盆壁容易长青苔，青苔可以稳定净化水质，抑制水中绿藻的生长，还能为金鱼提供天然的饵料。

明朝嘉靖年间，景德镇官窑烧制了一种青花龙缸，后来被用在紫禁城里养鱼。这种大龙缸缸体硕大周正，风格敦厚古朴，色泽浓翠艳丽。这种大缸既优雅圆润、赏心悦目，又结实耐用，因此非常受养鱼人的欢迎。当时，为了烧造这种大缸，御窑场内专设龙缸窑，配备掌握龙缸烧造技术的工匠，还有画匠和各种民夫杂役。这种大缸，烧制工艺复杂，成品率低，有"十窑九不成"之说。据《景德镇陶录》中记载："龙缸窑，明厂有龙缸窑。……烧时溜火七日夜，然后紧火二日夜，封门又十日，窑冷方开。每窑约用柴百三十扛，遇阴雨或有所加。有烧过青双云龙宝相花缸、青双云龙缸、青双云龙莲瓣大缸、青花白瓷缸、青龙四环戏潮水大缸、青花鱼缸、豆青色瓷缸等式。"

清代皇家园林中，常用石盆来养鱼。石盆华美古朴，鱼游其间，刚柔相济，浑然天成。

卷五　书画

【原典】

金生于山，珠产于渊，取之不穷，犹为天下所珍惜。况书画在宇宙，岁月既久，名人艺士，不能复生，可不珍秘宝爱？一入俗子之手，动见劳辱①，卷舒失所，操揉燥裂，真书画之厄也。故有收藏而未能识鉴，识鉴而不善阅玩，阅玩而不能装褫（chǐ）②，装褫而不能铨（quán）次③，皆非能真蓄书画者。又蓄聚既多，妍蚩（yán chī）④混杂，甲乙次第，毫不可讹。若使真赝并陈，新旧错出，如入贾胡肆⑤中，有何趣味！所藏必有晋、唐、宋、元名迹，乃称博古；若徒取近代纸墨，较量真伪，心无真赏，以耳为目，手执卷轴，口论贵贱，真恶道也。志《书画第五》。

【注释】

①劳辱：频繁取置，不加爱护。

②装褫（chǐ）：装裱。

③铨（quán）次：选择分别等次。

④妍蚩（yán chī）：蚩同媸。妍，美好；蚩，丑陋。

⑤贾胡肆：贾，商人。胡，中国古代对北方边地及西域各民族人民的称呼。肆，店铺。

【译文】

金石出自山里，珍珠产于深渊，天赐之物取之不尽，还被天下人珍惜，何况书画存世已久，名人艺士不能复生，人们对书画能不珍藏爱护吗？这些书画一旦流落到附庸风雅的凡夫俗子之手，动辄随意乱翻，卷页不整，揉搓破裂，这就是书画的厄运啊。所以，能收藏却不能鉴别，能鉴别却不能赏玩，能赏玩却不能装裱修补，能装裱修补却不能分别等级，都不是真正收藏书画的人。书画收藏多了，难免质量良莠不齐，因此各个等级的作品应区分级别，不能有一点差错。如果真伪并存，新旧都有，就像进了胡人开的书画铺子，又有什么趣味可言呢？所藏之物里一定要有晋、唐、宋、元名士真迹才称得上博古。如果仅仅是收藏一些近代的书画作品，考量真伪，无心真正品味欣赏，仅凭道听途说，常常手里拿着一幅卷轴就随意指点评价，这些都不是书画收藏的正道啊。记《书画第五》。

古法今解

此卷所论为艺术品——书画，即书法与绘画。本篇是关于书画收藏的序论，所论两层意思：俗人的收藏是对书画的亵渎，雅人该如何收藏书画。正像文震亨所讲的那样，名人艺士不能复生，其书画作品不可复制，比黄金、珍珠更珍贵，所以收藏书画是人类保存和发展文化的活动。愈古的书画愈稀缺，价值愈高。文震亨明确地提出以古为贵，收藏书画一定要有晋、唐、宋、元的真迹，并且要有鉴别眼光能够列出等级差别，真正地去赏玩。

历史上有很多收藏的名家。文学家、史学家王世贞爱藏书尽人皆知。说其爱书能"饥以当食，渴以当饮"，甚至"尽毁其家以为书"，至于他以一座庄园换一部宋版《两汉书》，历来传为佳话。李清照、赵明诚夫妇志趣相投、同研金石，遇到古人书画和夏商周三代古器必出重金以购买，甚至"不惜脱衣市易"，也在中国收藏史上传为佳话。古人的收藏行为有的迂腐，有的诙谐，有的虔诚，有的悲壮，这些行为虽已属过去，但痴迷收藏的种子流播下来。只要有收藏，自然会有一代又一代的藏家把收藏的故事演绎下去。

收藏的第一种境界便是藏物，藏的是财富。把收藏当成一种敛财手段，这是最低级的境界。收藏的第二种境界是藏艺，藏的是文化。收藏本是一件很高雅的事情，真正的藏家需要一种平和的心态。收藏的第三种境界是藏心，藏的是人生。把收藏物品上升为收藏人生，把收藏当成自己生命中不可或缺的部分，在对各类藏品不断追根溯源、探微索隐的过程中，不断加深对传统文化的认知，博学多识，积累传承，同时不断升华自己的人格和修养，最终在收藏中顿悟人生的真谛，成为一个智者和

哲人。这才是收藏的最高境界。

藏心归根结底藏的还是人的欲望，人的功利心，人性之中恶的部分。"万里长城今犹在，不见当年秦始皇。"真正的收藏大家必定是曾经沧海，过尽千帆而宠辱不惊，希望自己的藏物能够藏有所居，启迪后人，才是有高境界的大藏家最大的心愿。文震亨在明亡时，不肯受降清人，绝食而死。如果他泉下有知，看到自己呕心沥血所著《长物志》被官方民间视为圭臬，也当含笑。

在与古玩字画为伴的世界里，怎样的学富五车都不过是沧海一粟，怎样的悲欢离合都不过是弹指一瞬。人生百年过客，有人执迷于物，有人藏物寄情，也有人超然物外，宠辱偕忘。有过妙手偶得，狂喜而夜不能寐；有过神秘而不示人，或得意而显耀于世；有过失之交臂，捶胸顿足或长吁短叹……境界不同而领悟殊异，想来耐人寻味。

论书

【原典】

观古法书，当澄心定虑，先观用笔结体①，精神照应②，次观人为天巧③、自然强作，次考古今跋（bá）尾④，相传来历，次辨收藏印识⑤、纸色、绢素⑥。或得结构而不得锋芒者，模本也；得笔意而不得位置者，临本也；笔势不联属，字形如算子⑦者，集书⑧也；形迹虽存，而真彩神气索然者，双钩⑨也。又古人用墨，无论燥润肥瘦，俱透入纸素⑩，后人伪作，墨浮而易辨。

【注释】

①用笔结体：笔法与结构。

②精神照应：意境和联系。

③人为天巧：人工和天然。

④跋（bá）尾：题文字于书画之后。

⑤印识：印章与题字。

⑥绢素：古人书画所用之白绢。

⑦算子：算珠，比喻呆滞的东西。

⑧集书：集合古碑帖字而成。

⑨双钩：唐人以书法摹刻石上，沿其笔墨痕迹两边，用细线钩出，使其肥瘦长短相宜，不失其原来的样子。

⑩纸素：纸和白帛。素，白帛。

【译文】

观赏古代书法应当心静神定，先看笔法结构，意境呼应；其次看人为或天成，自然或勉强；再看古今题跋，相传来历；接着辨识印章题字、纸张、绢素。有的有间架结构没有锋芒是摹本；有的有笔下意境却位置不当是临本；有的笔势不连贯，字如算珠是集书；有的只存形似，精神气韵却毫不存在是双钩。古人用墨，无论润燥肥瘦都浸透纸张绢素，后人伪作都是笔墨漂浮，缺乏厚重大气感，这些都不难辨别。

古法今解

题目为"论书"，文震亨实际在讲述怎样辨别书法作品的真伪与好坏，教人学会辨别何为摹本、临本、集书、双钩和伪作等。

书法伴随着汉字的产生而产生，作为一种艺术形式，它具有丰富的形象特征，书法家充分发挥毛笔等书写工具的性能和书写技巧，用线条创造出各种风格的作品来。某种程度上，书法艺术的境界就是人的精神、气质的一种抽象体现与表露，体现着作者的精神、胸襟和气质修养。

秦始皇统一国家后，丞相李斯主持统一全国文字，这在中国文化史上是一大伟绩。两晋时期的"二王"进一步将书法发扬光大，唐代书学鼎盛，出现了多位书法大家，欧阳询、颜真卿、怀素、张旭，各成一格。明朝书法分为三个阶段，明初书法"一字万同"，"台阁体"盛行，沈度、沈粲兄弟的"二沈书法"被推为科举书写标准范例。明中期吴中四家崛起，祝允明、文徵明、唐寅、王宠四人依赵孟頫而上通晋唐，取法弥高。晚明书坛兴起一股批判思潮，追求大尺幅，震荡的视觉效果，但明代书画家董其昌仍坚持传统立场。

上乘书法，字一定有筋骨，笔力劲健、筋脉通畅，就像一个人，骨格强健有力，筋脉丰满，血气畅达，必然精力旺盛，神采飞扬，给人以无限希望之感。反之，笔力软弱、笔势不通则绝难寸进。书法，无论是书写，还是收藏，讲究的都是心境，唯有平心静气，心思沉稳，才能得书法之真髓。

论画

【原典】

画，山水第一，竹、树、兰、石次之，人物、鸟兽、楼殿、屋木小者次之，大者又次之。人物顾盼语言，花、果迎风带露，鸟兽虫鱼，精神逼真，山水林泉，清闲幽旷，屋庐深邃，桥彴（zhuó）①往来，石老而润，水淡而明，山势崔嵬（cuī wéi）②，泉流洒落，云烟出没，野径迂回，松偃龙蛇，竹藏风雨，山脚入水澄清，水源来历分晓，有此数端，虽不知名，定是妙手。若人物如尸如塑，花果类粉捏雕刻，虫鱼鸟兽，但取皮毛，山水林泉，布置迫塞③，楼殿模糊错杂，桥彴强作断形，径无夷险，路无出入，石止一面，树少四枝，或高大不称，或远近不分，或浓淡失宜，点染④无法，或山脚无水面，水源无来历，虽有名款⑤，定是俗笔，为后人填写。至于临摹赝手，落墨设色，自然不古，不难辨也。

【注释】

①桥彴（zhuó）：独木桥。

②崔嵬（cuī wéi）：高峻。

③迫塞：逼近、阻塞。

④点染：画家点缀景物及染色。

⑤名款：在书画上题名。

【译文】

山水为画中第一，竹、树、兰、石属于次等；人物、鸟兽、楼殿、屋木画等，小幅的次之，大幅的又次之。人物顾盼生辉，形象生动，花果随风扶摇含珠带露，鸟兽虫鱼栩栩如生，山水林泉清幽空旷，屋庐深远小桥横渡，山石古老润泽，流水潺湲明亮，山势险峻，泉流洒落，云烟出没，野径迂回曲折，松树枝干屈曲，竹子隐藏于风雨之中，山脚入水澄清，水源来历分明，有这些特征的画作，虽不著名也定是高手所为。如果人物如死尸、雕像，花果像面塑、雕刻，虫鱼鸟兽仅有形似，山水林泉布局阻塞，楼阁模糊错杂，桥梁故作断形，径无平坦险峻路无出入踪迹，石头单调，树木少枝叶或者高大不相称，或者远近不分，或者浓淡失宜，点染无法，或者山脚无水面，水流无来源，虽有名人题款也是平庸之作，属于后人添加而成。至于专事临摹的赝手，落墨设色自然不会显得古雅，这不难辨识。

古法今解

意境在中国山水画中被称为"画之灵魂"。画家用毛笔在一张画纸或画帛上画出一笔，简单的一条线，它有宽度、有厚度、有方向，甚至见出速度和力量。名家笔下的山水都蕴含了自然界生命，每一座山要像人一样，有头、有脸、有四肢，有脉络、有飞扬的神情，有雄浑的动势。每一条水的流动，也像人的情感，或汹涌澎湃，或静水微澜，或飞流直下，或清泉细流。文震亨先描摹了"妙手"的画作，然后否定了"俗笔"之作，他所认为的好画即生动、神似的画作，而俗笔是只求形似、无神似的呆板之作。实际上这也是中国画作一直追求的目标：气韵生动，即画作有内在的神气和韵味，有一种鲜活的生命洋溢的状态。其实文震亨引用的是北宋韩拙《山水纯全集》的提法："凡画有八格：石老而润，水净而明，山要崔嵬，泉宜洒落，云烟出没，野径迂回，松偃龙蛇，竹藏风雨也。"文震亨的曾祖父文徵明说得更明白："画家宫室最为难工。谓须折算无差，乃为合作。盖束于绳矩，笔墨不可以逞。"但到文震亨这里，又成了山水最难画。

书画价

【原典】

书价以正书为标准，如右军①草书一百字，乃敌一行行书，三行行书，敌一行正书②；至于《乐毅》《黄庭》③《画赞》《告誓》④，但得成篇，不可计以字数。画价亦然，山水竹石，古名贤象，可当正书；人物花鸟，小者可当行书；人物大者，及神图佛像、宫室楼阁、走兽虫鱼，可当草书。若夫台阁标功臣之烈，宫殿彰贞节之名，妙将入神，灵则通圣，开厨或失、挂壁欲飞，但涉奇事异名，即为无价国宝。又书画原为雅道，一作牛鬼蛇神，不可诘识，无论古今名手，俱落第二。

【注释】

①右军：王羲之，晋人，字逸少，曾为右军将军，世人称"王右军"。

②正书：也称楷书、真书，相传始于汉末。形体方正，笔画平整，故称"正书"。

③《乐毅》《黄庭》：即《乐毅论》《黄庭经》。《乐毅论》，三国时期魏夏侯玄撰写的一篇文章，王羲之曾书写，后人把其当作小楷的典范。《黄庭经》，即老子的《黄庭经》，共有四种，其中一种为《黄庭外景经》，相传王羲之曾书写换鹅。

④《画赞》《告誓》：东方朔撰写的《画像赞》《告墓文》(也称作《誓墓文》)，王羲之都书写过。

【译文】

书法作品的价格以楷书为标准，如王羲之草书百字，相当于行书一行，行书三行相当于楷书一行。至于王羲之所书《乐毅论》《黄庭经》《画赞》《告誓》等真迹，只要能成整篇，就不可以字数论价。画的价格也如此，山水竹石、古代名贤肖像，可以作楷书对待；小幅人物花鸟可以看作行书。大幅人物画像以及神图佛像、宫室楼阁、走兽虫鱼，可以作草书看待。至于云台楼阁上绘制的功臣画像，宫殿墙壁上绘制的先贤列女图，鲜活传神，有飞腾变化之状，直欲通天飞去，要么像顾恺之的厨画，要么像张僧繇的四龙图，会点睛而飞。只要是涉及怪力乱神的画作都是无价之宝。不过，书法绘画原本雅事，一旦涉及牛鬼蛇神等生僻物，古今名家都要低下一个层次。

古法今解

人们常说"好字不如孬画"，所谓书画，既包括书法，也包括国画。"以书入画，书为画骨。"书画本不分家，自称"三十学诗，五十学画"的吴昌硕就说自己是"平生得力之处在于能以作书之法作画"。

古代的书法家多为文化人，深受"君子喻于义，小人喻于利"的传统观念影响，往往"耻于谈钱"。郑板桥的历史功绩就在于，不仅明确公布了书画作品价格，而且强调了现银交易的重要。此后，以尺幅定价基本上取代了以字数定价，成为主流的书法定价方式，并且一直影响到现在。

人无高低贵贱之分，字有三六九等之别。把书写变成艺术，进而成为商品流通和买卖，这大概是中国的独有的事物。中国的书画文化具有非同一般的魅力，这和作者精益求精的态度是分不开的，而他们的智慧结晶通过市场价值体现出来，对作者的艺术修养本身就是一种认可和尊重。

明代是书法市场的鼎盛期。明代，赏字藏画成了一种时尚："家中无藏字，不是旧人家。"明代文人虽耻于言利，书画价格少见史籍，但索要"润格银"也不足为怪。至晚明，书画润格已较为普遍，甚至成为晚明士人增加经济收入的重要途径。

明代中后期的江南文人以一种富有文化内涵、高品位和艺术化的生活情趣，彰显其文才学养，标榜其道德情操，由此拉开与达官贵戚、富商巨贾的距离，文人凭借文化上的优越感抚慰内心的失落和愤懑。

古今优劣

【原典】

书学必以时代为限，六朝不及晋魏，宋元不及六朝与唐。画则不然，佛道、人物、仕女、牛马，近不及古，山水、林石、花竹、禽鱼，古不及近。如顾恺之①、陆探微②、张僧繇（yáo）③、吴道玄④及阎立德⑤、立本⑥，皆纯重雅正，性出天然；周昉（fǎng）⑦、韩干⑧、戴嵩⑨，气韵骨法，皆出意表，后之学者，终莫能及。至如关仝（tóng）⑩、徐熙⑪、黄筌（quán）⑫、居寀（cǎi）⑬、李成⑭、范宽⑮、董源⑯、二米⑰、胜国⑱松雪⑲、大痴⑳、元镇、叔明诸公，近代唐、沈，及吾家太史、和州辈，皆不藉师资，穷工极致，借使二李复生，边鸾再出，亦何以措手其间。故蓄书必远求上古，蓄画始自顾、陆、张、吴，下至嘉隆名笔，皆有奇观。惟近时点染诸公，则未敢轻议。

【注释】

①顾恺之：晋代人，擅长书法、绘画，作画意在传神。

②陆探微：南宋宫廷画家，在中国画史上，据传他是正式以书法入画的创始人，擅长画风俗、人物、佛道、禽兽。

③张僧繇（yáo）：南北朝时期梁人，擅长画山水、佛像。

④吴道玄：唐朝人，字道子。中国山水画的祖师，被后人尊称为"画圣"。

⑤阎立德：唐朝建筑家、工艺美术家、画家，擅长画人物、树石、禽兽，其

弟弟阎立本同为著名画家。

⑥立本：唐朝画家，其兄阎立德。设计和营造了大明宫，代表作品《步辇图》《历代帝王像》等。

⑦周昉（fǎng）：唐朝画家，擅长画佛像、真仙、人物、仕女；与顾恺之、吴道玄、陆探微并称为"人物画四大家"。

⑧韩干：唐朝杰出画家，在唐玄宗时期被召入宫廷封为"供奉"。擅长肖像、人物、鬼神、花竹，尤其擅长画马，所绘马匹活灵活现，有奋蹄疾奔脱绢而出之势。

⑨戴嵩：唐代画家，擅长田家、川原之景，画水牛尤为著名。

⑩关仝（tóng）：五代后梁著名山水画家。

⑪徐熙：五代南唐杰出画家，江南花鸟派之祖。

⑫黄筌（quán）：五代后蜀画家，擅长画花鸟。

⑬居寀（cǎi）：黄筌之子，擅长画花竹禽鸟。

⑭李成：五代宋画家，擅长画山水。

⑮范宽：北宋山水画三大名家之一。

⑯董源：五代南唐画家，南派山水画开山鼻祖。

⑰二米：宋代米芾与其子友仁都擅长画山水，世人称为"二米"。

⑱胜国：本朝称前朝为"胜国"，此处是明朝称元朝。

⑲松雪：元代画家赵孟頫，号"松雪道人"。

⑳大痴：元代画家黄公望，擅长画山水。

【译文】

书法的优劣应以年代为准，六朝的不如晋魏的，宋元的不如六朝与唐代的。画则不同，佛道、人物、仕女、牛马之类，近代的不及古代的，而山水、林石、花竹、禽鱼之类，古代的不及近代的。如顾恺之、陆探微、张僧繇、吴道子及阎立德、阎立本的作品都显得厚重风雅、质朴自然；周昉、韩干、戴嵩的作品气韵骨法，都有出人意表之处，后人学画者，始终不及。至于关仝、徐熙、黄筌、黄居寀、李成、范宽、董源、米芾父子、元代赵孟頫、黄公望、元镇、叔明诸位，以及本朝的唐寅、沈周，我家太史文徵明、文嘉这些人都不借助师长，而画艺达到了极致。即使唐人李思训、李昭道父子和边鸾再生也不能与他们相比。所以，收藏书法作品一定要搜寻上古时期的，收藏绘画作品则上至顾恺之、陆探微、张僧繇、吴道子，下至明代嘉靖、隆庆年间的名家，其中有不少佳作。对于当今书画名家，我不敢轻易评论。

古法今解

论书法，文震亨还是有贵古贱今的思想，但在绘画上却说古今各有优劣。提到明朝的名画家时，文震亨认为他们画艺达到了极致，并不无自豪地提到自己的先祖文徵明与文嘉。文徵明、沈周、唐寅、仇英在画史上合称"吴门四家"。

好的书画，必定经得起时间的检验。文震亨提到的明代之前的一些画家，这些画家不仅画艺高超，而且在绘画发展史上多具有里程碑式的作用。东晋顾恺之在当时被人称为"才绝、画绝、痴绝"，可惜无真迹流传。阎立本流传下来的《步辇图》是无价之宝。宋代的米芾书法、绘画堪称一绝，可惜绘画没有留存下来。文震亨对名家书画一一道来，明代的文震亨要是能见到那些真迹，在今天的书画爱好者看来，那是件多么幸福的事呀！

在书画的时代评判上，文震亨也有着一贯的崇古倾向，但他书、画分论的见地比之前人更胜一筹。其实，这样的评论不无根据，书法发展史上一向以魏晋及唐的碑帖为宗，而绘画上自宋元以后，备受文人喜爱的山水画、花竹石鱼等小品，尤其在江南一带有很大的发展，出现"元四家……明四家"等优秀画家，追随者成为当时的风尚。

古代书画作品百看不厌，在书画拍卖市场上，似乎有"逢古代书画必有高价出"的神话。其实，无论是古代书画还是近现代和当代书画，都有不可取代的艺术魅力，因此投资书画绝不能"厚古薄今"。对书画作品的价值属性，人应该有一个不断发掘和逐渐认识的过程。

粉本

【原典】

古人画稿，谓之粉本，前辈多宝蓄之，盖其草草不经意处有自然之妙。宣和①、绍兴②所藏粉本，多有神妙者。

【注释】

①宣和：宋徽宗的年号，1119~1125年。

②绍兴：宋高宗的年号，1131~1162 年。

【译文】

古人的画稿，称为粉本，前人都爱珍藏，因为随意勾画的地方，往往有自然之妙，宣和、绍兴年间的粉本，有很多神妙之作。

古法今解

"粉本"有两重含义，一是"画样""小样""摹本"，二是"遗墨草稿"之意。本文暂以古训为宜，"粉本"即画稿。在中国美术史上，"粉本"一直是很有争议的概念。对"粉本"的解释，后人多有非议。有人认为是"画稿"，有人认为是"底稿"，还有"草稿"，也有"底样""素稿""小样"等说法。按文震亨的说法，是将"古人画稿"直接定义为"粉本"的，可后文又提到"草草不经意处"，似又与写生稿、未完稿有关。粉本即画稿，古人作画，先施粉上样，然后依样落笔，故称画稿为粉本。在名画的稿本上能看出功力与素养。实际上，对粉本文震亨本篇并没有什么新的见解，全文都是引自元代夏文彦的画史著作《图绘宝鉴》。

赏鉴

【原典】

看书画如对美人，不可毫涉粗浮之气，盖古画纸绢皆脆，舒卷不得法，最易损坏，尤不可近风日，灯下不可看画，恐落煤烬，及为烛泪所污。饭后醉余，欲观卷轴，须以净水涤手；展玩之际，不可以指甲剔损。诸如此类，不可枚举。然必欲事事勿犯，又恐涉强作清态，惟遇真能赏鉴，及阅古甚富者，方可与谈，若对伧（cāng）父①辈惟有珍秘不出耳。

【注释】

①伧（cāng）父：晋南北朝时期，南人讥讽北人粗陋，蔑称之为伧父，后来泛指粗俗、鄙贱之人。

【译文】

鉴赏书画如面对美人，不能有丝毫轻浮粗俗，因为书画纸绢都很脆，翻开合上如果不得法，就很容易损坏。尤其不能被风吹日晒，不能在灯下看画，恐怕会被烟灰、烛泪污损。饭后酒余，要观看卷轴，必须先以净水洗手；展玩书画的时候，不能以指甲剔刮损坏。诸如此类，不能一一举例。然而必须处处小心，而且不能故作风雅，只有遇到真正懂得鉴赏的人和饱览古代书画之人才能交流谈心，若遇到粗鄙之人只能秘密珍藏。

古法今解

　　书画在鉴赏与保养方面有许多禁忌。纸质文物的保护难度尤甚，取用不当会损坏藏品的品相。一般说来，书画最怕虫蛀、发霉、受潮、水浸、火烧等。古人在保养上也极为用心，收藏书籍要用函套，字画用精制画匣。画匣木料须精选，多层复合，外层是樟木，中间为楠木。最里层用上等丝绸，画还要用布套包裹起来。

　　文震亨所讲的是欣赏书画的规矩：心态轻浮不可看，风吹日晒不可看，烛前灯下不可看，不洗手不可看，强作风雅不可看，遇不懂之人不可看。限于篇幅，他只列举了不可看的一些例子而已，实际上不可看的规矩非常之多。古人读书每每要有个仪式，焚香净手，端衣正帽，凝神敛气才肯坐下来读书。古时的一些音律大家，每次弹奏前都会净手焚香，沐浴更衣，静坐养性。鉴赏字画虽不至如此，然而也需要一种虔诚的态度。

　　文震亨把书画比作美人，但其实名画更难保养。现在往往要用真空来保存名画，不能拍照，不能近距离欣赏，即便如此，书画仍有被岁月损毁的危险。红颜易逝，然江山代有美人出，再美的女子也会在岁月的长河中被人们淡忘。但书画不同，留存的都是唯一的，承载了

147

文化和历史的使命。历代收藏家像爱惜生命一样保存书画，拥有却随时会失去的感觉让人恐慌，这种待遇岂是美人所能得到的？

至于同何人一起欣赏，正如文震亨所言，要同知音一起，只有懂的人才明白它的好，能同收藏者激起情感上的共鸣，这种感觉非文字所能表达的。

绢素

【原典】

古画绢色墨气，自有一种古香可爱，惟佛像有香烟熏黑，多是上下二色，伪作者，其色黄而不精采。古绢自然破者，必有鲫鱼口①，须连三四丝，伪作则直裂。唐绢丝粗而厚，或有捣熟者，有独梭绢②，阔四尺余者。五代绢极粗如布。宋有院绢③，匀净厚密，亦有独梭绢，阔五尺余，细密如纸者。元绢及国朝④内府绢俱与宋绢同。胜国时有宓（fú）机绢⑤，松雪、子昭⑥画多用此，盖出嘉兴府宓家，以绢得名，今此地尚有佳者。近董太史⑦笔，多用研（yà）光白绫⑧，未免有进贤气⑨。

【注释】

①鲫鱼口：参差不齐的裂口。

②独梭绢：绘画所用较为稀薄的绢。

③院绢：宋代画院之绢。

④国朝：本朝。

⑤宓（fú）机绢：浙江嘉兴宓姓所织之绢。

⑥子昭：盛懋，元代画家。善画人物、山水、花鸟。

⑦董太史：明朝董其昌，明朝著名的书画家，擅长画山水，以佛家禅宗喻画，提倡"南北宗"论，为"华亭画派"杰出代表。

⑧研（yà）光白绫：以石磨之，使发光泽的白绫。研，研磨物体，使紧密光亮。

⑨进贤气：士大夫气。

【译文】

古画的绢色、用墨，给人有一种古色古香的感觉，惹人喜爱。只有佛像画因香烟熏染呈黑色，上下两部分深浅不同。伪造的古画色彩发黄，没有神采。古绢是自然破损的，一定有参差不齐的裂口，有一些丝缕相连，伪造的则裂口整齐。唐代的绢丝粗而厚，有的是熟绢；也有独梭绢，宽四尺有余。五代的绢粗厚如布。宋代画院的绢，匀净厚密；也有独梭绢，五尺多宽，细密如纸。元代的绢和本朝的内府绢与宋代的绢相同。元朝时有宓机绢，松雪和子昭的画多用这样的绢，此绢因为产于嘉兴府宓家因此得名，现在当地还有很好的绢。近代董其昌多用磨光的白绢作画，未免显得有些士大夫气。

古法今解

绢素，也作绡素，即作书画用的白色薄绢。绢本又为小巧的丝织物，如绢地即书画之绢底，绢帖即以绢作底的书帖，绢扇即用丝绢制成的扇子。苏轼《石苍舒醉墨堂》诗："不须临池更苦学，完取绢素充衾稠。"意思是不用学王羲之临池苦练，完好的白绢还是拿去做被子。苏轼用写字的绢做被子，以现在看来，还是非常奢侈的。宋代的绢裱托得较好，目前还可见到，宋以前的绢已经很难辨认了。绢素质地良好，书写顺畅，是很好的书写材料，所以绢素常用来代指书籍或信件。

文震亨列举了唐至明代的绢，在造纸术发明以前人们在绢上写字作画，绢既能书写又能制作衣物。兴起于松赞干布时期的绘画艺术——唐卡，画面即用丝绢装裱，类似于卷轴画，今天成为藏族文化的瑰宝。文震亨想通过这种强调感官切入的赏玩给真伪之辨提供参考，着重探讨对古书画材质体征的审美。但这样的赏玩态度可能会从特征和技术上忽略真伪的考证，放到当今需要辩证地对待。

御府书画①

【原典】

宋徽宗御府所藏书画，俱是御书标题，后用宣和年号，"玉瓢御宝"②记之。题画书于引首一条，阔仅指大，傍有木印黑字一行，俱装池匠花押③名款，然亦真伪相杂，盖当时名手临摹之作，皆题为真迹。至明昌④所题更多，然今人得之，亦可谓"买王得羊"⑤矣。

【注释】

①御府书画：皇家收藏的书画。

②玉瓢御宝：宋徽宗用玉制瓢形玉印，帝王的印称为"宝"。

③花押：又称"押字""画押"，兴于宋盛于元，故又称"元押"，类似个人签名的意思。

④明昌：金朝章宗的年号。

⑤买王得羊：想买王献之的字，却得到了羊欣的字，意为差强人意；还指摹仿名人的字画虽然逼真而终差一等。

【译文】

宋徽宗皇室所收藏的书画都是他亲笔题记，后面用的是宣和年号，用玉制瓢形御印所题。题记在书画上一条仅一指宽的引首上，旁边有一行木印黑字，这些都是装裱工人的签名，但也真假相杂，因为当时高手的临摹之作都题为真迹。到了金代明昌年间，伪作题为真作的更多，但是今人得到它也算是买王得羊了。

《古法今解》

关于书画，怎能不提到宋徽宗呢？文震亨此文并不是论宋徽宗的书画，而是说宋徽宗御府所藏书画都有宋徽宗的题记，但大多为装裱工人所题，真伪相杂。

历代皇室因其特权而在征集天下书画精品上有得天独厚的优势，而收藏界习惯上将皇家收藏称为"御府书画"。皇室藏书画，其用印有独特的习惯和规律。御宝即天子的印玺。《唐律疏议》里记载："诸盗御宝者，绞。"有偷盗皇帝玉玺的，一律处以绞刑。

"花押"，即画押，类似今天的艺术签名，更像是个人专用的记号，以其难以模仿而达到防伪的功效。画家皇帝赵佶的"花押"造型极具个性，既似一个"天"字，又像一个拉长的"开"字，且不同时期又有微妙的变化，其目前存世作品或传为他的作品中几乎都存在"花押"现象。

作为历史上有名的荒淫皇帝，宋徽宗流连美景，吟诗作画，迅速挥霍完北宋的库银。从治国理政来说，我们可以数出他作为一个无能皇帝的所有罪状，但是从书画史来说，却避不开他的杰出贡献。他的"瘦金体"笔道瘦细峭硬而不失其肉，他的绘画富贵艳丽与清淡悠远并存。做一个文人墨客对他来说是再好不过的事情，可是命运却偏偏安排他做皇帝。宋徽宗喜欢在收藏的书画上题诗作跋，这正是装裱工人能够以假乱真的原因所在。

书法上有"逢瘦必赵"的说法。从文震亨的角度来看，这其中是不乏伪作和赝品的。而实际上宋徽宗瘦金书题签及题款的书画传世有好几十件，真正的藏家心中惴惴：这些瘦金体难道都是宋徽宗手书？哪些是赵佶亲写的？哪些不是赵佶写的？有哪几件是赵佶真迹？

皇帝玩收藏，多出于兴趣与爱好。但他们的收藏喜好，影响着整个朝代的宫廷上层文化、民间收藏取向以及藏品的收藏价值。正如文震亨"买王得羊"之说，仰慕王献之的作品，却得到了王献之徒弟南朝书法家羊欣的字，这大概便是帝王收藏带给人们的意外之喜吧。

院画①

【原典】

宋画院众工，凡作一画，必先呈稿本，然后上真②，所画山水、人物、花木、鸟兽，皆是无名者。今内府所画水陆③及佛像亦然，金碧辉灿，亦奇物也。今人见无名人画，辄以形似，填写名款，觅高价，如见牛必戴嵩，见马必韩干之类，殊为可笑。

【注释】

①院画：中国传统画的一种，狭义指中国古代皇室宫廷画家的绘画作品，广义则包括宫廷绘画在内和受到宫廷绘画影响的中国传统绘画的一个类别，院体画在宋朝最为鼎盛，后也专指南宋画院作品。

②上真：上墨、上色。

③水陆：水陆道场的简称。佛教法会的一种，僧尼设坛诵经，礼佛拜忏，遍施饮食，以超度水陆一切亡灵，普济六道四生，故称。

【译文】

宋代画院的画工每作一画，一定先呈送稿本，然后才上墨、上色，所画山水、人物、花木、鸟兽都没有名气。现在本朝所画水陆道场及佛像也是这样，金碧辉煌，灿烂耀眼，也算得上是奇物。现代人见到无名画作就按外形相似，填上名家题款以求高价，比如见到所画为牛就题名为戴嵩，所画为马就题名为韩干等等都非常可笑。

古法今解

文震亨并不欣赏宋代的院画，对于明代的院体画，以"亦奇物也"称之，没有加以褒贬。对于动辄冒充名人画作，他则充满讥刺，持否定态度。

宋代建立的翰林图画院，除培养了众多画家外，对今天的美术教育有一定的启发借鉴。"仓廪实而知礼节，衣食足而知荣辱。"宋代画院画家的待遇优厚，地位也非常高，在服饰和俸禄方面都比其他艺人高，加上画院"领导"赵佶对画院创作的指导和关怀，使得这一时期的画院创作最为繁荣，出了不少精品画作。我国宫廷很早就有画师供职，两宋画院称得上中国历史上画院最隆盛的时代，而它的画院制度也是最为完备的。赵佶在位期间大力提倡院画，网罗绘画人才。画家进入画院作画须经考试。考试题目也很有趣，多摘取前人诗句让考生现场构图。院画即宋代翰林图画院中宫廷画家的作品，它们在形式上工整、细致，但往往缺乏生气。院画有弊端，但也有可取之处，很类似于诗文中的台阁体。宋徽宗设置御前画院，将画家的地位提到在中国历史上最高的位置，画院制度也为画院输送了不少优秀的画家。

单条

【原典】

宋元古画，断无此式，盖今时俗制，而人绝好之。斋中悬挂，俗气逼人眉睫，即果真迹，亦当减价。

【译文】

宋元古画，绝对没有条幅这种格式，因为现今时兴，世人特别喜欢。这些单条悬挂在书斋之中，俗气逼人，即使是真迹，也大为贬值。

古法今解

明初的时候，人们穿衣盖屋有严格的规定，要按官职阶层施行，所以明初的房子还很低矮，因此家里面的书画陈设没有挂轴，一律是屏风。到了明中后期，砖瓦业发达，民居建筑的土木结构技术提高，有钱人开始修高房子了，高堂大屋在民间实现了普及，于是屏风就变成通屏，有了通屏这个很高的墙体，就需要长条形的中堂、条幅等挂轴作品了，包括后来出现的对联。

在明代以前几乎是没有中堂、条幅的，其幅式的主流形态是书札、手卷、扇面，只有极少数作品是屏风幅式，主要是供王侯之家的装饰之用。正因为明代中期房屋建筑中的通屏，并用于挂条幅作品，书法作品的审美形态才开始从手上把玩变成厅堂悬挂。

单条即单幅的条幅，多为全尺寸对开，长度不变，宽度减半。

宋绣 宋刻丝①

【原典】

宋绣，针线细密，设色精妙，光彩射目，山水分远近之趣，楼阁得深邃之体，人物具瞻眺生动之情，花鸟极绰约嚵唼（chán shà）②之态，不可不蓄一二幅，以备画中一种。

【注释】

①刻丝：即缂丝。起源于隋唐而盛于宋，其织法是用半熟蚕丝作经，彩色熟丝作纬，以织成各种花纹，正反如一。

②嚵唼（chán shà）：水鸟争食的样子。

【译文】

宋代的刺绣针线细密，颜色精妙，光彩夺目，山水有远近分别之趣，楼阁有深邃悠远的体制，远眺的人物表情生动，花美丽而栩栩如生，水鸟争食的神态逼真，不能不收藏一两幅作为绘画中的一种。

【古法今解】

刺绣又称丝绣，女红之一种，是闺阁女儿必须掌握的技能之一。丝绣是我国民族传统手工艺品之一。刺绣又名宋绣，以绣历史名画著称，与汴绣齐名，素有国宝之称，绣工精致针法细密，图案严谨格调高雅、色彩秀丽。

刻丝即缂丝，这一名称自宋朝始有，是丝绸艺术品中的精华。刻丝作为汉族丝织业中最传统的一种挑经显纬，极具欣赏装饰性的丝织品，宋元以来一直是皇家御用织物之一，常用以织造帝后服饰、御容真像和摹缂名人书画，有"一寸缂丝一寸金"和"织中之圣"的盛名。

北宋时，宋绣曾风靡全国，以针法细密、色彩艳丽见称，不同的图案有不同的针法。文震亨认为，宋绣不仅做工精细，色彩精妙，更主要的是其栩栩如生，不管是山水楼阁还是人物、花鸟，都具备雅致而生动的情态。画家用笔和墨在纸上作画，刺绣则是用针和线在绸缎上作画，虽形式不同，却都创作出了令人赏心悦目的艺术作品。

到了明代，苏绣、粤绣、湘绣、蜀绣已名满天下，成为我国的"四大名绣"。

装潢

【原典】

装潢书画，秋为上时，春为中时，夏为下时，暑湿及沍（hù）寒①俱不可装裱。勿以熟纸，背必皱起，宜用白滑漫薄大幅生纸，纸缝先避人面及接处，若缝缝相接，则卷舒缓急有损，必令参差其缝，则气力均平，太硬则强急，太薄则失力；绢素彩色重者，不可捣理②。古画有积年尘埃，用皂荚清水数宿，托于太平案③扦（qiān）去④，画复鲜明，色亦不落。补缀之法，以油纸衬之，直其边际，密其隙缝，正其经纬，就其形制，拾其遗脱，厚薄均调，润洁平稳。又凡书画法帖，不脱落，不宜数装背，一装背，则一损精神。古纸厚者，必不可揭薄。

【注释】

①沍（hù）寒：寒气凝结，极为寒冷。

②捣理：字画装裱成以后，用大块鹅卵石在裱背上摩擦使其光滑。

③太平案：装裱字画用的桌子。

④扦（qiān）去：挑去、剔去。

【译文】

秋天装裱书画是最好的时候，春天稍差，夏天最差，暑热潮湿及寒冷凛冽时都不适合装裱书画。不要用熟纸装裱，因为背面易皱起不平，最好用白滑薄亮的大张生纸，纸缝避开画作人物面部和画纸的接头，如果画与衬的接缝相接，就会因为卷舒缓急不同而受损走缝，所以用力要平均，太硬的纸张容易着急强用力，而太薄的纸张又容易绵软无力；色彩太重的绢素不能搋理。古画若有经年累月的尘埃要用皂荚水浸湿数日，然后放在太平案上剔去污垢，画就会光亮如新，颜色也不脱落。书画修补的方法，以油纸衬于书画的后面，直到边角、边缝排列整齐，接口严丝合缝，理顺纵横，保持原来规格填补缺损部分，使其厚薄均匀，干净整齐平滑。大凡书画字帖只要没有脱落，就不宜多次装裱，一旦再装裱一次，会损失一次书画精气神。原来纸张厚的，一定不能揭层。

古法今解

书画装裱是一项技术含量很高的体力活。俗话说："三分书画七分裱。"一幅书画需要装裱匠的帮衬才能达到锦上添花、珠联璧合的效果，才能体现书画的韵味。

因为宋代帝王都好书画，所以在那个时代书画大家层出不穷，这也催生了宋代翰林图画院和装裱书画的作坊的设立，让书画装裱工艺飞跃发展。内心强大的明朝文人在制物装潢上的讲究丝毫不逊宋人。比如书画裱褙中的制糊用糊、安轴上杆、覆背揭洗等看似简单的事情，对他们而言却慎之又慎。宋裱一般天地色重，隔界浅，地头长天头略短，裱工已内化于书画整体构成之中，重细处把握。当时，米芾、苏轼等大家都亲自装裱，使艺术性和保护性都得以呈现。明清500年间，装裱技艺成为设店裱画的专门行业，在北上广、苏州、扬州、开封等地先后出现多家书画装裱店。

今天，书画装裱已经成为一门艺术修养。著名书画家傅抱石先生曾说："一纸上案，往往累

月，不但手足要有规矩，连呼吸也要加以管制。"当装裱匠的手抚摸过宣纸，留下的是对制物本身的尊敬与信任。把一颗淡泊素雅的心妥善安置，归放在淡定朴白的过程之中，就是一种高踏的人生况味。所以我们不要把书画装裱看成是体力活了。

法糊①

【原典】

法糊，用瓦盆盛水，以面一斤渗水上，任其浮沉，夏五日，冬十日，以臭为度；后用清水蘸白芨（jī）②半两、白矾三分，去滓，和元浸面打成，就锅内打成团，另换水煮熟，去水倾置一器，候冷，日换水浸，临用以汤调开，忌用浓糊及敝帚。

【注释】

①法糊：装裱中按照规定调成的糨糊。
②白芨（jī）：多年生草本球根植物，具有药用价值及园林价值。

【译文】

糨糊须以定法调制，用瓦盆盛水，加面一斤掺入水中，夏天五日，冬天十日，任其浮沉搅混，以发酵酸臭为度。然后取清水浸泡白芨半两、白矾三分，去除渣滓，和原来浸过的面粉一起，在锅里打成面团，另换水煮熟，把水倒掉，面团另放，等待冷却，每日换水浸泡，用时拿热水调开，切忌用浓稠的糨糊和破扫帚刷糊。

古法今解

古人装裱字画，制糊用糊都很讲究。古人一般采用食用的精粉或标准粉加工糨糊，要求浆质白净，黏合力强，浓稀可调而黏性不减，不酸不碱，存放时间长。这样可以最大程度地保护字画原有的成色，不会因化学反应而变质、掉色和腐坏。制作糨糊步骤繁杂，大致有备料、和面、醒面、洗粉去筋、沉淀、浸泡过性、配药、冲煮、养浆、保存等步骤。用上等糨糊装裱的书画熨帖、柔软、很少变形；用劣质糨糊甚至现在的化学糨糊装的裱件，刚裱出来时，似乎无大碍。然过不久便会手感脆硬、龟裂、卷翘、霉斑侵蚀，不堪入目。

现在所用古籍装潢修复糨糊，都是工作人员依据古代糨糊配方，略加改进自行调制的，既能消除古方不合理的地方，又能配制出更科学的糨糊。

裱轴

【原典】

古人有镂沉檀为轴身，以裹金、鎏金、白玉、水晶、琥珀、玛瑙、杂宝为饰，贵重可观，盖白檀香洁去虫，取以为身，最有深意。今既不能如旧制，只以杉木为身。用犀、象、角三种雕如旧式，不可用紫檀、花梨、法蓝①诸俗制。画卷须出轴②，形制既小，不妨以宝玉为之，断不可用平轴③。签以犀、玉为之；曾见宋玉签半嵌锦带内者，最奇。

【注释】

①法蓝：疑似为"珐琅"，即景泰蓝。在画轴上用景泰蓝极为美观。

②出轴：轴头露出画外的，画卷有轴头。

③平轴：轴与画平齐，外加贴片的，画卷无轴头。

【译文】

古人有以雕花沉香、檀香木做画轴轴身的，然后用裹金、鎏金、白玉、水晶、琥珀、玛瑙等物装饰，既贵又美。白檀木香气可驱虫，用作轴身最为实用。如今既然不能照旧时形制，只好用杉木做轴身。轴头用犀角、象牙、牛角等物按旧式雕刻，切不可用紫檀、花梨、法蓝等制作。画卷要有轴头，若是小幅书画，可用宝玉镶嵌，万不可无轴头。画签就用犀牛角或者玉石制作；曾见过一件宋代半嵌着锦带玉签的书画，非常奇特。

古法今解

装轴指书画装裱后在纸尾加轴，便于舒卷或悬挂。现在的人们把没有装轴的书画称"卷子装"，装轴的就称"卷轴装"。

最初的竹简书和帛书仅仅是一卷，随着纸质书的普及出现了卷装，即将纸张书写后按顺序连缀成一条长幅再卷起来。后来人们为了收卷、持拿方便，就在末端卷纸上粘一个略长于纸卷高度的小木棍，这个小木棍便是画轴的雏形。

古代画轴常用檀香木，檀香能辟湿气，且开合有香气又能辟蠹，也有用桐、杉作画轴的。牛角为轴易引虫，且开卷容易有湿气。更不能用金作轴头，既俗气且易招盗。也有以玉、水晶作轴头的，总之，画轴宜轻，轴重容易损画。

任何事物的发展都是从无到有、从低级到高级、从简单到复杂的过程，书画装轴也是如此。书画装潢经两宋至明清，无论是材料、工艺、理论著述均已相当完备，画轴的装配也从最初的光洁防朽、方便持拿等实用功能逐渐发展得精美、考究，更具文化意味。最初往往是为了实用，实用之余还要追求美观，于是便有了能工巧匠将人们智慧的结晶以艺术品的形式固化下来，流传至今。

藏画

【原典】

藏画，以杉、桫（suō）木①为匣，匣内切勿油漆糊纸，恐惹霉湿，四、五月先将画幅幅展看，微见日色，收起入匣，去地丈余，庶免霉白。平时张挂，须三五日一易，则不厌观，不惹尘湿，收起时，先拂去两面尘垢，则质地不损。

【注释】

①桫（suō）木：木材黄色，纹理稍黑，质地柔软，新的木材有香味。

【译文】

以杉木、桫木做匣子，匣子内不能油漆，不能糊纸，这样就能防发霉潮湿。在四五月间，先将画一幅幅地展开，稍微见一下阳光，然后收入匣子，搁置在离地一丈多高的地方，以免生出白霉。平时张挂需要三五日更换一次就不至于厌烦，不沾染灰尘湿气。收起时先拂去两面的尘垢，就不会损伤画卷。

古法今解

字画收藏与保养是一个既久远又现代、看似简单实则繁杂而始终未能解决的难题。字画之所以珍贵，除了其文物、艺术价值，另一个不得忽略的因素便是纯手工制品，宣纸、绢、绫、帛等生来就娇贵，年深日久最是易损。古字画收藏，如何保持原作精神风貌、延缓老化，是每一个藏家都必须要面对的问题。尽可能减少装裱次数和频率，因为每装裱一次，原作的精神便减弱一次；防霉防蛀，以檀香木为轴，以杉、杪木为匣，收起后用纸封口，放在透风的空阁中，有人走动的地方更好，这种方法比化学方法更利于字画的保护。

前人的藏画经验，有的今天还在用，但也有一些需因地制宜、选择性汲取。如檀香木、楠木等散发的气味令蠹虫害怕，对驱虫、避虫有很好的作用，则可采纳。对于作品的挂悬，以秋季属于最好，春季稍差，冬夏季节最好不要张挂，而梅雨季节是绝不可以展示的。而南方四、五月天气多雨潮湿，普通藏家把书画装裱成挂轴装饰家室就不太合适。

小画匣

【原典】

短轴作横面开门匣，画直放入，轴头贴签，标写某书某画，甚便取看。

【译文】

装短轴的画匣子做成横面开门的，画可直接放入，轴头贴上标签，标明书画的名称，便于拿取观看。

古法今解

匣通常指小型的收藏东西的器具，是用于字画存放的专用小盒。画匣有开合式、抽拉式，也有复层式。一个画匣内可以盛放一幅或一套书画，防止受潮。"小画匣"讲的是画匣的制作与注意事项。画匣大小不同，开门匣有纵面、横面之分，为的是便于拿取观看，于此可见古人之周全与细心。书画保护本就难度较大，污染、发霉、虫蛀、光照、潮湿等都会损坏品相，所以精致的画匣很有必要。而选用画匣的木材也有讲究，多用樟木、楠木，所以古代有"买椟还珠"的故事。

文人多用画匣收置名贵的字画，画精匣美能相映生辉，更能加大珍赏之趣。画匣品类很多，纹饰精致细密，布局章法紧凑。多取用紫檀、乌木及豆瓣楠木等名贵木材，并镶有玉带、花枝或螭虎造型；在漆匣面上常作描金花纹，或用螺钿镶嵌进行修饰。特别讲究的还有以金、银为材质精工细作而成的画匣。画匣一般呈长条形，或在漆盒内套有锦盒，锦盒内再用明黄色缎套包裹。

卷画

【原典】

须顾边齐，不宜局促，不可太宽，不可着力卷紧，恐急裂绢素，拭抹用软绢细细拂之，不可以手托起画背就观，多致损裂。

【译文】

卷画时应将两端裱边对齐，不可太紧，不可太宽，不可用力太猛，以免纸、绢断裂。用细软绢布仔细擦拂，不可用手托起画背观画，容易使画受损破裂。

古法今解

古人经过长期摸索总结出卷画的一套规则：卷字画时，先松后紧，先松松卷起，再慢慢旋转轴头，把字画卷紧卷实，然后用画带捆扎，捆扎时轻重要适度，太松使画卷松动，易于被折压；太紧使化卷中间留下捆扎的痕迹，影响画面整体美观。关于"拭画"有"揩抹画片，不可用粗布，恐抹擦失神"之语。关于"出示画"，他强调"古画，不可示俗人，不知看法，以手托画就观，素绢随折。或忽慢堕地，损裂莫补"。观看绘画之后须将画卷起来，不可用力过大，不可用手托着画轴观看。这些"卷画"规则，其实也是"观画"规则，对今天的书画爱好者来说，是个不错的借鉴。

南北纸墨

【原典】

古之北纸①，其纹横，质松而厚，不受墨；北墨②，色青而浅，不和油蜡，故色淡而纹皱，谓之"蝉翅拓"。南纸其纹竖，用油蜡，故色纯黑而有浮光，谓之"乌金拓"。

【注释】

①古之北纸：昔日拓帖用纸，有南北之分。

②北墨：多用松烟制作而成。

【译文】

古时北纸纹理横，质地松厚，不太吸墨。而北墨颜色发青且浅，不易和油蜡相融，所以北拓颜色浅淡而纹理发皱，所以称作"蝉翅拓"；而南纸纹理竖，墨也多用油蜡，所以色泽黝黑发亮，称作"乌金拓"。

古法今解

笔墨纸砚是中国古人独创的传统书画工具，独具中国特色。最好的书画理应用最好的墨和相应的纸来表现。中国造纸术传入欧洲前，欧洲人也曾用羊皮进行文字记录工作。据说抄一本《圣经》要用300多张羊皮，这极大地限制了文化信息的传播范围。明清造纸术由宋元发展而来，原料基本沿用前代，但竹纸产量跃居首位，皮纸居第二位，麻纸只在北方少量生产，其中书写纸、书画纸和印刷用纸占最大份额。

至于墨，最初是以漆为墨，其后则石墨宋烟并用，最后至魏晋以后就专用宋烟墨了。千百年来，制墨都是各个制墨家秘法私传，最有名的是"徽墨"，皖南徽州墨师云集，李超、李廷贵父子使徽墨发扬光大。

悬画月令

【原典】

岁朝宜宋画福神及古名贤像；元宵前后宜看灯、傀儡（kuǐ lěi）；正、二月宜春游、仕女、梅、杏、山茶、玉兰、桃、李之属；三月三日，宜宋画真武像；清明前后宜牡丹、芍药；四月八日，宜宋元人画佛及宋绣佛像，十四宜宋画纯阳像；端五宜真人玉符，及宋元名笔端阳、龙舟、艾虎、五毒之类；六月宜宋元大楼阁、大幅山水、蒙密树石、大幅云山、采莲、避暑等图；七夕宜穿针乞巧、天孙织女、楼阁、芭蕉、仕女等图；八月宜古桂或天香、书屋等图；九、十月宜菊花、芙蓉、秋江、秋山、枫林等图；十一月宜雪景、蜡梅、水仙、醉杨妃等图；十二月宜钟馗、迎福、驱魅、嫁妹；腊月廿五，宜玉帝、五色云车等图；至如移家则有葛仙移居等图；称寿则有院画寿星、王母等图；祈晴则有东君；祈雨则有古画风雨神龙、春雷起蛰等图；立春则有东皇、太乙等图，皆随时悬挂，以见岁时节序。若大幅神图，及杏花燕子、纸帐梅、过墙梅、松柏、鹤鹿、寿星之类，一落俗套，断不宜悬。至如宋元小景，枯木、竹石四幅大景，又不当以时序论也。

【译文】

正月初一适合挂宋时福神和古圣贤的像；元宵前后宜张挂描绘观灯、庙会、皮影等画；正月、二月适合挂春游、仕女、梅、杏、山茶、玉兰、桃、李等应时之作；三月三日道教真武生辰，宜挂宋画真武像；清明前后适合挂花王牡丹和化相芍药；四月八日佛诞日，宜挂宋元人画佛像和宋绣佛像；四月十四日吕洞宾生日，宜挂宋画纯阳真人吕洞宾像；端午乃一年中最毒日，宜挂真人、玉符，以及宋元名笔端阳、龙舟、艾虎、五毒之类的画避祸；六月渐热，适合挂宋元楼阁、大幅山水、茂密树石、大幅云山、采莲、避暑等赏之消暑的面；七夕适合挂穿针乞巧、天孙织女、楼阁、芭蕉、仕女等节俗时令图；八月适合挂古桂、天香、书屋等图；九、十金秋之月，适合挂菊花、芙蓉、秋江、秋山、枫林等图；十一月适合雪景、蜡梅、水仙、醉杨妃等图；十二月已至岁末，适合悬挂钟馗、迎福、驱魅、嫁妹等除秽迎福图；腊月廿五除岁祭神，适合挂玉帝、五色云车等画。至于搬家则要挂葛洪移居图；做寿则要挂寿星、王母等宫廷院画；祈求晴天要挂东君图；祈雨则挂风雨神龙、春雷起蛰等古画图；立春则挂东皇太乙等图。这些图画都是要随时令不同而适时悬挂，以体现时节交替，年月变迁。如果是大幅神像图以及杏花燕子、纸帐梅、过墙梅、松柏、鹤鹿、寿星等画，皆落俗套，不适合悬挂。至于宋元小景，枯木、竹石等四扇图，则不受时令季节局限。

古法今解

　　古代有"悬画月令"，其实让人们注意悬画要应时、应景，这样才能体现画作的主题，更能装点生活。在讲究的人家，悬挂在屋子里的字画并非一成不变，有条件的人家，要一年四季不断更换，在各个季节，各个节气，各个节日，都要张悬与主题相呼应的画作，用文震亨的话说是"以见岁时节序"。当然，挂什么画还要看地点，这点文震亨没有专门阐述。

　　书画经宋元而入明清，绘画进入手工业商业行列，一批精湛的书画作品得以在市场流通。比如，宋朝汴京大相国寺每月开放五次庙会，百货云集，其中就有售卖书籍和图画的摊店；南宋临安夜市也有细画扇面、梅竹扇面出售；明清之际，市民遇有喜庆宴会，所需要的屏风、画帐、书画陈设等都可以租赁。岁末时又有门神、钟馗等节令画售卖，甚为兴盛。

宋板

【原典】

　　藏书贵宋刻，大都书写肥瘦有则，佳者有欧、柳①笔法，纸质匀洁，墨色清润。至于格用单边，字多讳笔②，虽辨证之一端，然非考据要诀也。书以班、范二书③、《左传》《国语》《老》《庄》《史记》《文选》，诸子为第一，名家诗文、杂记、道释等书次之。纸白板新，绵纸④者为上，竹纸⑤活衬⑥者亦可观，糊背⑦批点，不蓄可也。

【注释】

　　①欧、柳：唐代欧阳询与柳公权。

②讳笔：古人对当代帝王及先圣的名字，按照规定改用他字或少一笔。

③班、范二书：班固撰《汉书》，范晔撰《后汉书》。

④绵纸：宣纸或树皮纸。

⑤竹纸：以嫩竹为原料制成的纸。

⑥活衬：古书的书页是折叠而成的，在折页中间插入较硬的纸作衬。

⑦糊背：另用纸作托背。

【译文】

藏书以宋刻本为贵，宋刻本书写大都肥瘦有度，好的有欧阳询、柳公权的笔法，纸质均匀洁净，墨色润泽。至于格用单边，用字多是讳笔，虽然这是作为辨别宋刻本的参考之一，但并不是考证的根本依据。收藏书籍，以班固的《汉书》、范晔的《后汉书》，《左传》《国语》《老子》《庄子》《史记》《文选》，以及诸子为第一，名家诗文、杂记、道教和佛教的书籍次之。书籍的质量以纸张细白、板面较新的绵纸为上等，竹纸作活衬的也不错，有糊背、批语评点的，不收藏这些也好。

【古法今解】

本文所言是宋刻本的收藏，先说宋刻本的精致：字体优美、纸张匀洁、墨色清润，然后教人从讳笔来辨别是否为宋刻本。并从书籍的内容分类、纸张等教人怎样收藏宋刻本。

从技术来说，雕版印刷技术发明于唐代，经过唐五代的发展，到宋代已经成熟，宋刻本印刷精美，值得收藏。从内容来说，明清所刻印五代以前的书籍，差错讹误甚多，宋刻本最接近古本，借助宋刻本可以校正明清以来所刻古籍的讹误，恢复古籍的真实面貌和搜索后代刻本中没有的资料。但即便是在明代，宋刻本已经非常珍贵，再经过后来的战乱和文化浩劫，宋刻本在今天已非常少有，偶有宋刻本的拍卖，价格动辄以百万计。

卷六　几榻

【原典】

古人制几榻，虽长短广狭不齐，置之斋室，必古雅可爱，又坐卧依凭，无不便适。燕衎（kàn）①之暇，以之展经史，阅书画，陈鼎彝（yí）②，罗肴核③，施枕簟，何施不可。今人制作，徒取雕绘文饰，以悦俗眼，而古制荡然，令人慨叹实深。志《几榻第六》。

【注释】

①燕衎（kàn）：酒宴行乐。"燕"通"宴"。

②鼎彝（yí）：古代祭器，上面多刻着表彰有功人物的文字。

③肴核：肉类和果实类食物。

【译文】

古人制作几榻，虽然长短宽窄不一，但放在居室之内，都很古雅可爱，而且坐卧凭靠，都非常方便舒适。宴饮行乐之余，在上面观览经籍，阅读书画，陈放古代祭器，摆放菜肴果蔬，放置枕头席子，无所不可。今人制作几榻，只求雕绘装饰，以取悦时尚，古代的形制荡然无存，实在是让人感慨。记《几榻第六》。

古法今解

几榻即靠几与卧榻，泛指日用器具。几就是指低矮的小桌子，茶几。《说文解字》记载："几，踞几也。象形。"后专指有光滑平面、由腿或其他支撑物固定起来的小桌子。榻是古时常见的家具。《通俗文》记载："三尺五曰榻，八尺曰床。"《释名》中"释床帐"一文中记载："床长狭而

卑曰榻，言其榻然近地也。"实际上，榻先于桌、椅、床而问世，形制低矮而狭长。榻相较于今日的床，要窄小些。古时候中原室内无坐具，人都席地而坐。南北朝后民族融合，坐式家具始现。从地席到座椅，人们的坐卧之具一点一点往高处抬升。

本文为序言，总括对日用器具的审美要求。文震亨开篇这段话表明了其对室内家具审美的核心思想，即古朴雅致、方便舒适、具有情趣意味，不以价格贵重，流于俗式。依文震亨接下来的论述看，主要有以下几点：一是讲究定式，崇尚古制。每一件家具用何种材料，尺寸多少，功能几何，都清楚明白。二是崇尚天然，不尚雕饰。三是以"雅"为重，不以高价或珍稀作为首选。四是注重实用与舒适。文人家具在"雅"的原则下，也须满足"实用"与"舒适"这两大功能。介绍当时的器具，却先从古人说起，这也是文震亨一贯的写作手法。古代的几榻不仅具有"古雅可爱"的外观，而且舒适、实用。而现今的几榻只追求外观的彩饰，却抛弃了实用的功能，成为媚俗的产物。在古今对比中，文震亨贵古贱今，以古衬今，隐含着对时尚的批判。

不同于之前对审美与幽隐氛围的追求，文震亨在此处很重视几榻的舒适与方便，排斥时尚的华而不实。因为几榻是日常生活中不可缺少的物品，首要功能是供人坐卧，而并非仅仅是摆设。明清室内陈设完全仿照文人喜好的生活日常格局，更像是养生设施与趣味的铺陈："斋中长桌一，左置榻床一，榻下滚脚凳一，床头小几一……坐列吴兴笋凳六，禅椅一。"这里陈设的家具简洁疏朗，清雅宜人。

榻

【原典】

座高一尺二寸，屏高一尺三寸，长七尺有奇，横三尺五寸，周设木格，中贯湘竹，下座不虚①，三面靠背，后背与两傍等，此榻之定式也。有古断纹②者，有元螺钿（luó diàn）③者，其制自然古雅。忌有四足，或为螳螂腿④，下承以板，则可。近有大理石镶者，有退光朱黑漆、中刻竹树、以粉填者，有新螺钿者，大非雅器。他如花楠、紫檀、乌木、花梨，照旧式制成，俱可用，一改长大诸式，虽曰美观，俱落俗套。更见元制榻，有长一丈五尺，阔二尺余，上无屏者，盖古人连床夜卧，以足抵足，其制亦古，然今却不适用。

【注释】

①下座不虚：床脚不摇晃。下座，床脚。

②古断纹：旧的断纹。

③元螺钿（luó diàn）：元朝的螺钿。所谓螺钿，是指用螺壳与海贝磨制成人物、花鸟、几何图形或者文字等薄片，根据画面需要而镶嵌在器物表面的装饰工艺的总称。

④螳螂腿：榻足像螳螂腿的形状。

【译文】

榻座高一尺二寸，靠背高一尺三寸，长七尺有余，宽三尺五寸，周围设置木栏杆，中间铺设湘竹，床脚不摇晃。三面有靠背，后背与两旁的靠背相等，这是榻的定式。有的榻有旧断纹，有的榻有元螺钿，样式自然古雅。榻忌讳做成四只脚，或者做成螳螂腿形状，下面用木板支撑就可以。现在有用大理石镶嵌的，有在退光朱黑漆中刻画竹树用粉填涂的，还有新螺钿的，这些完全不属于古雅器物。其他如花楠木、紫檀木、乌木、花梨木，按照旧式规格制成，都可以使用。如果都改成长大的样式，虽然美观，但却落入了俗套。见到过元代制作的榻，长一丈五尺，宽二尺多，上面没有靠背，因为古人同床而卧抵足而眠。它的样式虽然古朴，却不适合今天使用。

古法今解

北方人称只有床身而无床围的为"榻"。今天人们在博物馆看到的"贵妃榻"或"美人榻"，榻面较狭小，可坐可躺，制作精致，形态优美。文震亨崇古尚古之风在"制榻"这篇文章中展现得淋漓尽致。对于榻的制式、尺寸、用料、颜色、工艺、功能，尤其是雅俗，均给出了具体、细致的分类罗列，这种严谨的态度令人敬佩。

明清时期，榻的形式逐渐简化，仅以四腿支撑，形制舒展婉约，榻面之上多不设他物，榻面是多板材或藤席，逐渐取代箱形的台座式榻，备受文人雅士喜爱。一张清榻，或安在隅室内，或放在亭阁台榭、茂林修竹之间，好一个清适淡雅的环境。

短榻

【原典】

高尺许，长四尺，置之佛堂、书斋，可以习静坐禅，谈玄挥麈，更便斜倚，俗名"弥勒榻"。

【译文】

短榻约一尺高，四尺长。常放在佛堂、书斋等地可以静坐说禅，或者手挥拂尘，谈论玄道，也便于斜靠躺卧，俗称"弥勒榻"。

古法今解

短榻指低矮的卧榻，一般尺寸较短小低矮，榻身上安置三面围子或栏杆。最早成形的坐具是席，所以才有"席地而坐"一词，毯子、褥子以及草编的席由此而来。先秦两汉时期的社会生活便以席为中心。继席之后的坐卧用具是床以及人工堆砌的土炕，这时的"床"既是卧具，又是坐具，甚至有人把自己所骑的马也称为床。而成为供休息和待客所用坐具的特定名称"榻"开始于西汉后期，此时的"床"一般专指睡觉用的卧具。而榻，尤其是短榻，逐渐发展为文人隐士必备的坐榻。

两晋文人在坐榻之上下棋、谈话，既可终日参悟人生，静观世间万物，参禅论道；又可交友下棋，张狂失态，所谓魏晋风度，为后人仰慕。此时，佛门僧人的坐榻，也就是罗汉床，逐渐为文人隐士所推崇。自汉末以来，文

人雅士和隐士们都会有一榻，这似乎是这类人的标配，以竹榻、石榻、木榻来说明自己的清高和定性，表示自己不被世间功名利禄所迷惑。

几

【原典】

几以怪树天生屈曲若环若带之半者为之，横生三足，出自天然，摩弄滑泽，置之榻上或蒲团，可倚手顿颡（sǎng）①。又见图画中有古人架足而卧者，制亦奇古。

【注释】

①顿颡（sǎng）：用手支住额头，用手托着头部的意思。颡，指额或者头。

【译文】

用怪树天生的圆弧状的树枝的一半来制作几，凭空生出几只脚，出自天然，打磨光滑后，放置在榻上或蒲团上，用来放手或以手支头。还看见过图画中有古人躺卧时用来放脚的几，形制也非常奇古。

古法今解

几是古人坐时凭依或搁置物件的小桌，后专指放置小件器物的家具，比桌子小很多，在席地而坐的时期，几很是流行。几是一个象形字，看其字形不难理解，几的基本结构是由三块板直接相交而成的。文震亨文中所谓以怪树天然的枝杈来做几的几条腿，非常别致，却并不容易得到。几样式很多，明代时根据用途不同，可分为炕几、条几、香几等，有放置香炉的香几，有放置茶具的茶几，有放置花盆的花几，有放于炕上的炕几，不一而足，是居家生活中的必需品。香几是供摆放香炉的。明代时富贵之家有在书房卧室内焚香的习惯。

几，几乎是家具中最简单的一种，却有方几、圆几、椭圆、海棠、树叶、六角、八角、双搁、四搁、书卷、高低之形式，而给人的视觉享受却有隽永之趣，绝无单调之嫌。

明式几造型古朴雅致，结构简洁洗练；卯榫构件交代得干净利落，功能明确。还有用天然树苑、树根、斑竹、紫竹做几架的，随形就势，自然古朴。本文所论之几，似有近来复古的根雕茶几之趣。

禅椅

【原典】

禅椅以天台藤为之，或得古树根，如虬龙诘曲臃肿，槎（chá）牙①四出，可挂瓢笠及数珠、瓶钵等器，更须莹滑如玉，不露斧斤者为佳，近见有以五色芝②黏其上者，颇为添足。

【注释】

①槎（chá）牙：分支，斜生出来的树枝。

②五色芝：五色灵芝，即青芝、赤芝、黄芝、白芝、黑芝。

【译文】

禅椅用天台山的藤条来制作，或者用弯曲粗大的老树根来制作，枝蔓横生，可以悬挂瓢笠和念珠、瓶钵等物体，以光滑如玉、不露刀斧痕迹者属于最好。近来见有将五色灵芝粘在禅椅上做装饰的，真是多此一举。

《古法今解》

禅椅是用来坐禅的，坐禅即静坐息虑，凝心参究。因此禅椅既要具备能悬挂念珠等物的实用功能，还要具备古老天然的审美趣味，带有禅意。在禅椅上粘贴五色灵芝既有违天然，也不简洁，所以文震亨认为乃画蛇添足，这是站在文人家具的角度来观察与审视，让家具也带有文人的气息。

禅椅的坐盘宽敞阔大，因禅师盘腿坐于其中修禅而得名。后背和扶手均为空灵的框架，为打坐者隔出一个自我空间，可相对独处，从容思考。坐在椅子上靠不到靠背，只有盘腿而坐才能靠到靠背。禅椅的椅面为藤，背面为棕，构造做法很符合现代人所说的人体工程学，舒适透气。

时至今日，禅椅在普通民家仍有迹可寻，可见其深入人心。然而古制的禅椅，传世者几乎不见，正宗的禅椅，成了一个雁过无踪、似有还无的传说。

天然几①

【原典】

以文木如花梨、铁梨、香楠等木为之；第以阔大为贵，长不可过八尺，厚不可过五寸，飞角处②不可太尖，须平圆，乃古式。照倭几③下有拖尾者，更奇，不可用四足如书桌式；或以古树根承之，不则用木，如台面阔厚者，空其中，略雕云头、如意之类；不可雕龙凤花草诸俗式。近时所制，狭而长者，最可厌。

【注释】

①天然几：几的一种，多用于厅堂。

②飞角处：两端起翘的尖角。

③倭几：日本式的几。

【译文】

天然几用花梨木、铁梨木、香楠木等纹理细密的木材来制作；以宽大为珍贵，长不超过八尺，厚不超过五寸，两端翘起的角不可太尖，要平滑，这才是古式。日本式的几下面有拖尾的更奇特，不能做成四只脚像书桌一样；也可以用老树根来做脚，不然就用木板做脚，台面宽厚的，留下中间的面积，可以略微雕刻一些云头、如意之类的图样；不能雕刻龙凤花草这些庸俗的东西。近来的一些样式，狭而长，最难看。

古法今解

天然几是厅堂所用的几案，一般长七尺或八尺，宽尺余，高过桌面五六寸，两端飞角起翘，下面两足作片状。装饰有如意、雷纹等。作为厅堂的陈设用具，用料要讲究，需要体质丰厚，气势大度，即文震亨所谓的"阔大为贵"。狭长的样式及龙凤花草等图案则是文震亨所反对的，因为俗。文中处处可见文震亨对俗制的抵制，也可见他对俗制的熟悉。文震亨所言，明时对天然几的形制并无严格规定，但要求几面比较宽，而且是案形结体，不是足在四角的书桌，这和北方匠师的概念则是一致的。

现在苏州园林厅堂中都有天然几陈设，有的用料极为讲究，体质丰厚，气势大度，是明清家具的一个典型品种。

书桌

【原典】

书桌中心取阔大，四周镶边，阔仅半寸许，足稍矮而细，则其制自古。凡狭长混角①诸俗式，俱不可用，漆者尤俗。

【注释】

①混角：圆角。

【译文】

书桌桌面要阔大，四周的镶边半寸左右，桌腿稍矮而细，如此规格，自然古朴。凡是狭长圆角这些庸俗的样式都不能使用，上漆尤其庸俗。

《古法今解》

《辞源》中解释说："桌，本作'卓'，后人加'木'，作桌或棹。""卓"字有两种意思：第一，高而直；第二，不平凡。无论是高直还是不凡，都是对桌子外形和功能的赞誉。

书桌、书案、画桌、画案，在古代各有不同，四种均是较宽而大的长方形家具，其结构、造型，往往与条桌、条案相同，只在宽度上增加不少。为了便于站起来绘画，画桌、画案都不设置抽屉，桌形结构的称画桌，案形结构的称画案。书桌、书案则都有抽屉，也依其结构的

不同分别称之为桌或案。

上等书桌多用金丝楠木制作，金丝楠木以其朴实无华的外表，包裹着其表皮下流光溢彩的质地，蕴含天地精华和灵气，沉凝而厚重，大气而内敛。这正与中国传统文人沉凝大气、华而不奢、从容优雅、含而不露、温润雍然、卓尔不群的精神情趣暗合。

古人认为，书桌上一定要有山高水低的格局。因此，在书桌上摆放东西时，书桌两头的用品不能都摆放得高过于头，这样会让使用者不能够将头伸展出去，这是大忌，必须按照有高有低进行配置。

壁桌①

【原典】

长短不拘，但不可过阔，飞云、起角、螳螂足诸式，俱可供佛，或用大理及祁阳石②镶者，出旧制，亦可。

【注释】

①壁桌：靠墙壁的桌子。

②祁阳石：湖南祁阳所产的石头。

【译文】

壁桌长短不拘，但不能过宽，飞云、起角、螳螂足这些样式都可用来供佛，或者用大理石、祁阳石镶嵌装饰壁桌，属于旧式也可以。

古法今解

早在四千年前古埃及就有木桌，一世纪古罗马就出现了大理石和青铜制的桌，我国何时开始使用桌子已不可考，但战国时已有几案之物。壁桌即靠墙壁安置的桌子，较多见的有供桌和琴桌。文震亨介绍了壁桌用来供佛不能过宽。提到旧制，有明显的古今对立意识，旧制是古，古朴是雅，近制则不雅，不雅即俗，隐含的话语模式是今不如古，今即俗，古即雅。但是古与今本就相对而言，文震亨笔下的今在今天已成古，而他笔下的古在宋元时代还是今。何为雅？何为俗？

雅俗的观念本就是时代的产物。

明清壁桌大体沿用古制，不过样式日渐丰富起来，壁桌一般比普通桌子短小，也相对较矮。桌面尤其讲究以石为面，如玛瑙石、南阳石、永石等，也有采用厚木面的。这一点在文震亨的论述里也有佐证。时至今日，我们仍能看到壁桌的传世实物，可见壁桌虽作为装饰之用，却深得人心。

方桌

【原典】

旧漆者最多，须取极方大古朴，列坐可十数人者，以供展玩书画。若近制八仙①等式，仅可供宴集，非雅器也。燕几②别有谱图。

【注释】

①八仙：八仙桌，每边可坐两人，共坐八人。

②燕几：一种用来依靠的小几。

【译文】

方桌中用旧漆的最多，需要宽大古朴，可围坐十几人，可以供展开观赏书画。像现在的八仙桌的样式只能供宴饮集会，不是文雅的器物。燕几另有图样。

古法今解

方桌的进化历史在桌子中最为悠久。方桌面呈正方形，有大小之分，大的称大八仙桌，可坐8人；小的称小八仙桌、四仙桌，最典型的式样是"一腿三牙"；大八仙桌约110厘米见方，小八仙桌约86厘米见方。方桌分无束腰和有束腰两种，在此基础上，做不同处理。如：腿部有方腿、圆腿，还有仿竹节腿；枨子有罗锅枨、直枨和霸王枨；脚部有直脚、勾脚；枨上装饰有矮老，有卡子花、牙子、绦环板等。

和方桌相比，圆桌一直是亲密、平等的代名词，但唯独方桌能在两臂和对角线间找到最微妙的平衡与慰藉。方桌之上的情感，无须表达。相聚便是最贴切的流露、最款款道来的倾诉，也是最宽容最私密的所在。桌上人心温和，然而各人又有各人的不易与疲惫。或许这才是方桌相比圆桌的精髓之处。

台几

【原典】

台几倭人所制，种类大小不一，俱极古雅精丽，有镀金镶四角者，有嵌金银片者，有暗花者，价俱甚贵。近时仿旧式为之，亦有佳者，以置尊彝之属，最古。若红漆狭小三角诸式，俱不可用。

【译文】

台几是日本人制作的，种类大小不一，但都古朴雅致、精巧炫丽。有镀金镶四角的，有嵌金银片的，有雕刻暗花的，价格昂贵。近人有仿造旧式的，也有精品，用来放置礼器最为古雅。像涂红漆的、窄小的三角形之类样式都不可取。

古法今解

台几，顾名思义是放在台案上的小几。文震亨在这篇中介绍的放置酒具的小几，实际上是源自日本的莳绘家具。莳绘艺术是日本漆艺的重要组成部分，是日本传统工艺的标志之一。晚明的时候，日本漆器大量出口中国。日本有几千年用漆的历史，到唐代鉴真和尚六次东渡时，随船的漆艺匠师也将中国的髹漆工艺带到了日本。在传来的众多漆工艺中，中国的泥金画得到了日本贵族的青睐，并发展迅速，形成了具有日本独特

艺术魅力的莳绘漆器装饰技法。日本人在学习中国技艺时，并不满足于被动的模仿，而能够深入学习、大胆探索、创新求变，并融进自我审美意识才得以后来居上。日本人的学习态度，对于我们今天的家具传承与创新具有一定的启发意义。

椅

【原典】

椅之制最多，曾见元螺钿椅，大可容二人，其制最古；乌木镶大理石者，最称贵重，然亦须照古式为之。总之，宜矮不宜高，宜阔不宜狭，其折叠单靠、吴江竹椅、专诸禅椅诸俗式，断不可用。踏足处，须以竹镶之，庶历久不坏。

【译文】

椅子样式最多，我见过元朝螺钿椅，宽大可容纳两人，制式也最古老；以乌木镶嵌大理石的椅子最为贵重，但也要遵循古式制作。总之，椅子宜矮不宜高，宜宽不宜窄，至于单靠背折叠椅、吴江竹椅和专诸禅椅等俗制绝不可用。椅子的脚踏处须用竹子镶边，可长时间不坏。

古法今解

古代的人们席地而坐，跪坐在席子上。到了南北朝时才开始有了凳和椅。椅子作为一种新生事物从西域流传到中原，在很长一段时间内并未引起士大夫阶层的兴趣。五代至两宋，高型坐具开始普及，椅子形制渐多，出现了靠背椅、扶手椅、圈椅等，而交椅的等级高于其他椅子，稍有身份的家庭都置备交椅，供主人和贵客使用。

明朝的椅子非常简洁，极少雕刻或装饰。传世的明代宝座不是一般家庭的用具，只有宫廷、府邸和寺院中才有，其实物在今天已极为罕见，大多只能在壁画和卷轴画中寻觅了。

杌（wù）

【原典】

杌有二式，方者四面平等，长者亦可容二人并坐，圆杌须大，四足彭出，古亦有螺钿朱黑漆者，竹杌及绦环诸俗式，不可用。

【译文】

杌子有两种样式，方杌面呈正方形，长的牌杌可容纳两人并坐，圆杌要大一些，四腿向外旁出。古时也有螺钿朱黑漆杌子，竹杌子和环形绳杌等俗式不可取。

《古法今解》

现在，人们更常说"凳子"，不论高、矮、方、圆。实际上，杌子远在凳子之前出现。严格讲，杌子只是凳子的一种，专指方形、四角垂直、没有靠背的小型坐具。

宋代讲究理学，封建礼教对妇女要求严格，宋时女人是不能坐杌子和椅子的，至少不能当着外人的面坐。

凳

【原典】

凳亦用狭边镶者为雅，以川柏为心，以乌木镶之，最古。不则竟用杂木，黑漆者亦可用。

【译文】

凳子也以窄边镶嵌的雅致，特别是以川柏为心，四周用乌木包边的，最为古朴，退而求其次，也可用其他的木头，涂上黑漆。

【古法今解】

凳子也叫脚踏。古代的"凳"字，最初并不指坐具，而是专指蹬具，用来踩踏上马、上轿时使用，也称马凳、轿凳。后来出现了供上床用的脚凳。凳子种类丰富，常见有方凳、圆凳、长凳，最矮的当属脚凳，踩在脚下，最符合它的原始功能。古人很聪明，在脚踏的基础上设计出一种凳子叫滚凳，凳子中间有四个轴可以转动，可以按摩脚底。当时的文人，一边写文章，一边把脚在上面来回搓动。

明清时期古凳的形式多样，从明代主要流行的方形、长方形、圆形几种，到清代又增加了梅花形、桃形、六角形、八角形和海棠形等凳子。材质多选用色深、质密、纹细的贵重木料，采用榫卯技术及雕刻、线角、卷涡、凹槽等艺术加工手段，因而古凳具有天然质朴、浑厚典雅的艺术韵味。

交床

【原典】

交床即古胡床之式，两脚有嵌银、银铰钉圆木者，携以山游，或舟中用之，最便。金漆折叠者，俗不堪用。

【译文】

交床即古时的"胡床"，两腿之间的圆木上镶嵌银饰或者银质铰钉，游山玩水时携带使用，最为方便。涂金漆可折叠的款式最为俗气，今天人已经弃之不用。

【古法今解】

交床也称"胡床""交椅""绳床"，可以折叠，下身椅足呈交叉状。交床是胡人所创，作为一种便于携带的休息用具，最初用于战争时将军出征携带。后来，交床传入中原，宋元明清各朝，皇室贵族或官绅大户外出巡游、狩猎都带着这种椅子，以便于主人可随时随地坐下来休息。它的另一种称谓"交椅"遂成为身份和权力的象征，始有"头把交椅"代表首领的说法。

后来，人们在交椅的基础上，加以改进，成为一种腿交叉，面上绷着帆布或绳子、皮条之类，可以合拢、便于携带的小凳子——马扎。所以，最有可能的情况是，交床在胡人时期，应该是比较简陋的，制式和功用类似马扎，后来传入中原后，经贵族改进变成较高级的交椅，交椅经过长时间的再次演进，经过去权力化和经济实用化，有了今天的马扎。

橱

【原典】

藏书橱须可容万卷，愈阔愈古，惟深仅可容一册，即阔至丈余，门必用二扇，不可用四及六。小橱以有座者为雅，四足者差俗，即用足，亦必高尺余，下用橱殿①，仅宜二尺，不则两橱叠置矣。橱殿以空如一架者为雅。小橱有方二尺余者，以置古铜玉小器为宜，大者用杉木为之，可辟蠹（dù）②，小者以湘妃竹及豆瓣楠、赤水③、椤（luó）木④为古。黑漆断纹者为甲品，杂木亦俱可用，但式贵去俗耳。铰钉忌用白铜，以紫铜照旧式，两头尖如梭子，不用钉钉者为佳。竹橱及小木直楞，一则市肆中物，一则药室中物，俱不可用。小者有内府填漆⑤，有日本所制，皆奇品也。经橱用朱漆，式稍方，以经册多长耳。

【注释】

①橱殿：底座。

②蠹（dù）：即蠹鱼，也称"衣鱼"，是一种无翅昆虫，能腐蚀衣服、书籍等。

③赤水：明清家具用材之一。

④椤（luó）木：色白，纹理黄。

⑤填漆：漆器制法的一种，即在漆器表面雕刻出花纹后，用不同的色漆填入花纹，干后将表面磨光滑。

【译文】

藏书的橱柜应该能容纳万卷书籍，越大越好，但深度以容纳一册书为限，不可过深。书橱宽可达一丈多，门必须用两扇，不能用四扇或六扇。小橱柜以有底座为雅致，四只脚的稍俗，即使要做成带脚的，脚要一尺多高。下部用底座只宜二尺，不然的话就做成两个叠放在一起。底座空如一架显得古雅。小橱柜有二尺多见方的，用来放置铜器玉器等古玩。大的橱柜用杉木来做，可避免生虫，小的橱柜用湘妃竹、豆瓣楠、赤水木、椤木做比较古雅。杂木也都可使用，但样式贵在不俗。铰钉不能用白铜，要用紫铜照着古式去做，两头尖如梭子，不用钉钉最好。竹橱和小木架一为商铺所用，一为药铺所用，都不能用作书橱。小书橱有用内府填漆的，有用日本制造的，都是奇品。收藏佛经的书橱要用红漆，稍微深厚一些，因为经书册子较长。

古法今解

橱的式样丰富，可分为闷户橱、连二橱、连三橱等。作为专门用来盛放书籍以及文房四宝的一种储藏类家具，书橱一般在书香门第的家庭比较流行。明代书橱工艺精湛，结构合理，装饰也精美。如攒边技法颇具特色，且多用榫，很少用钉或胶，同时合理地运用结构部件，使它们既起加固作用又有装饰作用。明代柜、橱的使用十分讲究，对各种专用的橱有不同的要求，如藏书橱须可容万卷，藏经橱须用红漆，样式稍方正。

"橱"字的出现，和"厨"有着千丝万缕的联系。汉代以后出现了一种供贮存食物、炊具的"厨"，厨类家具很快得到普及，其用途也从原先贮存食物扩大到藏书与贮存衣物等，所以，后来在"厨"字边加个"木"字旁，以示区别。

架

【原典】

书架有大小二式，大者高七尺余，阔倍之，上设十二格，每格仅可容书十册，以便检取；下格不可置书，以近地卑湿故也。足亦当稍高，小者可置几上。二格平头，方木、竹架及朱黑漆者，俱不堪用。

【译文】

书架有大小两种，大的高七尺多，宽十四尺，上设十二格，每格只能放书十册，以方便取阅；下面的格子凶为离地近易潮湿不可放书。书架的腿应稍高一点，小点的书架可以放在几上。两格都是平头，方木、竹架以及朱黑漆的都不可用。

古法今解

古代士族文人好风雅，抚琴、调香、赏花、观画、弈棋、烹茶、听风、喝酒、观瀑、采菊都是雅事，因此，文人宅院斋室多设架格类家具，且内陈各种珍品。架格主要分为书架、多宝格和博古架等，为书房、客厅增添古雅之气。博古架，内设高低错落、大小不等的若干小格，上置金、银、瓷、玉等古玩；多宝格由佛龛、栏杆架格演变而来，主要用以陈设存放物品，或置放古器，或贮书设鼎，或安置笔砚，或供设盆景，或珠宝珊瑚；而书架的作用则显而易见。

最早的书架大概可以追溯到战国时期的"架几案"，两几共架一块案板，谓之"架几案"，倒也妥帖形象。想必应是竹简时代吧，古人席地而坐，长可近丈，厚达数寸的架几案上长卷舒展，羊毫泼墨，中华文明得以记载。

架几案有两种用途，一是为读书人架书，历来受文人的宠爱；一是放香炉等。今天，上等架几案只能在故宫博物院、颐和园、中南海等处可见了，一般人家很少见。

床

【原典】

床以宋、元断纹小漆床为第一，次则内府所制独眠床，又次则小木出高手匠作者，亦自可用。永嘉①、粤东②有折叠者，舟中携置亦便。若竹床及飘檐③、拔步、彩漆、卍字、回纹等式，俱俗。近有以柏木啄细如竹者，甚精，宜闺阁及小斋中。

【注释】

①永嘉：今浙江省永嘉县。

②粤东：今广东省。

③飘檐：原指房屋左右的边缘部分，俗称"飘檐"。此处是明清家具部件名称，是指床外踏步架如屋，屋上之檐叫"飘檐"。

【译文】

床数宋元时期断纹小漆床为最好，其次是内府所造的单人床，再往下是能工巧匠所作之床，也可留作己用。永嘉、粤东有种折叠床，在船上携带放置十分方便。像竹床、飘檐床、拔步床、彩漆床、卍字床、回纹床等样式都很俗气。近来有用柏木雕琢似细竹床的很精致，适合放在闺房及小居室中。

古法今解

中国古代家具中卧具形式有四种，它们是榻、罗汉床、架子床和拔步床。后两种只作为卧具，供睡眠之用；而前两种除睡眠外，还兼有坐的功能。汉以前中国人席地而坐，待客均在主人睡卧周围。久而久之形成了国人待客的等级观。直至民国初，待客的最高级别一直在床上或炕上。

床最早起源于商代，商代甲骨文中已有床形象形文字。明朝将床明确为卧具，成为家具中的大件。古人对床有着特殊的情结，一些大户人家，更是不惜财力制作婚床。婚床多为架子床和拔步床。考究些的称千工床，顾名思义是指一天一工，需要三年多才能制作好一张婚床。因为婚床不仅是主人休息的地方，更是传宗接代的神圣家具。

箱

【原典】

倭箱①黑漆嵌金银片，大者盈尺，其铰钉锁钥，俱奇巧绝伦，以置古玉重器或晋、唐小卷最宜。又有一种差大，式亦古雅，作方胜、缨络②等花者，其轻如纸，亦可置卷轴、香药、杂玩，斋中宜多畜以备用。又有一种古断纹者，上圆下方，乃古人经箱，以置佛座间，亦不俗。

【注释】

①倭箱：日本制造的箱子。

②缨络：即璎珞，用珠玉串成的装饰品，多用于项饰。

【译文】

日本式的箱子黑漆，镶有金银片，大的一尺多，铰钉锁钥都很奇巧精美，用来放置古玉等贵重饰物或者晋唐时期的小卷书画最好。还有一种稍大些的，样式也很古雅，上面绘有方胜、璎珞等饰品图样，轻巧如纸，也可放置书画、香药及各种杂玩，居室中应该多收藏几个以备用。还有一种旧式断纹的箱子，形状上圆下方，是古人所用的经箱，放置在佛座上也不会显得俗气。

古法今解

箱子最早的形态应该是汉代竹篾编的"竹笥"，类似今天的竹筐子，用以盛放衣物书籍，汉末始有"箱子"之名。古代的箱子主要是用来存放文件簿册或珍贵细软物品；衣箱主要是存放冕、袍、靴等物；印匣是官方衙门用来置放印玺的方形小箱；药箱适合分屉贮放多种药物；书箱可以盛放书籍；百宝箱为闺房中所有，也常放置金银珠宝等贵重之物。在中国箱体是主要的收纳用具。旧时大户巨室家中都藏金银细软、宝玩珠玉，为此多备有专门箱匣用于存放，称百宝箱。文震亨介绍了几种样式的箱子俱奇巧华美。明代以前箱子造型较为朴实，明清时期则用料讲究，愈来愈精美。箱子用来放置散乱的物品，也用来收藏古籍名画，女性多用来放置饰品等小物件。到了现代箱匣实用性逐渐减弱，而观赏性逐渐增强，而与此同时，拉杆箱和密码箱等新式箱子应运而生，这或许与箱子的灵活性、方便运载相关。

屏

【原典】

屏风之制最古，以大理石镶下座精细者为贵，次则祁阳石，又次则花蕊石①；不得旧者，亦须仿旧式为之。若纸糊及围屏②、木屏，俱不入品。

【注释】

①花蕊石：产于河南灵宝一带，可用于桌制器物。

②围屏：用以围绕障蔽的屏风。

【译文】

屏风的制作最为古老，以大理石镶嵌下座、做工精细的为珍贵。其次是祁阳石的，再次是花蕊石的。如果没有古旧的，也应该仿照古旧样式制作，至于纸糊的、围绕的、木制的都不入品。

古法今解

屏风就是"屏其风也"，也就是挡风，既可用来分隔室内空间，也可用作装饰。汉唐时，几乎有钱人家都使用屏风，屏风形式也有所增加。在独扇屏的基础上发展了多扇屏拼合的曲屏，可折叠、可开合；明清两代，出现了挂屏，大理石屏已经成为上流仕宦人家的一种重要摆设和纯粹的装饰品。传统家具名类很多，可古人还是对屏风情有独钟，因为它融实用性、欣赏性于一体，既有美学价值又有实用价值，是审美与功用的完美结合。

文震亨在文中所欣赏的是大理石、花蕊石镶嵌下座的精美屏风，对于不入流的屏风非常不屑。

脚凳

【原典】

以木制滚凳，长二尺，阔六寸，高如常式，中分一铛，内二空，中车圆木二根，两头留轴转动，以脚踹轴，滚动往来，盖涌泉穴精气所生，以运动为妙。竹踏凳方而大者，亦可用。古琴砖①有狭小者，夏月用作踏凳，甚凉。

【注释】

①琴砖：又名"空心砖"，明代人认为空心砖因其空心，轻叩之，铿有声，与琴音产生共鸣，使琴声更加悠扬，所以多用此砖来搁放古琴，空心砖因此得名琴砖。

【译文】

脚凳是用木头制的滚凳长二尺、宽六寸，和常见的凳子一样高，中间分为两格，每格各装滚木一枚，两头留轴转动，脚踩轴上来回滚动，可按摩涌泉穴。涌泉穴乃精气所生之处，按摩效果最佳。宽大的竹踏凳也可以用。狭小的古琴砖，夏日用作脚踏凳很是凉爽。

古法今解

脚凳通常是作为宝座、大椅、床榻的附属品组合使用的。《释名·释床帐》中说："榻凳施于大床之前，小榻之上，所以登床也。"显然是一种上床的用具。除了用以踩着上床或就座外，还有搁脚的作用。一般宝座或大椅子高度超过人的小腿，两脚悬空久了易疲，如设置脚凳，将腿足放在脚凳上，有舒适缓乏的功效。

滚凳是在平常脚踏的基础上将正中装隔档分为两格，每格各装木滚一枚，两头留轴转动。人坐椅上，以脚踩滚使脚底中涌泉穴得到摩擦，取得使身体各部筋骨舒展、气血流通的效果。

卷七　器具

【原典】

古人制具尚用，不惜所费，故制作极备，非若后人苟且。上至钟、鼎、刀、剑、盘、匜（yí）①之属，下至隃糜（yú mí）②、侧理③，皆以精良为乐，匪徒铭金石、尚款识④而已。今人见闻不广，又习见时世所尚，遂致雅俗莫辨。更有专事绚丽，目不识古，轩窗几案，毫无韵物，而侈言陈设，未之敢轻许也。志《器具第七》。

【注释】

①匜（yí）：古时舀水用的器具，形状像瓢。

②隃糜（yú mí）：墨名。本为汉时县名，古城在今陕西省宝鸡地区。因为其地产墨，故以地名名之。

③侧理：侧理纸，即苔纸。

④款识：《辍耕录》载："款"谓阴字，是凹入者，刻划成之；"识"谓阳字，是挺出者。文中指题记、落款。

【译文】

古人制作器具讲求实用会不惜工本，所以制作非常完备，不像后人这样敷衍了事。上至钟、鼎、刀、剑、盘、匜，下至笔墨、纸张，古人都以制作精良为乐趣，不只是铭刻金石、崇尚题记。今人见闻不广，又对当前的时尚习以为常，以至于不能辨别雅俗。还有人只求华丽，不识古雅，居室窗户几案之间没有一些风雅之物，却大讲陈设，我不敢苟同。记《器具第七》。

古法今解

本篇为此卷序言，却并没有概括器具的陈设，而是古今对比，借古人器具之精良、雅致批判当下制作之苟且、收藏之混乱。虽还是一贯的古雅追求，却突出了器具"尚用"的特性，大概是因为器具最重要的特点是供人使用。

此卷与前几卷一脉相承，开篇言"古人制器"，类前述"旧制最佳""须照古式为之""古愈雅……须仿日式"。《长物志》堪称明代生活格调指南，家具、器物、摆设和书画，莫不以"仿古"为至高标准。全卷统收近60种文房和卧室用具，如香炉、隔火、手炉、笔洗、剪刀、笔墨纸砚等，并辅以选材、款识、功用的评价和介绍。

我们今天以"成器"比喻一个人成为优秀的人才，但在儒家的文化中并不主张人成为"器"。《易经》:"形而上者谓之道,形而下者谓之器。"《论语》:"君子不器。"在圣人眼中,君子不应满足于做"器",而应追求高远的大道,器只是道的载体而已,君子人格应该通过"器"追求"道"。

古人制器很有讲究,制作精美,气韵清雅,赏心悦目,藏玩皆宜。笔有湖笔、宣笔;墨有徽、湖、苏;纸有澄心、金笺、宣纸、麻纸、高丽纸等;砚有端、歙、澄泥、洮河、松花、红丝等:单以镇纸论,既有狮、虎、牛、马、羊等动物形状,也有铜、木、象牙、石等材质,其上还刻诗文警句、山水人物、花鸟鱼虫。

"文房诸器,宣炉为首",又有"文房诸艺,琴为首艺",二器和合,为文房双璧。文房之中,一尊宣德炉,一张琴,是必需的。

文震亨撰写《长物志》不啻一场寻根之旅,明代器具并非简单地抄袭古代,而是在尚古的同时,加入文人阶层的审美,把追求简逸、幽隐和自然的生活理想与家具、器具的设计融合在一起。正因如此,明代成熟的工匠技术和清高倨傲、淡泊致远的文人士气,孕育了古朴、简洁、雅致的明式风格。

香炉

【原典】

三代①、秦、汉鼎彝，及官、哥、定窑、龙泉、宣窑，皆以备赏鉴，非日用所宜。惟宣铜彝炉②稍大者，最为适用；宋姜铸③亦可，惟不可用神炉④、太乙⑤及鎏（liú）金⑥白铜双鱼⑦、象鬲（gé）⑧之类。尤忌者云间、潘铜、胡铜所铸八吉祥⑨、倭景⑩、百钉⑪诸俗式，及新制建窑⑫、五色花窑⑬等炉。又古青绿博山亦可间用。木鼎可置山中，石鼎惟以供佛，余俱不入品。古人鼎彝，俱有底盖，今人以木为之，乌木者最上，紫檀、花梨俱可，忌菱花、葵花诸俗式。炉顶以宋玉⑭帽顶及角端⑮、海兽诸样，随炉大小配之，玛瑙、水晶之属，旧者亦可用。

【注释】

①三代：夏、商、周三个朝代。

②宣铜彝炉：明代宣德年间铜制的彝炉。

③宋姜铸：宋代姜氏铸造的铜器，工艺精良，名噪一时。

④神炉：神佛前烧香之炉。

⑤太乙：星名。

⑥鎏（liú）金：镀金。

⑦双鱼：双鱼的形象，寓吉祥之意。

⑧象鬲（gé）：做成象形的无足炊器。

⑨八吉祥：指法螺、法轮、宝伞、白盖、莲花、宝瓶、盘长、金鱼八种佛教宝物。

⑩倭景：日本风景式。

⑪百钉：香炉表面铸成无数如钉子一样的凸起点。

⑫建窑：福建诸窑所产瓷器。

⑬五色花窑：五彩花瓷器。

⑭宋玉：宋代之玉。

⑮角端：兽名。《宋书》载："角端者，日行万八千里，又晓四夷之语，明君圣主在位，明达方外幽远之事，则奉书而至。"

【译文】

夏商周三代、秦汉时期的鼎彝，及官窑、哥窑、定窑、龙泉窑、宣窑所制的香炉，都是用来赏玩的，不适合日常使用。只有稍大的明代宣德年间的铜炉最适用。宋代姜氏所铸铜炉也可以，只是不可用烧香之炉、太乙炉以及镀金白铜双鱼、象形之类的铜炉。尤其忌用的是云间、潘氏、胡氏所铸造的八吉祥、日本风景、百钉等这一类的俗制铜炉，以及新产的建窑瓷、五彩花瓷器香炉。另外，青绿古铜博山炉也可以偶尔使用。木香炉可放在山中，石香炉只可用于供佛，其余的都不入品。古代的鼎彝都有底盖，现在的都用木头做成。乌木的最好，紫檀木、花梨木都可用，忌讳装饰有菱花、葵花这些俗样式的。炉顶可做成玉石帽顶和角端、海兽这些样式，大小与香炉相配，玛瑙、水晶这一类旧样式也可用于炉盖。

古法今解

香炉即焚香的器具，用途有多种，或熏衣，或陈设，或敬神供佛。文震亨对香炉的材料、用途、样式、装饰、忌用——道来，繁乱的名词中却有着清晰的条理，客观叙述中又显示出某种偏爱。

文中提到两种著名的香炉，宣铜香炉与博山香炉。宣铜香炉是明代宣德年间创制的铜炉，用料严格，冶炼尤精，最妙在色，其色内融，从黯淡中发出奇光。博山炉在西汉时期已出现，多为青铜器和陶瓷，后来盛行于宫廷和贵族的生活之中。1968年河北汉代中山靖王刘胜墓中出土的错金博山炉造型很精美，显示出高超的工艺。

中国香炉文化的历史可以追溯到商周时代烹煮、祭祀用的"鼎"。南北朝时，佛教初兴，禅宗初祖达摩东渡来华，中国禅宗由此肇始，佛学文化如日中天，作为祭祀用的香炉开始普及。香炉兴于宋朝，赵氏皇帝文化素养极高，喜好复古，重视旧礼器。香炉出现在大宋帝王的内庭，而一些小型香炉则成为文人把玩之物。明代大多数香炉以青花瓷为主，明宣德皇帝本身是天分很高的艺术家，对色彩十分敏感，五彩、斗彩瓷得到空前发展。清代统治以"孝"治天下，康熙时期祭祀风气盛行，乾隆时期空前繁荣，光绪朝的御用香炉是用薄玉来做，用手电筒光打在里面，外面可以看到光亮。

香盒

【原典】

香盒以宋剔盒色如珊瑚者为上，古有一剑环、二花草、三人物之说，又有五色漆胎，刻法深浅，随妆露色，如红花绿叶、黄心黑石者次之。有倭盒三子、五子①者，有倭撞金银片者，有果园厂②大小二种，底盖各置一厂，花色不等，故以一盒③为贵。有内府填漆盒，俱可用。小者有定窑、饶窑蔗段、串铃二式，余不入品。尤忌描金及书金字，徽人剔漆并瓷盒，即宣成、嘉隆等窑，俱不可用。

【注释】

①三子、五子：倭盒，指日本漆盒。所谓几子，即盒内拼成的若干个小格。

②果园厂：永乐十九年，明成祖朱棣迁都北京后，"御用监"便在皇城内设置了御用漆器作坊果园厂。

③一盒：盒的底与盖花色合为一体。

【译文】

香盒以宋朝色如珊瑚的剔红盒为上品，古时有剑环第一、花草第二、人物第三之说；还有种五色漆面香盒，雕刻深浅不一，随形就色，雕些红花绿叶、黄心黑石的又次一等。有日本造的三格、五格小盒和金银片装饰的提盒。有果园厂的大小两种香盒，底和盖分厂制作，花色不同，故以底盖花色一致的为贵。有内府的漆盒，也可用。小香盒有定窑、饶窑产蔗段式和串铃式两种，其余的不入流。最忌描金涂字的，徽州所造剔红、黑漆瓷盒，宣成、嘉隆等窑所产的都不能用。

古法今解

在古代，焚香是一件极雅的事情。从宫廷到民间，从上层贵族到黎民百姓都有焚香净气、焚香抚琴、吟诗作画和焚香静坐修身的习俗。

古人有"炉瓶三事"的说法，即香炉、箸瓶、香盒这三件焚香必备之物。燃香的时候，矮桌置炉，与人膝平。把香炉放在中间，箸瓶和香盒分列两旁。古代所焚之香为经过"合香"方式制成的各式香丸、香球、香饼或香末，香末是放在香盒里焚燃的，香盒里的沟槽压出"福""寿"字样，香末压紧之后，便可沿着沟槽依次燃着。如此焚香，很富情趣和技巧，如品茗一样，被视为风雅之事。而今日之线香，在古时候不被认为是上品，所以点燃时要用到铜箸与铜铲，箸瓶就是用来放置箸铲的，而香盒主要用来储藏香面或细条。可惜现在香盒随着香末的消失，也很难觅见了。

袖炉①

【原典】

熏衣炙手，袖炉最不可少，以倭制漏空罩盖漆鼓为上，新制轻重方圆二式，俱俗制也。

【注释】

①袖炉：可放入袖中的火炉。

【译文】

熏衣暖手，袖炉最不可缺少。以日本制造的有镂空炉盖的漆鼓形袖炉为上品。新制的有轻重方圆区别的两种样式都是俗品。

古法今解

袖炉为熏衣烤手用的小烘炉，和现在人们所称的手炉非常像。旧时，民间富家的太太、小姐，甚至皇宫贵族之家，在寒冬时节会在袖炉里点上火炭，然后把炉子捧在手心，炭火的温暖顿时传遍全身。这种袖炉也叫"袖珍炉"，是古代铜炉的一个类别，功能与"手炉"类似，大多用来熏衣、烤手，炉子比人的手掌还小，算是一种小烘炉。文震亨所推崇的"倭制漏空罩盖漆鼓"，实际是日本莳绘工艺中的阿古陀香炉。阿古陀是一种状如南瓜的瓜，阿古陀香炉的造型便如此瓜。它在茶道和香道中每用于暂贮香炭。香炉分作上下两部分：上部为铜丝做的网罩，称作火屋，网罩的纹样每与炉身图案互为呼应；下部为漆木做的瓜棱形炉身，称作火取母，内置铜钵或炉，其表以莳绘为饰。

明清时期，江浙民间工匠在宣德炉工艺的基础上制作出了铜手炉。明代嘉兴制炉名匠张鸣岐最先制作出一种铜质匀净、光泽古雅的水磨红铜手炉后，以"张炉"为代表的江浙地区出现了不少制炉名家。

手炉

【原典】

手炉以古铜青绿大盆及簠簋（fǔ guǐ）①之属为之，宣铜兽头三脚鼓炉亦可用，惟不可用黄白铜及紫檀、花梨等架。脚炉旧铸有俯仰莲坐细钱纹者；有形如匣者，最雅。被炉有香球等式，俱俗，竟废不用。

【注释】

①簠簋（fǔ guǐ）：两种盛放黍稷稻粱的礼器。

【译文】

将古青绿铜大盆及簠簋等器皿用作烘手取暖的炉子，宣铜制作的兽头鼓身的三脚炉也可用，只是不能用黄白铜及紫檀、花梨木做炉架。旧制脚炉中有莲花座细铜钱花纹的，有形状像匣子的，最为雅致。被炉有香球等样式的都很俗气，完全废置不用。

古法今解

手炉是冬天暖手用的小炉，多为铜制。手炉是旧时中国宫廷和民间普遍使用的一种取暖工具，炉内装有炭火，故也称"火笼"。从"惟不可用黄白铜及紫檀、花梨等架"可知，前条"袖炉"是小青铜器，此条"手炉"是大青铜器。

手炉与袖炉功能相同，用来暖手熏衣，脚炉用来暖脚，被炉则放于被子中。虽没有今天使用的暖气方便，古人也想方设法来取暖避寒。手炉形制如小瓜大小，可随手提动，且古人宽袍大袖，可笼于袖中或怀中，所以有"袖炉""捧炉"之分。手炉的制作在明清时达到炉火纯青的境界。

香筒①

香筒旧者有李文甫②所制，中雕花鸟竹石，略以古简为贵。若太涉脂粉，或雕镂故事人物，便称俗品，亦不必置怀袖间。

【注释】

①香筒：插香之筒。

②李文甫：明代著名雕工。

【译文】

旧制的香筒有李文甫制作的，上面雕刻有花鸟竹石，还是以古朴简约为珍贵。如果太有脂粉气，或者上面雕刻故事人物，就成了俗品，也不必放入怀袖间使用了。

古法今解

香筒是筒式香薰，流行于明清之际，因线香而盛行起来的，所以也称"香笼""香插"或"香亭"。香筒多为长而直的圆筒，上有平顶盖，下有扁平的承座，外壁镂空成各种花样。

古时的添香方式有两种：一是用火焚烧香料；二是将香料放在器中慢慢挥发香气。一般焚香用具多为陶瓷、金属等材质所制，而竹木等不耐高温的材料则制成装放香料后挥发香气的香筒。香筒是古代净化空气的室内用具，筒内设有小插管，以便于安放香料。古人用截竹做香筒的制作方法是把直径约一寸余的竹子截成七八寸长，用檀木做底，把山水人物刻在筒壁上就制成了香筒一般将特制香料或香花放入筒内，使香气从筒壁、筒盖的气孔中溢出。香筒多用黄杨木、紫檀木雕刻而成，制作考究，工艺精湛，还是一种清雅的室内陈设品。

明清两代流行的香筒造型多为长直筒，上有平顶盖，下有扁平的承座，外壁饰镂空花样。筒内通常有一枚小插管，以稳插线香。故宫所藏的明清香筒有明雕竹人物香筒、明白玉龙凤镂空香筒、清象牙雕梅雀香筒及作为插香用的清青花小香筒。

香道、茶道、花道历来是"雅事中的雅事"，品香有燃、熏、置、煮、佩等多种方式，并被赋予了得气、得神、得道的不同境界。读书焚香，自古就是读书人追求的雅致氛围。因香筒多为文人、闺阁把玩之物，作添香之用的"香筒"对雕刻的艺术水平要求也高。文震亨主张香筒以古朴简约为美，一旦涉及脂粉气或雕刻故事人物便成为俗品了。

笔格①

【原典】

笔格虽为古制，然既用砚山，如灵璧、英石，峰峦起伏，不露斧凿者为之，此式可废。古玉有山形者，有旧玉子母猫，长六七寸，白玉为母，余取玉玷（diàn）②或纯黄纯黑玳瑁（dài mào）之类为子者；古铜有鏒（sǎn）金③双螭挽格④，有十二峰为格，有单螭起伏为格；窑器有白定⑤三山、五山及卧花哇者，俱藏以供玩，不必置几砚间。俗子有以老树根枝，蟠曲万状，或为龙形，爪牙俱备者，此俱最忌，不可用。

【注释】

①笔格：笔架。

②玉玷（diàn）：有瑕疵的玉。

③鏒（sǎn）金：一种饰金工艺，用金泥附着于器物表面。

④双螭挽格：双螭相挽形成的格子。螭，古代传说中无角的龙，常用它的形状作建筑和工艺品上的装饰。

⑤白定：白色定窑瓷器。

【译文】

笔格虽是古时旧制，但现在已用砚台，如灵璧、英石所制的，峰峦起伏，以不显斧凿痕迹，因此笔格就废弃不用了。古玉笔架有山形的，有子母猫的，长六七寸，用白玉做成母猫，用有瑕疵的玉或者纯黄纯黑的玳瑁做成小猫。古铜笔架有鏒金双螭相挽为格，有十二峰为格，有单螭起伏为格。瓷器笔架有定窑白瓷的三山峰、五山峰和躺卧娃娃，都是用来收藏供赏玩的，不必放在几案之上。有一些俗人将盘曲万状的老树根制作成龙形笔架，带有爪牙，这是最忌讳的，不可用。

古法今解

古人把书法当作艺术，更是作为展现自身修养的名片，所以写字比较讲究，摊纸，研墨，挽起袖管，将毛笔饱蘸墨水才下笔，为避免毛笔滚落地下或沾污他物，要有一个可供暂时搁笔的器物，笔架因此应运而生，遇到有些场合，动笔之前必是焚香净手。笔格，即笔架、笔搁，架笔，搁笔之物。笔格历史久远，南北朝已有记载，吴筠《笔格赋》有"幽山之桂树……翦其片条，为此笔格"的记载，唐朝陆龟蒙也有"自拂烟霞安笔格，独开封检试砂床"的自制笔格的举动。

宋代笔架材质多样，有铜、瓷、石等，多为山形，而铜制笔架多为螭龙形状。明代笔架已成为文房中不可或缺之物，材质更有珊瑚、玛瑙、水晶，还有瓷、玉、木等。清代笔架更胜，材质有玉、紫砂、水晶、铜、木、珐琅、象牙等，而以自然之物最为名贵。

笔床

【原典】

笔床①之制，世不多见，有古鎏金者，长六七寸，高寸二分，阔二寸余，上可卧笔四矢，然形如一架，最不美观，即旧式，可废也。

【注释】

①笔床：卧置毛笔的器具。

【译文】

笔床的制作，现世不多见。古时有镀金的，长六七寸，高一寸二，宽两寸多，上面可放置四管毛笔，但像一个架子，很不美观。虽是旧式，也可废弃了。

古法今解

笔床，传统书写文具，搁放毛笔的专用器物，平卧式，起源较早。材质有鎏金、翡翠、紫檀和乌木等，现在所见传世笔床，大多是用瓷或者竹木制作的。笔床平放，多作长方形，口沿外撇，圈足，内设笔搁。人们将毛笔横卧在笔床上，通常一只笔床上可以放三到四管毛笔。

笔床先于笔筒产生，笔床和笔船都是平卧式搁笔工具，笔床明清以来少见，笔船更少。笔床与笔格的优劣，一是把笔搁在笔格上，只需将笔管的一端放上，而多数笔床两端都有凹槽，笔管两端都要嵌入笔床凹槽，相对麻烦；二是笔格在造型上的多样性、随意性，会更受文人的青睐。

笔屏

【原典】

笔屏①镶以插笔，亦不雅观。有宋内制②方圆玉花版，有大理旧石，方不盈尺者，置几案间，亦为可厌，竟废此式可也。

【注释】

①笔屏：插笔之具。

②宋内制：宋代内府所制。

【译文】

笔屏是用来插笔的，也不雅观。有宋代内府所制的方圆玉花板的，有大理石的，不到一尺见方，放置于几案之上，也很难看，完全可以废弃不用。

古法今解

笔格、笔屏、笔床均为放置毛笔的器具，但在文震亨时代已多废置不用。虽废弃，却作为文化留存于后人的视野中。

笔格即笔架，文震亨提到玉制的、铜制的、瓷器的三类，南朝徐陵在《玉台新咏序》中说："琉璃砚匣，终日随身；翡翠笔床，无时离手。"南朝梁简文帝有《咏笔格》诗，吴筠也有《笔格赋》，可见笔格出现的时间之早，文震亨认为研山的出现淘汰了笔格。笔船也于唐代就已出现，类似于今天的文具盒。笔屏则用来插笔，文震亨认为不雅观，可完全废弃。一向好古的文震亨，在对笔格、笔床、笔屏的鉴赏中，却表达了这样的倾向："即旧式，可废也。"

笔筒

【原典】

笔筒，湘竹、栟榈者佳，毛竹以古铜镶者为雅，紫檀、乌木、花梨亦间可用，忌八棱菱花式。陶者有古白定竹节者，最贵，然艰得大者；冬青瓷细花及宣窑者，俱可用。又有鼓样、中有孔插笔及墨者，虽旧物，亦不雅观。

【译文】

笔筒以湘竹、棕榈制成的属于最好的，毛竹做的以镶有古铜的为雅，紫檀、乌木、花梨木也间或可用，忌讳八棱菱花样式。陶瓷制作的以古代定窑白瓷的竹节形状的最为珍贵，但很难得到大的。细花青冬瓷及宣窑瓷的笔筒都可用，还有一种鼓形笔筒，中间有孔可用来插笔和墨，虽为旧物但也不雅观。

古法今解

笔筒是搁放毛笔的专用器物，筒状，多为直口，直壁，口底相若，造型相对简单。

笔筒是古人除笔、墨、纸、砚以外最重要的文房用具，大约出现在明朝中晚期，因使用方便而风靡天下，至今不衰。笔筒的前辈大致有笔架、笔床、笔格几种。笔筒在古代文具中出现得最晚，大致到了明朝晚期，文

人的案头才设置笔筒。明末，文人厌恶政治，于是转而寄情山水，笔筒由于制作简单，实用方便，文人亲自操刀，自制成癖，工匠穷极工巧，率意靡费，许多精美绝伦的笔筒，"几成妖物"，令今人叹为观止。

笔船

【原典】

笔船①，紫檀、乌木细镶竹篾者可用，惟不可以牙、玉为之。

【注释】

①笔船：笔盘。

【译文】

以紫檀木、乌木镶有竹篾的笔盘都可用，只是不可用象牙、玉石制作。

古法今解

笔筒与笔船都是放置毛笔的用具，笔筒多为圆形，笔船则为长方形，口沿外撇，内设笔搁。笔船，与笔床相似，毛笔横卧在船中笔搁上，一只笔船上最多可放置三四管毛笔。笔船造型别致，但不实用，置笔数量不多，所以被后起之秀笔筒取代。与笔格、笔床、笔屏被淘汰不同，笔筒因使用方便，自明代中晚期风行以来，至今仍盛而不衰，是中国古代除笔、墨、纸、砚以外最重要的文房用具。制作笔筒的材质有花梨木、紫檀木、乌木等，文震亨以湘竹、棕榈材料的属于最好的。杂乱的毛笔，有了笔筒收纳便井井有条。

笔洗①

【原典】

笔洗玉者有：钵盂洗、长方洗、玉环洗；古铜者有：古鏒金小洗，有青绿小盂，有小釜②、小卮（zhī）③、小匜，此数物原非笔洗，今用作洗最佳。陶者有官、哥葵花洗、磐口洗、四卷荷叶洗、卷口蔗段洗；龙泉有：双鱼洗、菊花洗、百折洗；定窑有：三箍洗、梅花洗、方池洗；宣窑有：鱼藻洗、葵瓣洗、磐口洗、鼓样洗，俱可用。忌绦（tāo）环④及青白相间诸式。又有中盏作洗，边盘作笔觇（chān）⑤者，此不可用。

【注释】

①笔洗：盛水洗笔的容器。

②釜：古炊器，敛口，圆底。

③卮（zhī）：古盛酒器。

④绦（tāo）环：丝绳做成的环。

⑤笔觇（chān）：试笔所用的碟子之类的器皿。

【译文】

玉制的笔洗有钵盂洗、长方洗、玉环洗。古铜笔洗有古鎏金小洗，有青绿小盂，有小釜、小卮、小匜，这五种原本不是笔洗，现在用作洗最好。陶瓷笔洗有官窑、哥窑的葵花洗、磐口洗、四卷荷叶洗、卷口蔗段洗。龙泉窑产有双鱼洗、菊花洗、百折洗。定窑产有三箍洗、梅花洗、方池洗。宣窑产有鱼藻洗、葵瓣洗、磐口洗、鼓样洗，这些都可用。忌用绦环及青白相间等样式，还有中盏作笔洗，边盘作笔觇的，这些都不可用。

古法今解

笔洗是洗毛笔所用之文房器物。旧时文人书斋案头的文房用具中，用来盛水洗笔的笔洗是不可或缺的器具之一。毛笔用后要及时洗去笔头的墨汁，以便下次使用。各种笔洗中，最常见的是瓷笔洗，传世量最多。目前可见宋代五大名窑，哥、官、汝、定、钧的笔洗。

除了文物价值，笔洗更多是一个人勤于创作的见证者。最大的笔洗当属书圣王羲之的洗墨池了。王羲之七岁练书法，家门口有一个水池，他每次练完书法都会在此洗毛笔。过了二十年，天天如此，门前原本清澈的水池都被洗成了黑色，这便是洗墨池的由来。

笔觇

【原典】

笔觇，定窑、龙泉小浅碟俱佳，水晶、琉璃诸式，俱不雅，有玉碾片叶为之者，尤俗。

【译文】

笔觇，定窑、龙泉窑所产的小浅碟都很好，水晶、琉璃的样式都不雅观，有一种玉碾片叶做成的笔觇，尤为俗气。

古法今解

笔洗、笔觇都是笔墨的附属品，是书房案头文具，用以共同完成书写、绘画的程序，虽不起眼却又必不可少。笔觇又称"笔掭""笔舐"，有瓷制、玉制、琉璃制、水晶制等。有人将笔觇与笔掭列为两种文具，其实它们是同一种器具，有着同样的功能，都是文人书写绘画时，用来掭舐毛笔的用具。毛笔由笔杆和笔头组成，笔头多为兽毛所制。当笔头蘸墨时，笔毛会因吸墨而粗细不均，如果直接拿笔书写，笔迹粗细不均，会影响字体的形状。在没有砚台时，人们在书写之前常常把蘸有墨汁的笔头放在一个能够盛墨的容器上反复修墨，直到把它弄均匀，让其走墨的速度达到自己的要求为止。文震亨提到玉石的、铜制的、陶瓷的三种笔洗，并详细介绍了不同瓷窑所产的笔洗，对笔觇则一笔带过。

随着书写工具的变化，古代的笔墨纸砚渐渐

202

退出了人们的视野，本来极具实用价值的文房用具如今却成了古董。笔洗、笔砚本为实用性器物，但它们附带的观赏价值和装饰作用今天却让它们进入古董的行列。

镇纸

【原典】

镇纸，玉者有古玉兔、玉牛、玉马、玉鹿、玉羊、玉蟾蜍、蹲虎、辟邪、子母螭[1]诸式，最古雅。铜者有青绿虾蟆、蹲虎、蹲螭、眠犬、鎏金辟邪、卧马、龟、龙，亦可用。其玛瑙、水晶、官、哥、定窑，俱非雅器。宣铜马、牛、猫、犬、狻猊（suān ní）[2]之属，亦有绝佳者。

【注释】

①子母螭：大小两螭。

②狻猊（suān ní）：兽名，是中国古代神话传说中龙生九子之一（一说是第五子，另说是第八子）。形如狮，喜烟好坐，所以形象一般出现在香炉上，随之吞烟吐雾。

【译文】

镇纸，玉镇纸有玉兔、玉牛、玉马、玉鹿、玉羊、玉蟾蜍、蹲虎、辟邪、子母螭等样式，最为古朴典雅。铜镇纸有青绿蛤蟆、蹲虎，蹲螭、眠犬、鎏金辟邪、卧马、龟、龙，也很好，其他诸如玛瑙、水晶、官窑、哥窑、定窑镇纸，皆非雅器。宣德年间铜质马、牛、猫、犬、狻猊之类有上佳的。

古法今解

镇纸是写字作画时用以压纸的东西，主要是重压纸张或书册而不使其失散，方便在帛卷、宣纸等材质上书写，又名纸镇、文镇或镇尺、书镇等。古代文人时常会把小型的青铜器、玉器放在案头上把玩欣赏，因为它们都有一定的分量，所以人们在玩赏的同时，也会顺手用来压纸或者是压书，久而久之发展成为一种文房用具——镇纸，最初的镇纸无一定的形状。

在古代，镇纸有金、银、铜、玉、瓷等材质，大多采用兔、马、羊、鹿、蟾蜓等形。明代镇纸多为尺状，明朱之蕃诗："文木裁成体直方，高斋时伴校书郎。"清代镇纸材质较明代增加了瓷、象牙、珐琅等，仍以尺形为主。

剪刀

【原典】

有宾铁①剪刀，外面起花镀金，内嵌回回字②者，制作极巧；倭制折叠者，亦可用。

【注释】

①宾铁：即镔铁，精致的铁。

②回回字：回族文，指阿拉伯文。

【译文】

用精炼之铁铸造剪刀，外面雕花镀金，里面嵌着阿拉伯文字迹，制作极其精巧；日本造的一种折叠剪也可用。

古法今解

"剪"古时称"前"。"剪"为会意字，意即"刀前还有一把刀"的意思。东汉许慎《说文解字》："前，齐断也。"剪刀，古人又称"龙刀""交刀""铰刀"，两刀相交而成的意思。切割布、纸、钢板、绳、圆钢等片状或线状物体的双刃工具，两刃交错，可以开合。

剪刀是一种工具，但它在我国文人的笔下也会充满感人的情愫。明代文人范允临有《咏剪春罗》的绝句："君恩宴曲池，为郎制宫锦。月落杏花寒，裁缝剪刀冷。"哀怨缠绵的闺中怨妇借剪裁布锦，抒发相思之情，一把剪刀，寄托的是浓浓的相爱之情。

书灯

书灯，有古铜驼灯、羊灯、龟灯、诸葛灯①，俱可供玩，而不适用。有青绿铜荷一片檠（qíng）②，架花朵于上，古人取金莲之意，今用以为灯，最雅。定窑三台、宣窑二台者，俱不堪用。锡者③取旧制古朴矮小者为佳。

【注释】

①诸葛灯：即孔明灯，可以手提的、能防风雨的灯。

②檠（qíng）：灯架或灯台。

③锡者：将麻布加灰捶洗，使其洁白光滑。

【译文】

书灯有古铜驼灯、羊灯、龟灯、诸葛灯均可供赏玩，但不适用。有一种铜制灯架如一片荷叶上撑起一枝荷花，古人取其金莲之意，现在用来作灯显得最为雅致。定窑三台、宣窑二台都不能使用。旧制中用洁白光滑的麻布做成，形状古朴矮小的较好。

古法今解

对读书人来说，书和灯关系密切。十年寒窗，漫漫长夜，旧时文人士子的读书生涯，书灯是常伴左右之物，而古人书灯多为菜油、豆油之类的植物油照明，灯盏多以铜铁、瓷瓦、石头制成。文震亨认为，明清时由于景德镇瓷器的兴盛，瓷灯成为主流，精品迭出。瓷烛台在明清两代十分盛行。明永乐流行八方烛台，正德烛台常饰青花回纹，嘉靖烛台常用宽把豆托底，万历烛台造型分大小两个承盘、支柱镂空底座，柱顶烛盘内有一尖状高烛插。彩绘和镂空并用，最为精美。文震亨认为唯有铜铸的荷叶灯寓意最好，用作书房照明，寄托了读书人的胸襟抱负，承载了文人的志趣风流，堪称最雅。对于书灯的品味，同为明人的文震亨和高濂却意见相左，高濂认为书房适合用古铜驼灯、羊灯、龟灯等造型，很有赏玩的趣味；其中，定窑和宣窑烧制的有三个灯盏和两个灯盏的油灯，因为光照较好，对读书人的眼睛有一定的保护作用，用于书房照明最好。另外当时还流行一种铜铸的灯，灯盏铸成倚叶的模样。上有一朵绽开的荷化，以寓读书人日后摘取金莲之意，但比高濂小十几岁的文震亨却认为古铜驼灯、羊灯、龟灯、诸葛灯仅能赏玩而不实用，定窑台灯和宣窑台灯也不堪用，唯有铜铸的荷叶灯寓意最好。

灯

【原典】

灯，闽中珠灯第一，玳瑁、琥珀、鱼魫（shěn）①次之，羊皮灯名手如赵虎所画者，亦当多蓄。料丝②出滇中者最胜；丹阳所制有横光，不甚雅；至如山东珠、麦、柴、梅、李、花草、百鸟、百兽、夹纱、墨纱等制，俱不入品。灯样以四方如屏，中穿花鸟，清雅如画者为佳；人物、楼阁，仅可于羊皮屏上用之；他如蒸笼圈、水精球、双层、三层者，俱恶俗。篾丝者虽极精工华绚，终为酸气。曾见元时布灯，最奇，亦非时尚也。

【注释】

①鱼魫（shěn）：即"明角灯"，古代彩灯名。以鱼脑骨架制成。

②料丝：料丝灯，彩灯名，以玛瑙、紫英石等做原料，抽丝而成。

【译文】

福建珠灯为第一，玳瑁、琥珀、鱼脑骨灯次之，由名家赵虎画的羊皮灯也应该多收藏。料丝灯以云南产的最好，丹阳产的有横光，不是很雅致。至于像山东产的珠灯、麦灯、柴灯、梅灯、李都不入品级。灯的样式以四面如屏、中间画有花鸟、清雅如画属于最好的，人物、楼阁只可用于羊皮灯上面，其他的如蒸笼圈、水精球、双层、三层等样式的都很俗气。篾条编制的虽然做工精巧绚美，但终有寒酸之气。曾见过元代的布罩灯很奇特，也并不时尚。

《古法今解》

灯是形声字，从火，繁体字为"燈"。本义是置烛用以照明的器具，雏形为原始先民点燃的篝火。《尔雅·释器》云："木豆谓之豆，竹豆谓之笾，瓦豆谓之登。"登，即灯也。豆，古代盛食物用的器具，形似高足盘，有的有盖。春秋战国时，古人在祭祀时，增加了"瓦豆"并且沿用原来的称呼"登"，于是，中国最早的灯诞生了。后来，人们也用青铜的"豆"来当作灯具，于是产生了"镫"字。再后来，灯又有石、陶和金属等多种材质，于是始简化为"灯"。也有人说"灯"原为"锭"。《说文解字》里说："锭，镫也，锭中置烛故谓之镫。"可见，"镫"是油灯，而"锭"则是最早的烛台。至于古灯的量词"盏"，则来源于唐宋的"茶盏"。因为"茶盏"与"盏托"合起来和瓷质的油灯十分相似，故称为"灯盏"，此后遂以"盏"为灯的量词。古灯的燃油主要是动物油，以牛油居多，植物油主要是麻籽油、白苏籽油、乌桕油、油菜籽油、棉籽油、桐油等。

　　灯具是人类使用火、保存火的技术延续，而随着灯具技术的发展，其作用不仅用于照明，且逐渐兼有观赏的功能。文震亨提到多种材质、多种样式的灯，以文化权威的口吻，指出古灯不适用而可供赏玩，适用的灯何者古，何者雅，何者佳，何者俗，何者酸腐，何者不入品级，体现的仍是对古朴雅致的崇尚。他的介绍并无诗意，但古典诗词中"灯"是一个重要意象，与文人的身世、心境、人格纠缠在一起，而与灯为伴的词语又多为"孤""残""寒"等字眼。夜深人静，陪伴漂泊之人的只有一盏孤灯，见证人生悲欢离合之际遇的仍是那盏灯。

镜

【原典】

　　镜，秦陀①、黑漆古②、光背质厚无文者为上；水银古③花背者次之。有如钱小镜，满背青绿，嵌金银五岳④图者，可供携具；菱角、八角、有柄方镜，俗不可用。轩辕镜⑤，其形如球，卧榻前悬挂，取以辟邪，然非旧式。

【注释】

①秦陀：即秦图，为秦代具有图形之古镜。

②黑漆古：黑漆色古铜。

③水银古：如银色的古铜。

④五岳：镜背作五岳图形。

⑤轩辕镜：形状如球，挂于榻前。

【译文】

　　饰有秦代图形、黑漆色、镜背厚实无纹的古铜镜为上品；如银色古铜镜背带有花纹的次之。有一种像铜钱大的小镜，背面布满铜绿，镶嵌有金银五岳的图样，便于携带。菱角形、八角形、有柄方镜的俗不可用。轩辕镜形状如球，悬挂在榻前用以辟邪，但不属于旧式。

古法今解

　　古代镜子多为铜镜，铜镜一般是用含锡量较高的青铜铸造。《说文解字》中说："镜，景也。景者，光也。金有光可照物谓之镜。"铜镜作为嫁妆，也是新婚必备。《木兰诗》里的"当窗理云鬓，对镜贴花黄"。这里的"镜"，也是指青铜镜。古代街头巷尾常常有叫喊"磨镜子"的工匠，专门以替人家磨青铜镜为生。古人喜欢镜子，因为它不但可以照容，还有装饰的作用，男女出门，腰带上总爱吊一面小镜。还有人们常在门楣上挂一面镜子，认为可以驱邪镇鬼，照出妖魔的原形，这便是照妖镜了。镜子还可以作为表达爱情的信物，传递相思的媒介。

　　我们今天所用为玻璃镜，而古人用的则是铜镜。文震亨对镜的鉴赏以古为标准，越古越好，黑漆色、古铜，带有青绿铜锈便为上品。他认为菱角、八角、有柄方镜俗不可用，是因为落入套式。

　　玻璃镜起源于公元3世纪，由欧洲人所发明。他们把玻璃吹成球状，在球内浇入锡汞，再涂一层金，经过十分复杂的工序，一面镜子就成了。但是，这样的玻璃镜造价高、透明度低，照出的影像模模糊糊，无法和铜镜竞争。后来，英国人制成镀水银的玻璃镜并传入中国，化学镀银工艺研制成功后，制镜工艺更加简化。在慈禧太后的推动下，物美价廉的国产玻璃镜迅速问世并普及。

钩①

【原典】

古铜腰束绦钩，有金、银、碧填嵌者，有片金银者，有用兽为肚者，皆三代②物也。有羊头钩、螳螂捕蝉钩，鏒金者，皆秦汉物也。斋中多设，以备悬壁挂画，及拂尘、羽扇等用，最雅。自寸以至盈尺，皆可用。

【注释】

①钩：带钩，束在腰间带子上的钩。

②三代：夏、商、周三个朝代。

【译文】

古代腰带铜钩，有用金、银、玉镶嵌的，有装饰金银片的，有做成兽形的，这些都是夏、商、周三代的物品。有鏒金的羊头钩、螳螂捕蝉钩都是秦汉时代的。室中多摆设一些用来悬挂书画、拂尘、羽扇等，显得最为雅致。钩的尺寸从一寸到一尺都可使用。

古法今解

带钩是带上所用之钩，古时主要用于束带。带钩是古代贵族士大夫的随身饰品，多用金、银、铜、玉制成，以青铜带钩居多，除有束腰紧身的作用，还是身份地位的象征。带钩由钩头、钩体、钩柄三部分组成，钩首有龙、兽、鸟等多种造型，钩体比钩首明显要宽，有无纹饰和各种花纹两种，钩柄用于勾挂束带。

《史记》记载，春秋时期，管仲为帮助公子纠与公子小白争夺王位，带兵伏击小白，并用箭射小白的带钩。毫发未损的小白佯死，待管仲离去又火速上路，终于提前到达齐都，坐上了王位，成为齐桓公，开创了齐国霸业。春秋王者之钩，或金或玉，扁平方体，所以挡住了飞箭。谁能想到是一枚带钩挽救了一位霸主的性命，改写了春秋时期的历史走向。

束腰①

【原典】

汉钩、汉玦②仅二寸余者，用以束腰，甚便；稍大，则便入玩器，不可日用。绦用沉香、真紫③，余俱非所宜。

【注释】

①束腰：腰带。

②汉钩、汉玦：汉代的带钩、佩玉。

③沉香、真紫：两种颜色。

【译文】

汉代的带钩、佩玉只有二寸多长，用来作为腰带很方便。稍微大一些的就成为玩物了，不可日常使用。丝绳用沉香色、真紫色，其余的颜色都不适合。

古法今解

《说文解字》载："玦，佩玉也。"汉代玉玦则是指带孔的小件玉器，类似扳指，能穿挂系于身上，具有显示人的身份或族属、阶级之用，同时起到一种装饰的作用，既实用又美观。绦，即绦带，用丝线编织成的花边或扁平的带子可以装饰衣物。宫绦是带在宫里人身上，用来压裙子的，一般绳子上面挂有重物，多用于女装襦裙。有一种丝绦，一般用于男装直裰，有些可和龙带钩配合。腰上粗的部分是腰带即绦带，细红绳垂下的那些系着玉佩的是宫绦的一种。文震亨用寥寥数语介绍了三代及秦汉的带钩，不过时至明代古带钩作用已发生变化，不是用来束腰，而是用来悬挂物件。可以看出文震亨对古物的眷恋之情，不能用的古物转化它的用途也要使用。

今天的时装展览肯定少不了形形色色的腰带，不仅用作装饰，也用来突出人体各部位的比例，达到更美的效果。而古代的腰带作用则与今天不同。古人最初的衣服没有纽扣，只有小带子系在一起，为了不使衣服散开，又在腰部系上一根大带，即腰带。它与今天人们所用来系束裤裙的带子名称虽同，作用却并不一样。制作带钩的原料大多采用金属，如金、银、铜、铁等，也有用玉、石、骨、木做成的，但为数不多。随着服饰文化的发展，古代在朝做官的官员视官阶高下，分别以金、玉、犀、银、铜、铁为饰。

禅灯

【原典】

禅灯，高丽者佳。有月灯，其光白莹如初月；有日灯，得火内照，一室皆红，小者尤可爱。高丽有俯仰莲、三足铜炉，原以置此，今不可得，别作小架架之，不可制如角灯之式。

【译文】

禅灯以高丽的为上乘。有种月灯，灯光洁，明亮如初升弯月。有种日灯，需要用火点着，满屋都亮，尤其以小的最为可爱。高丽国有种俯仰莲或者三足铜炉，原为放置禅灯，只是现在已经找不到了，只好另外做一个小架子架灯，不能做角灯款。

《古法今解》

禅灯是一种采用高丽窍石制作的石灯，窍内置灯油，因石质不同而光色各异，白的为月灯，红的为日灯。明朝唐之淳有《咏高丽石灯》"窍石烛幽遐，虚明讵异纱"的诗句。石灯是古代先祖们最早使用的灯具。唐代石灯从雕刻所见都是佛教法物，应为佛教寺庙供养用灯。灯的底部为一方形底座，向上，是等边六面柱灯台，其上一盛开的莲花承托灯室和盖顶。盖顶造型近于建筑屋顶。灯室则为一四面体，四壁分别开小窗。在禅的典籍里，无处不在传述光明的心灯，所以佛家有"一灯能除万年暗"的说法。每个人心里的深处都有一盏光明的灯，它给人温暖，照亮前程。

如意①

【原典】

如意，古人用以指挥向往，或防不测，故炼铁为之，非直美观而已。得旧铁如意，上有金银错②，或隐或见，古色濛然③者，最佳。至如天生树枝、竹鞭等制，皆废物也。

【注释】

①如意：器物名。古之爪杖，长三尺许，前端作手指形。脊背有痒，手所不到，用以搔抓，可如人意，因而得名。或作指挥和防身用。

②金银错：一种在凹下去的文字、花纹中镶嵌或涂上金银的工艺。

③濛然：模糊。

【译文】

古人用如意来指挥往来或者预防不测的，所以用铁做成，不只是为了美观而已。古旧的铁如意上面有金银错，或隐或现，古色模糊的最好。至于用天生的树枝、竹根等制作的都是废物。

古法今解

如意是梵语"阿那律"的意译，又称"握君""执友"或"谈柄"。古代的爪杖用骨、角、竹、木、玉、石、铜、铁等制成。和尚宣讲佛经时也持如意，记经文于上。后来的如意长一二尺，其端多作芝形、云形，不过因其名吉祥，以供玩赏而已。如意最初是用以搔痒的工具，所以又称"搔杖"，俗谓"不求人""痒痒挠"。柄端作手指形用以搔痒，可如人意而得名。如意，兵器之中最好的文玩，文玩之中最好的兵器。所谓"指挥向往"，一是指如意与随意挥舞、直指四座的麈尾、羽扇一样，是一件谈道辩玄时助兴的谈柄，可随性侃侃而谈；二是指其令旗的作用，挥舞如意能指令将士冲锋陷阵。

如意寄托着人们的美好愿望，有称人心、遂人愿之意，逐渐演变成上层社会的一种高级礼品。清代，每逢皇帝举行万寿大典时，王公大臣都要进献如意借以取悦帝王，取兆吉祥。

麈（zhǔ）

【原典】

麈，古人用以清谈，今若对客挥麈，便见之欲呕矣。然斋中悬挂壁上，以备一种；有旧玉柄者，其拂以白尾及青丝为之，雅。若天生竹鞭、万岁藤，虽玲珑透漏，俱不可用。

【译文】

拂尘是古人对谈时握在手中之物。现在如果对着客人挥动拂尘，有附庸风雅令人作呕之嫌。然而，屋里墙上也应悬挂一把，可作收藏旧物；有以玉为柄，以白麈尾毛或青丝做的拂尘，较高雅。至于天然的竹根、万岁藤，虽然玲珑可爱，但都不能使用。

古法今解

麈在古书上指鹿一类的动物，后来以其尾代指拂尘。拂尘，又称尘拂、拂子、尘尾，手柄前端附上兽毛（如马尾、麈尾）或丝状麻布的工具或器物，一般用作扫除尘迹或驱赶蚊蝇。在道教文化中，拂尘是道士常用的器物，象征扫去烦恼。一些武术流派更视拂尘为一种武器。

俗话说："手拿拂尘不是凡人"。拂尘在道门中有拂去尘缘，超凡脱俗之意，也是道士外出云游随身携带之物。在道教体系里，拂尘是道场中的一种法器，然后由道人将其演变成兵器，属软兵器之类。

拂尘还有"洗尘"之意。洗尘，字面意思为"洗去身上的尘土"，实际是设宴欢迎远道而来的客人的礼仪。到了明朝时，文震亨好像道不出拂尘还能有什么用处，于是建议把它挂在书斋的墙壁上。古时的挂钩应为前述的古铜钩，作为雅道的标志。

钱

【原典】

钱之为式甚多，详具《钱谱》。有金嵌青绿刀钱，可为签，如《博古图》等书成大套者用之；鹅眼①货布②，可挂杖头。

【注释】

①鹅眼：小钱。

②货布：货币名。

【译文】

钱币的样式很多，《钱谱》有详细记载。有种镶金青绿色刀形古钱，可作书鉴，如《博古图》等成大套的书用得上；鹅眼小钱和货布币可以挂在杖头做装饰。

古法今解

楚国最先出现了青铜贝币，称为蚁鼻钱或鬼脸钱。后来各国开始大量出现刀币和货布币，直到秦始皇统一货币，而以"秦半两"为基础的圆形方孔币成为历代封建王朝钱币的定制。

明中后期，朝廷收缴的赋税开始折成白银，中国逐步确立了银两制，进入"白银时代"，不出所料，明末就出现了银荒。明朝白银大部分仰仗海外进口，恰在此时欧洲发生了史称"郁金香危机"的金融危机，日本也闭关锁国，明末又因辽东战事耗银巨大，国库日空，加上天灾人祸，明朝终至灭亡。

瓢

【原典】

瓢，得小匾葫芦，大不过四五寸，而小者半之，以水磨其中、布擦其外，光彩莹洁，水湿不变，尘污不染，用以悬挂杖头及树根禅椅之上，俱可。更有二瓢并生者，有可为冠者，俱雅。其长腰、鹭鸶、曲项，俱不可用。

【译文】

瓢，得用小而扁的葫芦制作成，大的有四五寸，而小的只有二三寸，用水冲磨内壁，用布擦拭外表，使瓢光亮滑溜，水浸不变形，不沾染尘污，悬挂在手杖上、用树根雕刻的禅椅上都可以。还有两瓢共生的、可做帽子的，都很雅致。至于长腰形、鹭鸶形、弯脖子的葫芦都不能用。

【古法今解】

瓢多用葫芦干壳做成，用锯子锯开后得到两半，一般用来舀水作水瓢用。《辞源》上对"瓢"的解释是：剖开葫芦做成的舀水、盛酒器。所以，唐人张说《咏瓢》诗有"美酒酌悬瓢"；杜甫《赠特进汝阳王二十二韵》中写道："瓢饮唯三径，岩栖在百层。"由此观之，瓢除了舀水，更多做盛酒的容器。《论语》上说："一箪食，一瓢饮，在陋巷，人不堪其忧，回也不改其乐"。由此而产生的"瓢箪"用来比喻安贫乐道的生活。

钵

【原典】

钵，取深山巨竹根，车旋为钵，上刻铭字或梵书，或《五岳图》，填以石青，光洁可爱。

【译文】

钵要取深山大竹子根车成圆形，上面刻上铭文或梵文，或者画上《五岳图》，涂抹上石青色颜料，光滑可爱。

【古法今解】

钵是洗涤或盛放东西的陶制的器具，形如盆而体积略小，有瓦钵、铁钵、木钵、饭钵、茶钵、乳钵。钵，是出家人的食器，梵语"钵多罗"的简称，出家人托钵乞食，堪受人天供养，故代表"福田"。由于僧人持钵以应受他人的饮食，故钵又称"钵盂""应法器"和"应量器"。钵有三事相应：色相应，钵要灰黑色，令不起爱染心；体相应，钵体质粗，使人不起贪欲；量相应，应量而食，含有少欲知足之意。

花瓶

【原典】

花瓶以古铜入土年久，受土气深，以之养花，花色鲜明，不特古色可玩而已。铜器可插花者：曰尊①，曰罍（léi）②，曰觚（gū）③，曰壶，随花大小用之。瓷器用官、哥、定窑古胆瓶，一枝瓶、小蓍草瓶、纸槌瓶，余如暗花、青花、茄袋、葫芦、细口、匾肚、瘦足、药坛及新铸铜瓶、建窑等瓶，俱不入清供，尤不可用者，鹅颈壁瓶④也。古铜汉方瓶，龙泉、钧州瓶，有极大高二三尺者，以插古梅，最相称。瓶中俱用锡作替管⑤盛水，可免破裂之患。大都瓶宁瘦，无过壮，宁大，无过小，高可一尺五寸，低不过一尺，乃佳。

【注释】

①尊：古代盛酒之器。

②罍（léi）：盛酒或水的容器。

③觚（gū）：古代饮酒器。青铜制，喇叭形口，细腰，高圈足。

④鹅颈壁瓶：一种挂在墙壁上的瓶子，状如鹅颈。

⑤替管：用来盛水的器具。

【译文】

古铜花瓶藏于土中多年，地气深厚，用来养花，花色鲜亮，不只是古色古香可供赏玩而已。可用于插花的铜器有尊、罍、觚、壶，根据花的大小来选用。瓷器用官窑、哥窑、定窑的古胆瓶，一枝瓶、小蓍草瓶、纸槌瓶，其余的如暗花、青花、茄袋、葫芦、细口、扁肚、瘦足、药坛及新铸铜瓶，建窑等瓷瓶都不能用于清玩。尤其不能使用的是鹅颈壁瓶。古铜汉代方瓶，龙泉窑、均州窑产的瓷瓶，有一种二三尺高的瓶子，用来插梅花最相称。瓶子中用锡制的屈管来盛水，可防止瓶子破裂。花瓶大多宁可瘦长，不可过于粗壮，宁大勿小，瓶高可至一尺五寸，低不过一尺最好。

古法今解

花艺也称花道，兴于宋，盛于明，插花形式受禅宗及道家影响，崇尚朴素自然，讲究简劲奇古的野趣创作。花瓶最早出现在魏晋南北朝，且由供养礼佛的香花而来。"花"字在南北朝以前的文字中还没有出现。"花"与"华"通假，从野生花卉，到庭院栽植，再到厅堂摆放，花的芳香、艳丽和品德也随之进入中国文化的基因谱系。于书斋雅室中置瓶插花，乃古代文人生活的雅趣之一，插花与挂画、焚香、点茶合称为四般闲事。

用瓶插花古已有之，且插花之器也很考究。中国古代插花工艺到明代已经极为完备，更有诸多博雅君子著书立说把插花艺术上升到理论高度。文震亨提到花瓶的两个用途：插花或供清玩。他最欣赏的是铜制的花瓶，不仅古色古香，而且能让花色鲜亮，对诸多样式的瓷瓶则很排斥，无他，俗而已。

爱花者众，古今皆然，但古人所用插花之器却比今天考究。比较常见的传统花瓶口稍大，脖颈细，再往下是丰满的弧度，最后下方线条收住，呈 S 型。今天人们将徒具外表并无才能的人形容为"花瓶"，因为花瓶具有婀娜的外形、华美的表面花纹和光滑的触感，却并无多大实用价值，且易坏。然而，在室内鲜花盛开的瞬间，不正是花瓶在默默打底吗？作为装饰品、收藏物，极尽华美之姿，成为鲜花的配角，也静静地绽放美丽。

杖

【原典】

鸠杖最古，盖老人多"咽"，鸠能治"咽"故也。有三代立鸠、飞鸠杖头，周身金银填嵌者，饰于方竹、筇竹、万岁藤之上，最古。杖须长七尺余，摩弄光泽，乃佳。天台藤更有自然屈曲者，一作龙头诸式，断不可用。

【译文】

鸠杖最古老，可能是因为老人常噎食，而斑鸠能治噎食之故。有三代立鸠、飞鸠杖头，杖身用金银镶嵌，然后雕饰在方竹、筇竹、万岁藤之上，最古老。手杖须长七尺多，用手摩挲出光泽才最佳。天台藤中有一种天然弯曲的，有人做成龙头等样式就不可用了。

古法今解

　　拐杖也称"扶老"。"老"字在甲骨文中就是一个躬身驼背、头发稀疏拄杖而行的人。古代统治者为了表示对老人的尊敬，使拐杖成为一种权力的象征。鸠杖又称鸠杖首，即在手杖的扶手处做成一只斑鸠鸟的形状。古时鸠杖是长者地位的象征，汉代以拥有皇帝所赐鸠杖为荣，传说鸠为不噎之鸟，刻鸠纹于杖头，可望老者食时防噎。汉朝有尊老敬老之风，鸠杖是古代老人的通行证。《汉书》记载，汉明帝时朝廷曾主持一次祭祀寿星仪式，普天之下只要年满 70 岁的古稀老人，无论贵族还是平民都可成为汉明帝的座上客。宴后，皇帝还赠送酒肉谷米和一柄做工精美的王杖。

数珠①

【原典】

　　数珠以金刚子②小而花细者为贵，以宋做玉降魔杵、玉五供养③为记总④，他如人顶⑤、龙充⑥、珠玉、玛瑙、琥珀、金珀、水晶、珊瑚、车渠者，俱俗；沉香、伽南香者则可；尤忌杭州小菩提子，及灌香于内者。

【注释】

①数珠：即念珠，佛教用物，念佛号或经咒时，用以计数的工具。

②金刚子：即金刚菩提子。

③五供养：佛家语，指五种供养物：涂香、供花、烧香、饭食、灯明。

④记总：即一串珠当中的配件，作为记数之别。

⑤人顶：人顶骨制成的数珠。

⑥龙充：龙鼻骨制成的数珠。

【译文】

　　数珠以个头小而花纹细密的菩提子最宝贵，宋代后用来作为玉制降魔杵、和涂香、供花、烧香、饭食、灯明等五种供养的计数之用，其他如川人头盖骨、龙充、珠玉、玛瑙、琥珀、金珀、水晶、珊瑚、车渠制的念珠都很俗气，沉香和伽南香制作的尚可。最忌用杭州小菩提子和人为施加香气制作的数珠。

古法今解

数珠本称念珠，是指以线来贯穿一定数目的珠粒，于念佛或持咒时，用以记数的随身法具；也称佛珠，佛教徒在念佛时为了摄心一念而拨动计数使用，其另一层含义就是"弗诛"，不要诛杀生命之意。

数珠的种类很多。常见的有持珠，多用来记录念诵佛号或诅咒的数目；影视剧中常见大家族里的女性长辈，手中最爱持一串念珠，后辈如有不敬或做坏事者，常无奈道一声："阿弥陀佛，罪过罪过。"

佩珠俗称手串，以十八颗子珠者最为普遍，多以名贵材质为之，时人都以佩戴佛珠为荣，俨然已成饰品；挂珠多用水晶、玛瑙、翡翠、珊瑚等珍贵材料制成，挂在身上保证在佛事活动中仪态庄重。

钟磬①

【原典】

不可对设，得古铜秦、汉镈（bó）钟②、编钟，及古灵璧石磬声清韵远者，悬之斋室，击以清耳③。磬有旧玉者，股④三寸，长尺余，仅可供玩。

【注释】

①钟磬：钟和磬，古代礼乐器。

②镈（bó）钟：古代乐器，大钟。

③清耳：犹净耳。表示不愿意让污浊的话语污染耳朵。

④股：磬的上端设悬处。

【译文】

钟磬不可相对摆设，收藏秦汉时期的古铜铸钟、编钟及古代灵璧石磬中声音清越悠远的，悬挂在室中，敲击以净耳。有一种旧玉的磬股三寸，长一尺多，只可用来赏玩。

古法今解

钟和磬是两种乐器，钟为青铜制，悬挂于架上，以槌叩击发音，祭祀或宴享时用，战斗中也用以指挥进退。西周中期开始有十几个大小成组的称编钟，大而单一的称特钟。磬为打击乐器，状如曲尺，用玉、石或金属制成，悬挂于架上击之而鸣。

文震亨的介绍虽极为简单，却显示了鲜明的审美趋向。一为"钟磬不可对设"。为何不能相对摆设？他没有说原因，其实在于对称摆设显出死板、俗套，而雅与美是不能落入套数的，独特的才美。二为"击以清耳"。之所以要选择秦汉古铜编钟及古灵璧石磬，不仅是因为外在形式的古雅，更在于身处古雅氛围中身心能得到净化。

扇 扇坠

【原典】

扇，羽扇最古，然得古团扇雕漆柄为之，乃佳；他如竹篾、纸糊、竹根、紫檀柄者，俱俗。又今之折叠扇，古称"聚头扇"，乃日本所进，彼国今尚有绝佳者，展之盈尺，合之仅两指许，所画多作仕女、乘车、跨马、踏青、拾翠之状，又以金银屑饰地面，及作星汉人物①，粗有形似，其所染青绿甚奇，专以空青、海绿②为之，真奇物也。川中蜀府制以进御，有金铰藤骨③、面薄如轻绡者，最为贵重；内府别有彩画、五毒④、百鹤鹿、百福寿等式，差俗，然亦华绚可观；徽、杭亦有稍轻雅者；姑苏最重书画扇，其骨以白竹、棕竹、乌木、紫白檀、湘妃、眉绿⑤等为之，间有用牙及玳瑁者，有员头、直根、绦环、结子、板板花⑥诸式，素白金面，购求名笔图写，佳者价绝高。其匠作则有李昭、李赞、马勋、蒋三、柳玉台、沈少楼⑦诸人，皆高手也。纸敝墨渝⑧，不堪怀袖，别装卷册以供玩，相沿既久，习以成风，至称为姑苏人事，然实俗制，不如川扇适用耳。扇坠宜用伽南、沉香为之，或汉玉小玦及琥珀眼掠⑨皆可，香串、缅（miǎn）茄⑩之属，断不可用。

【注释】

①星汉人物：银河中牛郎、织女类的神仙。星汉，银河。

②空青、海绿：均为矿物药。

③金铰藤骨：用金属钉铰穿制藤骨。金铰，铆钉。

④五毒：蟾蜍、蜥蜴、蜘蛛、蛇、炫。

⑤眉绿：斑竹之一种。

⑥员头、直根、绦环、结子、板板花：均为扇子的形状。员头，圆头。

⑦李昭、李赞、马勋、蒋三、柳玉台、沈少楼：都是制扇子的名手。

⑧纸敝墨渝：纸墨品质低劣，易损坏。渝，变化。

⑨眼掠：如现在的墨镜。

⑩缅（miǎn）茄：常绿乔木，种子可以雕刻成装饰品。

【译文】

　　扇子中羽扇最古老，但要配以古团扇的雕漆柄才好。其他如竹篾扇、纸糊扇、竹根及紫檀做柄的扇都很俗气。现在的折叠扇，古代称作聚头扇的是从日本引进的，日本现在还有极佳的折叠扇，展开有一尺大，合拢来仅有两指宽，扇面所画多仕女、乘车、跨马、踏青、拾翠，还有画金银屑布满地面及银河中的神仙的形状大致相似，所用青绿色颜料非常奇特，专门用空青、海绿来染色，真是奇物。四川府进献朝廷的有一种用金属铆钉穿制扇骨、扇面轻薄如丝的，最为贵重。内府还有彩画、五毒、百鹤鹿、百福寿等样式的有些俗气，但也华丽可观。徽州、杭州也有比较轻薄雅致的。苏州最看重书画扇，扇骨以白竹、棕竹、乌木、紫白檀、湘妃、眉绿等做成，间或也有用象牙及玳瑁做成的，有圆头、直根、绦环、结子、板板花等样式，扇面是素白金面，请名家题字作画，其中的佳品价格极高。制扇的工匠有李昭、李赞、马勋、蒋三、柳玉台、沈少楼等人都是高手。纸墨品质低劣，易损坏不堪携带，所以将扇面装订成册以供赏玩，相沿既久习以成风，以致成为苏州的特色，但实为俗气的做法，不如四川的扇子适用。扇坠宜用伽南木、沉香木来制作，或者用汉代的小佩玉或者琥珀眼掠也可以，香珠、缅茄一类的，断不可使用。

古法今解

　　扇子起初是一种礼仪工具，后来转变为纳凉、娱乐、欣赏等生活用品和工艺品。扇子不仅是夏月引风纳凉的必备良伴，更是文人生活中的时尚雅玩，有"凉友"之称。文震亨的曾祖父文徵明是明中期著名的"四大才子"之一，他创作的不少扇面，至今仍保存于北京故宫。文震亨所提到的"折叠扇"即今日之"折扇"。折扇扇面在明末开始流行，清代风行。

古代扇子种类很多，但真正被收藏家所垂青的，只有折扇和团扇两种，文震亨在文中提到的也是这两种扇子。除了结尾提到扇坠之外，此文大部分篇幅都在介绍扇子。有不同材质的扇子，有不同地方产的扇子，文震亨最欣赏的是四川府进献的扇子，虽然对苏州的扇子介绍较详细，却以苏州特色为俗。

明代之前用的都是团扇，在明代才开始流行折扇，文震亨说折扇来自日本，这也许可以解释为何明代之前很少见到折扇。扇坠也是宋代才有。

枕

【原典】

枕有"书枕"，用纸三大卷，状如碗，品字相叠，束缚成枕。有"旧窑枕"，长二尺五寸，阔六寸者，可用。长一尺者，谓之"尸枕"，乃古墓中物，不可用也。

【译文】

枕头有书枕用三大卷如碗粗细的纸，像品字一样叠放，捆扎在一起。有种"旧窑枕"，长二尺五，宽六寸，值得一用。长达一尺的叫"尸枕"，是古墓中陪葬之物，不作日常之用。

古法今解

枕头形制很多。仅就材质而论，除普通枕头外，还有石枕、木枕、竹枕、瓷枕、漆枕、皮枕、铜枕、银枕、水晶枕、丝织枕，甚至有制玉为枕的。唐朝有虎头枕，取辟邪之意。宋朝时的瓷枕则做成一个伏卧的男娃娃形状的，谓之"孩儿枕"，也叫"婴戏枕"。即使普通木枕也有贵贱之分，如黄杨木枕就比较贵重。

瓷枕的流行是从唐代始，到宋代达鼎盛期。从唐至明清，宫廷内外各类药枕盛极一时。除了常见的菊枕，药枕还有许多花样，如"明目枕"，内装苦荞皮、黑豆皮、绿豆皮、决明子、菊花等，民间则有荞壳枕、芦花枕。

古人睡觉时多用硬枕，而其中又以瓷质的居多。古代女子就寝都会挽个睡髻，上插金钗，金钗和玉枕一相撞，要么"钗声碎"，要么"敲枕声"了。

琴

【原典】

琴为古乐，虽不能操，亦须壁悬一床。以古琴历年既久，漆光退尽，纹如梅花，黯如乌木，弹之声不沉者为贵。琴轸①犀角、象牙者雅。以蚌珠为徽，不贵金玉。弦用白色柘（zhè）丝②，古人虽有朱弦清越等语，不如素质③有天然之妙。唐有雷文、张越，宋有施木舟，元有朱致远，国朝有惠祥、高腾、祝海鹤及樊氏、路氏，皆造琴高手也。挂琴不可近风露日色，琴囊须以旧锦为之，轸上不可用红绿流苏，抱琴勿横。夏月弹琴，但宜早晚，午则汗易污，且太燥，脆弦。

【注释】

①琴轸：琴上调弦的小柱。

②柘（zhè）丝：食柘叶的蚕所吐的丝。

③素质：未经加染的本色。

【译文】

琴是古乐器，即便不会弹琴也需要在墙壁上挂一张。古琴以久经岁月、漆光退尽、纹如梅花、木色深暗、弹奏之声不低沉的为珍贵。琴轸以犀角、象牙的为雅致。以蚌珠作为徽识就不必用金玉。琴弦用白色柘丝，古人虽有朱弦清越的说法，但不如本色琴弦有天然之妙。唐代有雷文、张越，宋代有施木舟，元代有朱致远，本朝有惠祥、高腾、祝海鹤及樊氏、路氏，这些都是造琴高手。悬挂古琴不可靠近风吹日晒之处，装琴的袋子要用古织锦来做，琴轸上不可有红绿流苏，不可横着抱琴。夏天弹琴，只宜早晚，中午时汗水多容易把琴弄脏，空气干燥琴弦易断。

古法今解

在古代，弹琴为是琴、棋、书、画四大才能之首，四方面的才能表现的是人的文化修养的主要体现。这里所说是古琴，又称瑶琴、玉琴、丝桐和七弦琴。19

世纪 20 年代起为了与钢琴区别而改称古琴。古琴初为 5 弦，汉朝起定制为 7 弦。古琴音域宽广，音色深沉，余音悠远，在中国有三千年以上历史，自古以来一直是许多文人必备的知识和必修的科目。

古琴是为高贵宾客演奏用的高级乐器，宾客在聆听琴曲时，必须正襟危坐，现代西方人欣赏古典音乐时不能随便离开座位也是这个理。这是一种文化素质和修养的体现，也是社会文明程度的体现。

琴台①

【原典】

以河南郑州所造古郭公砖，上有方胜及象眼②花者，以作琴台，取其中空发响，然此实宜置盆景及古石。当更制一小几，长过琴一尺，高二尺八寸，阔容三琴者，为雅。坐用胡床，两手更便运动，须比他坐稍高，则手不费力。更有紫檀为边，以锡为池，水晶为面者，于台中置水蓄鱼藻，实俗制也。

【注释】

①琴台：琴桌，用以架琴者。

②象眼：象眼形花纹。

【译文】

用河南郑州所产有方胜、象眼花样的郭公砖建造琴台，利用了空心使琴声更响亮的特点，但这种琴台更适合放置盆景和古石。应该另置一小几做琴台，长度超过琴身一尺，高二尺八寸，宽度可容三架琴，这样才雅致。坐凳用胡床，两手更便于运动，需要比一般的稍高，这样手不费力。还有一种琴台以紫檀镶边，用锡做水池，以水晶做台面，在水池中蓄养鱼藻，实在是很俗的做法。

古法今解

琴棋书画是才子佳人才能的标志，所以文震亨说即便不会弹琴，也要在墙上挂一张琴。卷一介绍过"琴室"，此处又有"琴台"，足见琴在文人生活中不可或缺的地位。文震亨介绍了琴轸、琴弦的鉴别及夏日弹琴的忌宜，列举了三种琴台，推崇的是以小几做成的琴台。

在《诗经》中我们古人已经用琴声来表达爱情了："窈窕淑女，琴瑟友之。"面对心爱之人，表达倾慕之情的方式也只是弹琴鼓瑟。《诗经》："我有嘉宾，鼓瑟鼓琴。"接待嘉宾，表达情意，最高的礼遇便是琴声。琴声不是肆意宣泄，而是含蓄隽永，在平和中表达执着与超脱。琴与书籍是文人的常伴之物，有琴书相伴，忘却人间忧愁，终老于此而欣然不悔。南朝谢朓《奉和随王殿下》："宴私移烛饮，游赏藉琴台。"这是文震亨认为适合放置盆景与山石的琴台。

砚

【原典】

砚以端溪①为上，出广东肇庆府，有新旧坑、上下岩之辨，石色深紫，衬手而润，叩之清远，有重晕、青绿、小鹧鸪眼者为贵；其次色赤，呵之乃润；更有纹慢而大者，乃西坑石，不甚贵也。又有天生石子，温润如玉，磨之无声，发墨②而不坏笔，真希世之珍。有无眼而佳者，若白端③、青绿端，非眼不辨。黑端出湖广辰、沅④二州，亦有小眼，但石质粗燥，非端石也。更有一种出婺（wù）源⑤歙（shè）山、龙尾溪，亦有新旧二坑，南唐时开，至北宋已取尽，故旧砚非宋者，皆此石。石有金银星及罗纹、刷丝⑥、眉子⑦，青黑者尤贵。黎溪石出湖广常德、辰州二界，石色淡青，内深紫，有金线及黄脉，俗所谓紫袍、金带者是。洮溪砚出陕西临洮府河中，石绿色，润如玉。衢砚出衢州开化县⑧，有极大者，色黑。熟铁砚出青州⑨，古瓦砚出相州⑩，澄泥砚⑪出虢州。砚之样制不一，宋时进御有玉台、凤池、玉环、玉堂诸式，今所称贡砚，世绝重之。以高七寸，阔四寸，下可容一拳者为贵，不知此特进奉一种，其制最俗。余所见宣和旧砚有绝大者，有小八棱者，皆古雅浑朴。别有圆池、东坡瓢形、斧形、端明⑫诸式，皆可用。葫芦样稍俗，至如雕镂二十八宿⑬、鸟、兽、龟、龙、天马，及以眼为七星形，剥落砚质，嵌古铜玉器于中，皆入恶道。砚须日涤，去其积墨败水，则墨光莹泽，惟砚池边斑驳墨迹，久浸不浮者，名曰墨锈，不可磨去。砚，用则贮水，毕则干之。涤砚用莲房壳，去垢起滞，又不伤砚。大忌滚水磨墨，茶酒俱不可，尤不宜令顽童持洗。砚匣宜用紫黑二漆，不可用五金，盖金能燥石。至如紫檀、乌木及雕红、彩漆，俱俗，不可用。

【注释】

①端溪：溪名。在今广东高要出砚石。

②发墨：磨墨时发涩不滑，磨出的墨汁很光亮。

③白端：纯白的端石。

④辰、沅：辰州、沅州，府名。在今湖南黔阳地区。

⑤婺（wù）源：县名。在今江西上饶地区。

⑥刷丝：石纹精细缜密如刷丝。

⑦眉子：安徽歙县眉子坑所产砚石。

⑧衢州开化县：在今浙江金华地区。

⑨青州：古九州之一，在今山东境内。

⑩相州：在今河南安阳。

⑪澄泥砚：瓦砚。

⑫端明：古代宫殿名。

⑬二十八宿：古代天文学分周天为二十八星宿。

【译文】

砚台以端溪石为上品，产自广东肇庆府，端溪砚有新旧坑、上下岩之别，以石色深紫、手感温润、敲击声音清远、有重晕、青绿色、有圆形斑点的为珍贵；其次是颜色赤红、呵气才温润的；还有一种石纹粗大的西坑石，不太珍贵。有一种天然石子，温润如玉，研磨无声，发墨而不坏笔，确为稀世珍品。也有无眼的好砚台，如白端、青绿端，不能以是否有眼来辨别优劣。黑端出自湖广辰州、沅州，也有小眼，但石质粗糙干燥，不是端石。还有一种出自婺源歙山、龙尾溪的砚石，也有新旧二坑，南唐时开始开采，到北宋时已采尽，所以所谓旧砚并不是宋代的，而是这里的石头。砚石有金银星及罗纹、刷丝、眉子等样式，其中青黑色的尤为珍贵。黎溪石出自湖广常德、辰州两地，石色淡青，内中深紫色，有金黄色的纹理，俗称紫袍、金带。洮溪砚出自陕西临洮府的河中，石绿色，温润如玉。衢砚出自衢州开化县，有极大的，黑色。熟铁砚出自青州，古瓦砚出自相州，澄泥砚出自虢州。砚的样式规格不相同，宋代进献皇宫的，有玉台、凤池、玉环、玉堂等样式，即现在所谓的贡砚，很为世人看重。砚台以高七寸、宽四寸、下面可容一只拳头的为珍贵，不知道这种规格而进奉的另一种，它的制作很俗气。我所见到的宣和古砚台，有极大的，有小八棱形的都古雅浑朴。还有圆池、东坡瓢形、斧形、端明殿等样式的都可使用。葫芦形状的稍俗，至于像雕镂二十八星宿、鸟、兽、龟、龙、天马及剥落部分砚石，嵌入古铜玉器，做成七星形眼的都堕入俗道。砚台要每天清洗，清除积存墨汁，新的墨汁就光亮润泽，但是砚池边久浸不上浮的斑驳墨迹，称之为墨锈，不可清除。砚台用的时候就灌水，用毕就要使它干燥。洗涤砚台可用莲蓬壳，能清除污垢淤滞，又不损伤砚台。特别忌讳用滚水磨墨，茶水、酒水都不行，更不要让顽童清洗砚台。砚台匣子适合用紫漆、黑漆，不能用金属的，因为金属使砚石干燥。至于紫檀、乌木及雕红、彩漆的匣子都很俗，不可使用。

古法今解

砚也称"砚台"，是传统文房用具，文房四宝之一。古人用砚十分讲究，据《古砚考》记载："昔人云：宁可三日不沐面，不可一日不洗砚。甚矣砚之必当勤洗也，多洗则不竭燥，多洗且得神气，三日不涤，宿墨胶凝，书写滞笔，墨色尘灰，不能清鲜矣……"意思是说，砚台要注意及时清洗，而洗砚最好用清水配以丝瓜瓢慢慢洗涤。

中国四大名砚之称始于唐代，它们是端砚、歙砚、洮砚、红丝砚。宋代澄泥砚兴起，四大名砚加上红丝砚，应是五大名砚。事实上，中国古砚品种繁多，远不止此。砚台的材料除端石、歙石、洮河石、澄泥石、红丝石、砣矶石、菊花石外，还有玉砚、玉杂石砚、瓦砚、漆沙砚、铁砚、瓷砚等几十种。

砚台由于其性质坚固，传百世而不朽，被历代文人作为珍玩藏品。鉴别一方砚台的优劣是十分重要的。好的砚台，用手抚摸时会给人以润滑细腻之感，就像小孩的皮肤。另外，好的砚台

还会给人以冰凉之感。将砚用五指托空，轻轻敲击，或用另手指轻弹，歙砚以具有清脆的"铿铿铿"金属声者属于最好的，而端砚则以竹木之声为好，如果发出金属声，那便是下品了。

笔

【原典】

尖、齐、圆、健，笔之四德，盖毫①坚则尖，毫多则齐，用苘（qǐng）②贴衬得法，则毫束而圆，用纯毫附以香狸③、角水得法，则用久而健，此制笔之诀也。古有金银管、象管、玳瑁管、玻璃管、镂金、绿沉管④，近有紫檀、雕花诸管，俱俗不可用。惟斑管⑤最雅，不则竟用白竹⑥。寻丈⑦大笔，以木为管，亦俗。当以筇竹为之，盖竹细而节大，易于把握。笔头式须如尖笋，细腰、葫芦诸样，仅可作小书，然亦时制也。画笔，杭州者佳。古人用笔洗，盖书后即涤去滞墨，毫坚不脱，可耐久。笔败则瘗之，故云败笔成冢，非虚语也。

【注释】

①毫：长而锐的毛。指毛笔头。

②苘（qǐng）：苘麻，一年生草本植物，供制绳索用。

③香狸：灵猫。因肛门下部有分泌腺，能发香味，又称香狸。

④绿沉管：深绿色的笔杆。管，笔杆。

⑤斑管：斑竹所制的笔杆。

⑥白竹：以箬竹制成的普通笔管。箬竹叶缘略有白色，故称白竹。

⑦寻丈：泛指八尺到一丈之间的长度。

【译文】

尖、齐、圆、健是毛笔的四德，因为毫毛坚硬就尖，毫毛多就齐，毫毛黏贴得好就圆，用纯净的毫毛添加香狸油、胶水黏合得法，经久耐用，笔就健，这是制作毛笔的诀窍。古代有金银管、象管、玳瑁管、玻璃管、镂金管、绿沉管，近有紫檀、雕花等笔杆，这些都很俗气，不可使用。只有斑竹做的笔杆最雅致，不然的话就用箬竹来做笔杆。寻丈的大笔，用木做笔杆，也俗气。应当以筇竹来做，因为竹子细而且竹节大，易于把握。笔头的样式应该像尖笋，细腰、葫芦等样式的，仅可用于写小字，但也是现在时尚的样式。画笔以杭州产的属于最好的。古人用笔洗，因为写完字就洗去剩余的墨汁，笔毛坚硬不脱落，经久耐用。笔坏了就埋起来，所以有败笔成冢的说法，此话不虚。

古法今解

毛笔是中国的传统书写工具，是汉族人民在生产实践中发明的，是汉民族对世界艺术宝库提供的一件珍宝。毛笔的制作，开始是用兔毛，后用羊、鼬、狼、鸡、鼠等动物毛。笔管以竹或其他质料制成。头圆而尖，用于传统的书写和图画。毛笔主要由笔毫、笔管两个部分组成。笔头毛色光润，浑圆壮实，笔锋尖锐，美观挺拔，尖、齐、圆、健四德皆备为好——这也是毛笔的质量标准。

古往今来，自从笔管成为鉴赏和珍藏的对象后，人们便常以珍宝珠玉制作笔管，用以获取装饰之美或夸耀其财势和地位。现今保存下来的笔管多数是瓷的、玉的、漆的，少数还有金属的和象牙的。

墨

【原典】

墨之妙用，质取其轻，烟取其清，嗅之无香，磨之无声，若晋、唐、宋、元书画，皆传数百年，墨色如漆，神气完好，此佳墨之效也。故用墨必择精品，且日置几案间，即样制亦须近雅，如朝官、魁星、宝瓶、墨玦①诸式，即佳亦不可用。宣德墨最精，几与宣和内府所制同，当蓄以供玩，或以临摹古书画，盖胶色已退尽，惟存墨光耳。唐以奚廷珪（guī）②为第一，张遇③第二。廷珪至赐国姓，今其墨几与珍宝同价。

【注释】

①朝官、魁星、宝瓶、墨玦：均为墨的一种样式。朝官，宋代称一品以下常参官员。魁星，星名。指北斗七星的第一星天枢。宝瓶尊称盛佛具法具之瓶器，有花瓶、水瓶等数种。

②奚廷珪（guī）：即李廷珪，唐代墨工。廷珪姓奚，南唐时赐姓李。

③张遇：唐代墨工。

【译文】

墨的妙用，质地要轻，墨色要清，闻之无香，研磨无声，如晋、唐、宋、元书画都流传数百年，仍然墨色如漆，神气完好，这都是好墨的功效。所以用墨一定要选择精品，并且墨要每天放于几案之间，即便是样式也要雅致，如朝官、魁星、宝瓶、墨玦等样式，即使墨色很好也不能用。宣德墨最好，几乎与宋代宣和内府的墨相同，可以收藏以供玩赏，或者用来临摹古书画，因为墨的胶色已经退尽，只剩下墨光。唐代的墨以奚廷珪所制为第一，张遇所制为第二。廷珪被皇帝赏赐国姓，他制作的墨现在几乎与珍宝同价。

古法今解

墨是中国古代书写和绘画用的，主要原料是炭黑、松烟、胶等，是碳元素以非晶质型态的物质。中国人对于黑色似乎有一种偏爱，远在四千多年前的陶器，除在彩陶上加墨色外，还有东方特有的全黑陶器被使用。中国古代文人对墨也很重视，常用"玄霜""乌玦""墨松使者"等隐士性的别号称呼它。

自魏以后，涌现了很多制墨名家。如魏有韦诞，晋有张金，唐有祖敏、李阳冰等十九人，宋有柴珣、张遇、叶茂实、潘谷、潘衡等百三十余人，金有刘法、杨文秀二人。他们制墨的技术在当时都很精妙，历史也久，但世间很少见，如有人得到他们的墨都当作是宝。

明代出现了规模较大的制墨作坊，开墨坊、墨店的人增多，出现了歙、休宁两大派系。嘉靖年间，歙派以罗小华为代表，他制墨用桐油烟并加入"金珠玉屑"等配料，使墨品质精良，"坚如石，纹如犀，黑如漆，一螺值万钱"。休宁派的创始人是汪中山、邵青丘，他们于1622年创制了"集锦墨"，将各种鸟兽或山水花卉刻制成模具，使集墨者爱不释手。

纸

【原典】

古人杀青为书，后乃用纸。北纸用横帘①造，其纹横，其质松而厚，谓之侧理。南纸用竖帘②，二王③真迹，多是此纸。唐人有硬黄纸，以黄蘗（niè）④染成，取其辟蠹。蜀妓薛涛⑤为纸，名十色小笺，又名蜀笺。宋有澄心堂纸⑥，有黄白经笺，可揭开用。有碧云春树、龙凤、团花、金花等笺，有匹纸长三丈至五丈，有彩色粉笺及藤白⑦、鹄白、蚕茧等纸。元有彩色粉笺、蜡笺、黄笺、花笺、罗纹笺，皆出绍兴，有白箓、观音、清江等纸，皆出江西。山斋俱当多蓄以备用。国朝连七、观音、奏本、榜纸⑧，俱不佳。惟大内用细密洒金五色粉笺，坚厚如板，面砑光如白玉，有印金花五色笺，有青纸如段素，俱可宝。近吴中洒金纸、松江潭笺，俱不耐久，泾县⑨连四最佳。高丽别有一种，以绵茧造成，色白如绫，坚韧如帛，用以书写，发墨可爱，此中国所无，亦奇品也。

【注释】

①横帘：横式帘，供荡料及压纸用。

②竖帘：竖式帘，供荡料及压纸用。

③二王：王羲之、王献之。

④黄蘗（niè）：落叶乔木，树皮可入药，也可作黄色染料。

⑤薛涛：唐代名妓。姿容美艳，善诗歌。

⑥澄心堂纸：纸上有"澄心"字号，澄心堂所制。南唐后主李煜极为推崇。

⑦藤白：剥去皮的藤。

⑧连七、观音、奏本、榜纸：均为明代所造的纸的一种。

⑨泾县：在今安徽泾县。

【译文】

古人刮去竹简表面的青皮来写字，后来才使用纸张。北纸用横帘制造，纹理是横的，纸质疏松粗厚，称为侧理。南纸用竖帘制造，王羲之、王献之的真迹用的多是南纸。唐代有硬黄纸，用黄蘗染成，利用了它能杀虫的特性。唐代四川名妓薛涛所作纸笺名为十色小笺，又叫蜀笺。宋代有澄心堂纸，有黄白经笺，可以揭层使用。有碧云春树、龙凤、团花、金花等笺；有匹纸，长三至五丈；有彩色粉笺及藤白、鹄白、蚕茧等纸。元代有彩色粉笺、蜡笺、黄笺、花笺、罗纹笺都产自绍兴；有白箓、观音、清江等纸都产自江西。山居应当多收藏一些以备用。本朝的连七、观音、奏本、榜纸都不好。只有宫廷用的细密洒金五色粉笺，像板子一样坚硬厚实，表面光亮如白玉，有印成金花五色笺的，有像素色绸缎青纸都很宝贵。现在吴中的洒金纸，松江潭笺都不耐久，泾县的连四纸最好。高丽还有一种纸，是用绵茧制造的，色白如绫，坚韧如帛，用来书写，发墨可爱，这是中土所没有的，也是奇品。

古法今解

文房四宝是文人书斋的重要用具。文震亨花费较多笔墨讲述了砚台的优劣之辨、雅俗之辨以及使用方法，追溯了笔的历史，介绍了各种各样的纸笺。作为文人的重要用品，文震亨当然突出了雅致的追求，把砚、笔分出雅俗。文人又称墨士，对于墨要求更高，墨色再好，只要样式俗，也断不能使用。

笔墨纸砚都有着悠久的历史，纸较之笔墨砚晚出，但造纸术还是中国四大发明之一。从文震亨的论述便能看出，经历长久的发展之后，笔墨纸砚花样百出，质量各异，并出现了一些知名的品牌。宋代以来，文房四宝特指湖州笔、徽州墨、宣州纸、端州砚，这是品牌选择的结果。文人对笔墨纸砚的选择不仅依从自己的喜好，也有明确的品牌追求。

我们闻不到古人留下的文字的墨香，却能想见那与文人和谐亲密的笔墨纸砚怎样激发出文人的灵性，好的笔墨纸砚正像好的朋友一样，可遇不可求。正是文人与笔墨纸砚的相遇给后人创造了丰盛的精神宴会。

剑

【原典】

今无剑客，故世少名剑，即铸剑之法亦不传。古剑钢铁互用，陶弘景①《刀剑录》所载有："屈之如钩，纵之直如弦，铿然有声者。"皆目所未见。近时莫如倭奴②所铸，青光射人。曾见古铜剑，青绿四裹者，蓄之，亦可爱玩。

【注释】

①陶弘景：南朝梁时丹阳秣陵人，好神仙方术。《刀剑录》是陶弘景所撰。该书是作者研究刀剑冶炼的心得。书中记录了远自夏禹近到梁武帝各个朝代所制宝刀、宝剑的数目，并对每一把刀剑的名称、尺寸、铸造过程以及铭文等都做了详细的叙述，是研究我国古代刀剑工艺的珍贵史料。

②倭奴：日本人。

【译文】

现在没有剑客了，所以世上少有名剑，即便是铸剑的方法也失传了。古剑铜铁互用，陶弘景所著《刀剑录》载有："弯曲如钩，伸展如弦，铿锵有声。"这些都是不曾亲眼见到的。现在没有能比得上日本所铸的剑，寒光逼人。曾见到过古铜剑，布满青绿的古铜，收藏起来也可供玩赏。

古法今解

文震亨说"今无剑客"，可见剑客在明末的时候已很少见了，所以他对剑的介绍很简单，在他的时代，剑已失去实用功能，成为了收藏品。然而，琴与剑曾是文人的随身之物，一琴一剑走天涯曾经是很多文人的浪漫幻想。宋代陆游《出都》："重入修门甫岁余，又携琴剑返江湖。"一琴一剑，一柔一刚，驰骋于偌大的江湖，刚柔相济，施展才华，实现抱负，人生既完满又充满诗意。然而仗剑走天涯的文人却多是琴剑飘零的结局。

印章

【原典】

以青田石莹洁如玉、照之灿若灯辉者为雅。然古人实不重此，五金、牙、玉、水晶、木、石皆可为之，惟陶印则断不可用，即官、哥、青冬等窑，皆非雅器也。古鋄金、镀金、细错金银、商金、青绿、金玉、玛瑙等印，篆刻精古，钮（niǔ）①式奇巧者，皆当多蓄，以供赏鉴。印池以官、哥窑方者为贵，定窑及八角、委角者次之，青花白地、有盖、长样俱俗。近做周身连盖滚螭白玉印池，虽工致绝伦，然不入品。所见有三代玉方池，内外土锈②血侵③，不知何用，今以为印池，甚古，然不宜日用，仅可备文具一种。图书匣以豆瓣楠、赤水、椤为之，方样套盖，不则退光素漆者亦可用，他如剔漆、填漆、紫檀镶嵌古玉及毛竹、攒竹④者，俱不雅观。

【注释】

①钮（niǔ）：印鼻，提系之处。

②土锈：玉石埋藏地下多年形成的泥土印迹。

③血侵：玉石埋藏地下多年形成的血色痕迹。

④攒竹：竹的一种。

【译文】

印章以青田石莹洁如玉、经日光照耀灿烂如灯光的为雅致。但古人实际并不看重青田石，金、牙、玉、水晶、木、石都可用来篆刻印章，只有陶瓷印章断不可用，即便是官窑、哥窑、青冬窑的瓷器也不是古雅器物。古鎏金、镀金、细错金银、商金、青绿、金玉、玛瑙等印章，篆刻精致古雅、钮式奇巧的都应该多收藏和鉴赏。印泥池以官窑、哥窑的方瓷盒为珍贵，定窑以及八角形、圆形的次之，青花白地、有盖的、长方形的都很俗。现在有做成全身和盖都是螭形的白玉印池，作工精致绝伦但不入品。有夏商周时期的玉石方池，内外部有土锈血侵，不知原来是做什么用的，现在作为印池就很古雅，但不适合日用，只可作为一种文具收藏。图书盒子以豆瓣楠、赤水木、椤木来做成成套的方盒，不然的话就用退光素漆，其他如剔漆、填漆、紫檀镶嵌古玉、毛竹、攒竹等都不雅观。

【古法今解】

文震亨从材质与形状两方面对印章作出鉴别，可概括为三个字：贵、雅、俗。古代印章多用铜、银、金、玉、琉璃等为印材，后有牙、角、木、水晶等，元代以后盛行石章。印章至少在春秋战国时已经被使用，秦朝以前，印章统称为玺，秦统一天下后规定只有皇帝的印章才能称作玺，普通的印章一律称为印，战国时期主张合纵的苏秦曾佩带六国相印。

印章在春秋时期只是商人交收货物时的凭证，秦朝统一六国以后才变成了表示权力的东西。古人造假不多，所以印章具有相当大的实用性和权力。唐宋之后，印章成为文人的特有符号，诗画题识、日常应用均离不开印章。文人私章往往是率性而为，我们从中能窥出文人的脾性和禀性之一斑。

文具

【原典】

文具虽时尚，然出古名匠手，亦有绝佳者。以豆瓣楠、瘿（yǐng）木①及赤水、椤为雅，他如紫檀、花梨等木，皆俗。三格②一替，替中置小端砚一，笔觇③一，书册一，小砚山一，宣德墨一，倭漆墨匣一。首格置玉秘阁一，古玉或铜镇纸一，宾铁古刀大小各一，古玉柄棕帚一，笔船一，高丽笔二枝。次格古铜水盂一，糊斗、蜡斗各一，古铜水杓一，青绿鎏金小洗④一。下格稍高，置小宣铜彝炉一，宋剔合⑤一，倭漆小撞⑥、白定或五色定小合各一，矮小花尊或小觯（zhì）⑦一，图书匣一，中藏古玉印池、古玉印、鎏金印绝佳者数方，倭漆小梳匣一，中置玳瑁小梳及古玉盘匜等器，古犀玉⑧小杯二，他如古玩中有精雅者，皆可入之，以供玩赏。

【注释】

①瘿（yǐng）木：指楠树树根。

②格：一层。

③笔觇：置笔之具。

④青绿鎏金小洗：鎏金铜器所作青绿色笔洗。

⑤宋剔合：宋代剔红的漆盒。

⑥倭漆小撞：日本漆提盒。

⑦小觯（zhì）：小酒器。

⑧犀玉：犀角和玉。

【译文】

文具虽为时下流行用具，但出自古代名匠之手的也有非常好的。用豆瓣楠、瘿木及赤水、椤木来做雅致，其余的如紫檀、花梨等木都很俗气。三层为一屉，其中放置一个小端砚，一个笔觇，一卷书册，一个小砚台，一块宣德墨，一个日本漆墨匣。首格放置一个玉制秘阁，一块古玉或一个铜镇纸，精铁古刀大小各一个，一把古玉柄的棕帚，一个笔船，两枝高丽笔。第二层放置古铜水盂一个，糊斗、蜡斗各一个，古铜水杓一个，鎏金铜器青绿笔洗一个。第三格稍高些，放置一个小宣铜彝炉，一个宋代剔红漆盒，日本漆提盒一个，定窑白瓷或五色瓷小盒一个，矮小花酒杯或小觯一个，图书匣一个，其中收藏几方极好的吉玉印池、古玉印、鎏金印，日本漆小梳匣一个，内中置备玳瑁小梳子及古玉盘匜等器物，古犀角玉石小杯两个，其他精雅的古玩，也都可收藏其中，以供玩赏。

古法今解

我国古代文具用品，以纸墨笔砚四者最为主要，附带有书刀、书镇、砚台、笔床等。文震亨介绍的古代文具，无论是当时还是现在都是文具中的极品，不是一般文人雅士能用的。一般来说，文房器物时有文人士大夫参与设计和定制，作品完成后再请人品评。

古代文具具有艺术性与实用性的双重特质。一方面良匠提供文士以精善的工艺，另一方面文士为凸显其不俗品味而提供设计巧思，两者之间互相交织，良匠常凭其高超技术而获得"艺而近乎道"的尊重。因此成为工艺美术家逐名的重要推手，也对工艺技术的保存与传衍有着积极的意义。

卷八　衣饰

【原典】

衣冠制度，必与时宜，吾侪既不能披鹑带索①，又不当缀玉垂珠，要须夏葛、冬裘，被服娴雅，居城市有儒者之风，入山林有隐逸之象。若徒染五采②，饰文缋③，与铜山④金穴⑤之子，侈靡斗丽，亦岂诗人粲粲⑥衣服之旨乎？至于蝉冠⑦朱衣，方心曲领，玉佩朱履之为"汉服"也；幞（fú）头⑧大袍之为"隋服"也；纱帽圆领之为"唐服"也；襜帽襕（lán）衫⑨、申衣⑩幅巾⑪之为"宋服"也；巾环⑫襈（zhuàn）领⑬、帽子系腰之为"金元服"也；方巾团领之为"国朝服"也，皆历代之制，非所敢轻议也。志《衣饰第八》。

【注释】

①带索：以绳索为衣带。

②五采：采，通"彩"。青、黄、赤、白、黑五色相间称为五彩。

③文缋："文"通"纹"，"缋"通"绘"。文缋，花纹图画。

④铜山：产铜的山。

⑤金穴：藏金之窟。

⑥粲粲：鲜明的样子。

⑦蝉冠：汉代侍从官所戴的冠。

⑧幞（fú）头：头巾。

⑨襕（lán）衫：兴于唐代、流行于宋代的一种上下衣相连的服装，多为官员、学子所穿。

⑩申衣：即深衣，上衣和下裳相连在一起，用不同色彩的布料作为边缘，其特点是使身体深藏不露，雍容典雅。现代人文学者建议将深衣作为中华地区汉族的服装来推广，作为汉族文化的代表。

⑪幅巾：头巾。

⑫巾环：巾上所系的环。

⑬襈（zhuàn）领：滚领。

【译文】

服装的样式规格，要与时代相适合。我辈既不能披补缀之衣，以草索为带，也不能缀玉垂珠，所以就应当夏天穿葛麻，冬天穿皮裘，衣着沉静文雅，居住在城市有儒者风度，闲居山林有隐逸之气象。如果一味追求服饰华丽多彩，与豪富之子争奢斗艳，这哪里是诗人衣着鲜明的宗旨呢？至于蝉冠朱衣，方心曲领，玉佩红鞋的为汉服；幞头大袍的为隋服；纱帽圆领的为唐服；襜帽襕衫、申衣幅巾的为宋服；巾环滚领、帽子系腰的为金元服；方巾圆领的为国朝服，这些都是历代服饰的规格，不敢随便议论。记《衣饰第八》。

古法今解

　　文震亨追溯了历代服饰的样式规格，对"吾侪"的着装要求是二要、三不要：要合时宜，要娴雅；不要草野之民的穿着，不要官员的穿着，不要与富豪之子争艳。这种着装达到的效果即：在城市有儒者之风，在山林有隐逸之气。

　　基督教认为人类祖先原本是不穿衣服的，亚当和夏娃赤身裸体生活在伊甸园里，夏娃受到蛇的诱惑偷吃了禁果，有了羞耻之心才拿树叶串成衣服来遮羞。这个故事道出了衣服的一个最基本的功能：遮羞。后来衣服越发展功能越多，从遮羞到保暖，再到审美，后来竟然和民族礼法等联系在了一起，衣服就有了多种情感的表述。例如，明初由于实行重农抑商的政策，明政府规定商人不能穿丝绸做的衣服，而且商人的全家都没有穿丝绸衣服的权利。封建社会礼法束缚严重，对女人穿衣服也限制甚严。随着文明的发展，衣服总算顺应了女人的天性，从包裹严实转到薄、透、露，保暖和遮羞功能退居二线，表达个性审美和职业属性开始走向前台。但文震亨所论的衣服针对的却是一个固定的男性群体，这个群体讲究衣着，更讲究着衣之人的风神与品味。

　　在儒家思想中衣冠服饰还是礼仪、等级制度的重要内容之一，打上了鲜明的等级烙印。所谓"旌之以衣服，衣服所以表贵贱，施章乃服明上下"，古代有着"不僭上逼下"的着装要求：越级

穿错衣服和颜色，不但会受到惩罚，甚至还会招来杀身之祸，历史上因为着装而掉脑袋的人有很多。

各个时代的服装式样有各个时代的习俗和风格，如唐代纱帽圆领，明代则方巾圆领。文震亨的基本服饰思想是要合于时宜，既合于季节时令，也合于身份场合；不追求过分华丽，也不刻意衣衫褴褛。

道服

【原典】

制如申衣，以白布为之，四边延以缁色①布；或用茶褐为袍，缘以皂布②。有月衣③，铺地如月，披之则如鹤氅（chǎng）④，二者用以坐禅策蹇（jiǎn）⑤，披雪避寒，俱不可少。

【注释】

①缁色：黑色。

②皂布：黑布。

③月衣：月形衣服，即近代之披风。

④鹤氅（chǎng）：又叫"神仙道士衣"，就是斗篷、披风之类的御寒长外衣。

⑤策蹇（jiǎn）：策马前行。

【译文】

道服的样式像深衣，用白布做长袍，用黑布做边；或者用茶褐色布料做袍子，也用黑布做边。有一种"月衣"因其铺开如月亮一般而得名，披在身上就像斗篷披风，两者都是坐禅或者骑马时御寒遮蔽风雪不可少的。

古法今解

有人说中国古代的汉服主要来源便是道服、僧服和戏剧服装，这种说法可以看出道服在古代衣饰中的地位。明代鹤氅和披风形制差不多，只不过缘边多些，领子相合一些，相比之下褶子袖子应更加宽大。氅和道袍样式差不多，披在身上像一只鹤，这种服装在明代宫中盛行，勋臣贵族之家争先效仿。

关于道服，明朝另外两部著作可以作为本文的补充。《三才图会》上刻有道衣的图样，有领子而非三台领，袖子大，下有裙，腰部系有宫绦。道服的发展一是因为道教兴盛，二是文人青睐于道家仙风道骨的做派。文震亨将道服拿出来专门介绍，可见道教在当时的普及。

禅衣

【原典】

以洒海剌①为之，俗名"琐哈剌"，盖番语②不易辨也。其形似胡羊③毛片，缕缕下垂，紧厚如毡，其用耐久，来自西域，闻彼中亦甚贵。

【注释】

①洒海剌：波斯语音译词，古代西域所产的一种毛织物。

②番语：即外国语，古称外国为番，如番舶、番银等。

③胡羊：绵羊。

【译文】

禅衣多用一种叫洒海剌的毛织物制作而成，因为番语译音难辨，也俗称"琐哈剌"。它的外形就像绵羊的毛皮，成片成缕地下垂着，像毡子一样厚，经久耐用，来自西域，听说在那里也很贵。

古法今解

文震亨所写的禅衣与我们通常所说的禅衣大不相同。我们常说的禅衣为"襌衣"的谬写，又称"单衣"，华夏服饰体系中深衣制的一种，质料为布帛或薄丝绸。《释名·释衣服》："襌衣，言无里也。"禅衣一般是夏衣，质料为布帛或为薄丝绸。

洒海剌是一个外来词语，又称琐哈剌、撒哈剌，最早出现在元代文献中。元、明、清三代，中亚、东南亚等地区的国家向中国朝廷多次进贡洒海剌。

根据明清各种资料记载，基本可以总结出洒海剌的特点：其一是由羊毛或羊绒制成的，虽与毛毡相似，但比毛毡还薄还轻；其二是一种较为宽大的织物，其宽度有三尺多；其三，色彩主要为红色，也有绿色，有专家考证认为洒海剌词源为"红布"。

長物志全鑒

被

【原典】

被以五色普罗①为之，亦出西番②，阔仅尺许，与琐哈剌相类，但不紧厚；次用山东茧绸，最耐久，其落花流水、紫、白等锦，皆以美观，不甚雅，以真紫花布为大被，严寒用之，有画百蝶于上，称为"蝶梦"者，亦俗。古人用芦花为被，今却无此制。

【注释】

①普罗：西域以羊毛织成的呢绒。

②西番：明代对西方国家的称呼。

【译文】

被子多用西域羊毛呢绒制作，也出自西蕃，仅一尺多宽，和"琐哈剌"类似，但不够紧密厚实。其次有用山东丝绸制作的，结实耐用。其上绣山水花鸟紫白色锦，美中不足的是欠缺一分雅观；用纯紫色花布制作厚被子，以作过冬用，有种在被子上画百蝶图的"蝶梦"被，很俗气。古人有用芦花做被褥的，现在却没有了。

古法今解

《说文解字》载："被，寝衣，长一身有半。""被"在古代有广义和狭义之分。广义的"被"泛指被子，狭义的"被"是与"衾"相对的，"衾"指大被，"被"指小被。古代一张完整的兽皮就是一床天然的被子，比后来的布被要小。"被"字结构上看是左衣右皮，一边是属性，衣着类，一边是材质，皮子制作。古人出门远行，有时需要带上被子。专门装被子的袋子叫被囊，也叫被袋、被套。

睡觉是人生一大事。一般来说，床要厚实软和，脚踏要稍高，被褥要根据冷暖调节，冬天要尽量暖和一些，枕头高约两寸多，使它与背部平齐，这样人睡在上面才舒服。

褥

褥，京师有折叠卧褥，形如围屏，展之盈丈，收之仅二尺许，厚三四寸，以锦为之，中实以灯心，最雅。其椅榻等褥，皆用古锦为之。锦既敝，可以装潢卷册。

【译文】

京城有种可以折叠的睡褥，形如围墙屏障，展开超一丈，收起来只有三尺多长，厚约三四寸，褥子面用锦缎做成，里面填充灯心草，最为雅观，而椅榻坐褥都用古锦，锦缎一旦旧了，还可装裱书籍。

【古法今解】

褥也称被褥，睡觉时垫在身体下面的东西，多用棉絮、兽皮或电热材料等制成，用来保温。天冷的时候，加个褥子会更暖和，用起来方便。《遵生八笺》记载了蒲花褥的生产过程："九月采蒲略蒸，不然生虫，晒燥，取花如柳絮者，为卧褥或坐褥，皆用粗布作囊盛之，装满，以杖鞭击令匀，厚五六寸许，外以褥面套囊，虚软温燠，他物无比。春时后，去褥面出囊，炕燥收起，岁岁可用。"

绒单

【原典】

绒单出陕西、甘肃，红者色如珊瑚，然非幽斋所宜，本色者最雅，冬月可以代席。狐腋、貂褥不易得，此亦可当温柔乡矣。毡者不堪用，青毡用以衬书大字。

【译文】

绒单产自陕西、甘肃地区，红色的色如珊瑚，却不适合幽静的居室，本色绒单最雅，冬季可以代替席子用。狐腋大衣、貂皮褥子轻易不可得，那是冬夜的最佳用品，毛毡不可用，青色毛毡可铺在桌子上写毛笔大字。

古法今解

绒是古代的名贵织物，也叫作"织成"，形成于汉代以前，是由锦分化出来的一种丝织品。绒属于起毛组织的织物。古代的绒都是经起绒，即把经线分作地经和绒经两部分。地经专织地子，绒经起绒。每织三四梭地子才起一梭绒经，并且把预先备下的篾丝或金属丝插入梭口，使绒经呈现凸起的圆圈，然后用刀割开，就可以形成丝绒。彩纬只在显色部位织入，所以织同样花纹图案时用彩纬的量比通纬要少。绒除了做绒单，还可做绒花。绒花有 1000 多年的历史，最早可追溯到唐代武则天时代，明清走向高峰，清代康、乾年间朝廷特设江宁织造府，专门置办宫廷织物，绒花更具规模。

帐

【原典】

帐，冬月以茧绸或紫花厚布为之，纸帐与绸绢等帐俱俗，锦帐、帛帐俱闺阁中物，夏月以蕉布①为之，然不易得。吴中青撬纱②及花手巾制帐亦可。有以画绢为之，有写山水墨梅于上者，此皆欲雅反俗。更有作大帐，号为"漫天帐"，夏月坐卧其中，置几榻橱架等物，虽适意，亦不古。寒月小斋中制布帐于窗槛之上，青紫二色可用。

【注释】

①蕉布：蕉麻织成的布。

②青撬纱：一种青色稀纱。

【译文】

冬天用茧绸或紫花厚布做成床帐，纸帐与绸绢做成的床帐都很俗，锦帐、帛帐都是闺阁中物，夏天可以用蕉布做成床帐，但很难得到。吴中青纱和花手巾做成的帐也可以。有以画绢做帐的，有的在帐上画上山水梅花，这是想求雅致反倒很俗气。还有做得很大的床帐，称为漫天帐，夏天坐卧在里面，摆上几榻橱架等物，虽然适意，但不古雅。冬天里居室窗户上挂上布帐，青、紫二色都可使用。

　　文震亨这里写到的"帐"是床帐。文中提到的床帐种类较多，古代多用丝织品或者布制作。床帐用来覆盖住整张床，起到保暖、防蚊、防灰尘等多种功效，还可以遮挡光线。帐是用布或其他材料等做成的遮蔽用的东西。床帐是挂在床上的帐子。纱帐，纱制帐幕。古时候把未婚女子的住所称作"闺房"，是青春少女坐卧起居、练习女红、研习诗书礼仪的所在。从隐私性上来说，无床帐的架子床就是一件裸体的骨架床。床帐跟衣服一样，每季有适合，最初目的就是保暖、透风、防蚊、保护隐私，至于床帐的装饰功能，则多已出离其本意了。

冠

【原典】

　　冠，铁冠最古，犀玉、琥珀次之，沉香、葫芦者又次之，竹箨（tuò）①、瘿木者最下。制惟偃月②、高士二式，余非所宜。

【注释】

①竹箨（tuò）：竹笋壳。
②偃月：横卧形的半弦月。

【译文】

　　铁冠最古，犀角、玉石、琥珀的稍次，沉香、葫芦的又次一些，笋壳、瘿木做成的最差。头冠只有偃月、高士两种样式可取，其余的都不适合。

古法今解

　　身体发肤受之父母，古人很重视头发，所以冠、巾的穿戴很重要。最初发冠就是套在发髻上的一个罩子，只是为了美观的需要，商朝的时候形成了系统的冠服制度。到了汉代，冠服制度被重新制定，以区别不同的身份和级别，甚至在不同的场合都需要佩戴不同的冠、巾。当发髻梳成以后，冠又是身上最高的地方，所以冠慢慢就成了超出众人的、第一的代名词。像冠军、冠绝天下、位冠群臣等词语现在还在使用。

冠是古代头上装饰的总称，用以表示官职、身份与礼仪。冠类在历代的演变中从形式可分为冠冕、巾帻、幞头、帽、盔、笠等，从穿戴者身份也可分为帝王官吏、文人学士、武职将帅、后妃仕女和布衣等几大类。常见的冠有小冠，也称束髻冠，一种束在头顶的小冠，小冠多为皮制，形如手状，正束在发髻上，用簪贯其髻上，用緌系于项上，初为在家便装时戴，后通用于朝礼宾客，文官、学士常戴用。獬豸冠，也称法冠，为执法官所戴，传说獬豸是神羊，善判断曲直，秦汉及秦以前各代常用。进贤冠也称儒冠，是在朝文官所戴，冠上有梁为记，也称梁冠，梁冠多为在朝文官所戴。文震亨根据制作材料，将冠分出了等次，就样式而言，则只取偃月、高士两种。冠和帽不同。在古代，巾、帽、冠同属于首服，或头衣。古人扎巾是为了便利，戴帽是为了御寒，戴冠是为了装饰。

巾

【原典】

唐巾①去汉式不远，今所尚披云巾②最俗，或自以意为之，幅巾最古，然不便于用。

【注释】

①唐巾：唐代头冠名。冠有四条带子，两条系脑后，两条系颔下。

②披云巾：用缎或毡做成的头巾，匾巾方顶，后有絮棉的披肩，为冬季外出所用。

【译文】

唐巾与汉代头巾的样式差别不大，现在所崇尚的披云巾最俗，这是有人按自己的喜好来做的头巾，幅巾最古雅，但不便于使用。

古法今解

巾是古代系在头上的装饰物，用来擦抹或包裹、缠束、覆盖东西的小块纺织品。南朝顾野王《玉篇》载："巾，配巾也。本以拭物，后人着之于头。"在古代，巾是用来裹头的，女性用的称为"巾帼"，男性用的称为"帕头"，到了后周时期，出现了一种男女均可用的"幞头"，由此渐渐演变成各种帽子。秦统一六国后，曾以巾帕赏赐武将，与帽巾同时使用。古代男子在18~20岁时加冠，曾有纶巾束发而不裹头的记载，发展到汉代成为帽箍式的帻，平顶的帻巾称"平帻巾"，因形似尖角屋顶人字形隆起的称"介帻"。

对于巾，文震亨好像没有找到自己认同的，时下流行的太俗，古雅的又不便使用，不知道文震亨戴的巾是什么样子的。

笠

【原典】

笠，细藤者佳，方广二尺四寸，以皂绢缀檐[1]，山行以遮风日；又有叶笠、羽笠，此皆方物，非可常用。

【注释】

①缀檐：用材料缝制边缘。

【译文】

斗笠以细藤制为好，直径二尺四寸，用皂绢包裹边沿，爬山时可遮挡风雨和日头，也有用竹叶制的斗笠和动物羽毛制的斗笠，都是地方特产，不能作日常之用。

古法今解

斗笠又名笠、笠子、笠帽、箬笠，用莎草、芦柴、竹篾、竹箬、麦秆或棕叶制成，圆形尖顶，麻绳束颌，晴天遮阳，雨天挡雨。斗笠工艺起源于汉代，广泛运用于明代，在清代进入鼎盛期，从最初遮风挡雨的劳动工具逐渐演变为后来的信物、礼品和工艺品。

斗笠多用竹篾编织而成，呈圆锥体状，造型美观，工艺繁杂，用材考究。从竹子到成品，一个斗笠要经过几十道工序。制作斗笠有砍竹、削篾、打面子、编里子、修边插头、夹箬叶、"打三彩"、织顶等十多道工序。古时制斗笠须上山砍来毛竹，用厚重的篾刀劈出竹片，去掉里层竹囊，再切成细片。编时从帽顶编起，先编经条，再编纬线。细篾相互交叉，顺时针一圈加一圈往前编去，形成一排排六角的笠格。圆锥形的笠帽成型后，数十条细篾折向四周伸展开来，"笠轮"频转，"篾环"漫舞，编好笠格后装填夹层的箬叶。箬叶是箬竹的叶子，铺箬叶时首先要竖着往外铺，边沿相互重叠，既不能太密，也不能太稀。箬叶铺好再修边缘，用更细的篾皮条锁边，一顶斗笠就编好了。

履

【原典】

履，冬月用秧履①最适，且可暖足。夏月棕鞋②惟温州者佳，若方舄（xì）③等样制作不俗者，皆可为济胜之具④。

【注释】

①秧履：可能是用麻线、稻草夹芦花制成的鞋。

②棕鞋：用棕榈的苞毛制成的鞋。

③方舄（xì）：古代一种装有木制鞋底、不易受潮的鞋子。

④济胜之具：游览交通工具。

【译文】

冬天穿秧鞋最适合，可以暖足。夏天穿的棕榈鞋数温州产的最好，像方舄等制作样式不俗的鞋子都很适合游览远行。

古法今解

鞋子古称"足衣"，是鞋袜的总称，有履、屐、靴、屣、屦等别称。"履"专指用作礼服的鞋子。原始人"食草木之实，衣禽兽之皮"，最早不过是用兽皮将脚粗粗裹住，以免受冻、刺伤。在《周易》中就出现了"履"字，今天我们习惯称履为鞋，但是在汉语里还是保留了很多有关履的词语，像西装革履、削足适履等。由于鞋子穿在脚上陪伴我们走过了一程又一程，所以"履"字逐渐也有了踩踏、走过的意思，如履历、如履薄冰、如履深渊、履任等。靴是高度在踝骨以上的长筒鞋，原为北方游牧民族穿用，多为皮革制成。战国时，赵武灵王提倡"胡服骑射"，靴子开始进入中原地区。自明代起，朝廷禁止庶民穿靴。到了清代，男子穿便装时便以鞋为主。

千里之行，始于足下，远行之足都需要有一双适合自己的鞋，即此文的"履"。只是文震亨的时代鞋子的制作、样式都很简单，所以文震亨从游览远行的角度只提到两种鞋子：冬天的秧履与夏日的棕鞋。他认为温州棕榈鞋不仅质量好，而且样式不俗。

卷九　舟车

【原典】

舟之习于水也，宏舸①连轴，巨舰接舻②，既非素士③所能办；蜻蛉蚱蜢④，不堪起居；要使轩窗阑槛，俨若精舍，室陈厦飨（xiǎng），靡不咸宜。用之祖远饯近⑤，以畅离情；用之登山临水，以宣幽思；用之访雪载月，以写高韵；或芳辰缀赏，或靓（qìng）女⑥采莲，或子夜⑦清声，或中流歌舞，皆人生适意之一端也。至如济胜之具，篮舆（yú）⑧最便，但使制度新雅，便堪登高涉远；宁必饰以珠玉，错以金贝⑨，被以缋罽（huì jì）⑩，藉以簟茀（fú）⑪，镂以钩膺⑫，文以轮辕，绚以鞗（tiáo）革⑬，和以鸣鸾⑭，乃称周行⑮、鲁道⑯哉？志《舟车第九》。

【注释】

①宏舸：大船。

②接舻：船尾相接。

③素士：犹言布衣之士，也指贫寒的读书人。

④蜻蛉蚱蜢：两类昆虫。这里喻指小船。

⑤祖远饯近：饯送远行。

⑥靓（qìng）女：美女。

⑦子夜：乐府诗的一种。

⑧篮舆（yú）：古人的登山工具，两人抬着的竹笕。

⑨金贝：金刀龟贝，古代用作货币，也泛指金钱财货。

⑩缋罽（huì jì）：有彩画的毛毯。罽，毛毯。

⑪簟茀（fú）：遮蔽车厢后窗的竹席。茀，古代车上的遮蔽物。

⑫钩膺：马颌及胸上的革带，下垂缨饰。

⑬鞗（tiáo）革：马络头的下垂装饰。

⑭鸣鸾：车铃声。

⑮周行：大道。

⑯鲁道：鲁国平坦之道路。

【译文】

水中航行的船，大船巨舰，首尾相接，这不是贫寒的读书人所能做到的；小船小艇又不堪歇息起居。重要的是能让窗户栏杆如精致的屋宇，无论是室内陈设还是舱外宴饮都要适合。可用来迎来送往，以尽离别之情谊；可用来登山观水，发思古之幽情；可用来踏雪戴月，抒发高远的情致；或在船上共享良辰美景，或看美女乘舟采莲，或听子夜泛舟清吟，或赏江中之歌舞，这些都是人生一大快事。至于游览之具，篮舆最为便捷，只要使它规格适合、样式新雅就能登高涉远。难道一定要车驾缀满金玉、镶嵌金贝、五彩斑斓、挂上竹席、装饰绚丽、车铃响亮才能行驶顺畅、道路通达吗？记《舟车第九》。

古法今解

本篇虽为舟车总论，读来却像一篇美文，不是介绍舟车的使用，而是想象在船上赏美景、听清吟、发幽思、叙友情之人生快事，并不在意舟车之用途，看重的是舟车之上的氛围与文人雅趣。所以，镶金缀玉之车并无吸引力，简单便捷的篮舆反受到追捧。

古代对乘船有严格的等级规定：天子乘坐"造舟"，诸侯乘坐"维舟"，高级官员乘坐"方舟"，一般官吏乘坐"特舟"，普通百姓只能乘用"桴"。"造舟"由多只船体构成，"维舟"由四条船构成，"方舟"由两条船并成，"特舟"是单体船，"桴"就是木筏和竹筏。

古代的陆上交通工具也毫不逊色，高头大马和八抬大轿是等级森严的古代社会上层人士出行的首选。秦汉以后，规定皇家的轿改称辇，皇帝的轿称龙辇，皇后的轿称凤辇，一般皇帝所乘为金辇、玉辇，仪制复杂，仗势隆重。古代轿子有官轿、民轿、暖轿、凉轿、喜轿、魂轿等。隋唐时期，政府开始采用骑马制度。因为仰慕大唐雄风，北宋沿用了骑马制度，赵匡胤登极之初就明确规定百官骑马。南宋时乘轿出行有所抬头，到明朝已经非常流行，官员们对于轿子的热衷胜过了坐骑。每逢官员乘轿出行，必先黄土垫地，净水泼街，鸣锣开道，肃静回避。女真部落号称"马背上的民族"，清

251

初，满族人为了保持军队的骑射武功，规定武官一律骑马，不许坐轿。

巾车

【原典】

今之肩舆，即古之巾车①也。第古用牛马，今用人车，实非雅士所宜。出闽、广者精丽，且轻便；楚中②有以藤为扛者，亦佳；近金陵所制缠藤者，颇俗。

【注释】

①巾车：俗称轿子。

②楚中：今湖南、湖北。

【译文】

现在的肩舆就是古代的巾车。不过古人用牛马拉车，而现在用人力，实在不适合文人雅士乘坐。福建、广东的巾车精致超俗，华丽轻便；楚中有用藤条抬扛的巾车，也不错。近来金陵所造缠藤巾车，很俗气。

古法今解

古代巾车就是指轿子，分为官轿、民轿、暖轿、凉轿、喜轿、魂轿等。官轿又大致分为三种颜色，不同的颜色代表不同等级：金黄轿顶，明黄轿帏的是皇帝坐轿；枣红色的是高官坐轿；低级官员以及取得功名的举人、秀才则乘坐绿色轿子。北宋中期以前，轿子并不普及，而且对官员乘轿也有严格限制。后来由于轿子便于出行而引领时尚，北宋末年风行开来，京城里出现了经营出租轿子的店肆。后来，轿子的规格、式样五花八门，不同品级的官员乘坐的轿子级别也不一样，一般平民百姓只能乘坐两人抬的小轿。文震亨认为轿子不适合文人雅士乘坐，原因在于他针对的是山居之人、幽人韵士，而实际上轿子在当时是最普遍的交通工具。

清朝规定，凡是三品以上的京官，在京城乘"四人抬"，出京城乘"八人抬"；外省督抚乘"八人抬"，督抚部属乘"四人抬"；三品以上的钦差大臣，乘"八人抬"等。至于皇室贵戚所乘的轿子多至数十人抬。

篮舆

【原典】

山行无济胜之具，则篮舆似不可少，武林①所制，有坐身踏足处，俱以绳络者，上下峻坂②皆平，最为适意，惟不能避风雨。有上置一架，可张小幔者，亦不雅观。

【注释】

①武林：杭州旧称。

②峻坂：陡坡。

【译文】

行走山路没有其他的交通工具，篮舆就必不可少。武林所产的篮舆，座位和脚踏处都有绳网遮拦，上下陡坡都很平稳，非常舒适，只是不能遮蔽风雨。有一种设置一个支架铺上帐幔的，也不雅观。

古法今解

篮舆就是现在的竹轿，按古人的说法，就是一种登山轿子。这样的轿子有两个长棍，中间是一个类似椅子的东西，乘坐的人就坐在那里，可以一边上山一边欣赏景色。今天还在使用，即两个人抬着的竹笼，圆形的中央凹下一点，被褥铺在中间，人在里面坐着或躺卧都很舒服。文震亨指出篮舆不能避风雨的缺点，但又认为铺上帐幔不雅观。

舆本意是车中装载东西的部分，后来用以泛指车。篮舆是古代供人乘坐的交通工具，形制不一，一般以人力抬着行走，类似后世的轿子。一说是古时一种竹制的座椅。文震亨此处的篮舆显然是指登山小轿。

舟

【原典】

舟，形如划船①，底惟平，长可三丈有余，头阔五尺，分为四仓：中仓可容宾主六人，置桌凳、笔床、酒枪、鼎彝、盆玩之属，以轻小为贵；前仓可容僮仆四人，置壶榼（kē）②、茗炉、茶具之属；后仓隔之以板，傍容小弄③，以便出入。中置一榻，一小几。小厨上以板承之，可置书卷、笔砚之属。榻下可置衣厢、虎子④之属。幔以板，不以蓬篱，两傍不用栏楯，以布绢作帐，用蔽东西日色，无日则高卷，卷以带，不以钩。他如楼船⑤、方舟⑥诸式，皆俗。

【注释】

①划船：用桨拨水行驶的小船。

②壶榼（kē）：酒壶。榼，盛酒或贮水的器具。

③小弄：供人通行之所。

④虎子：便器。

⑤楼船：有楼的船。

⑥方舟：两船并联一起行驶。

【译文】

舟形状和划船相似，舟底平，长三丈多，头部宽五尺，分为四个舱：中舱可容宾主六人，放置桌凳、笔床、酒枪、鼎彝、盆玩之类的东西，以轻小的为好；前舱可容童仆四人，放置酒壶、茶炉、茶具之类；后舱用木板隔开，空出一个小巷方便出入。舱中可安置一张榻，一个小几。小橱柜上放一张木板，可置放书卷、笔砚之类。榻下可放置衣箱、便器。船幔要用木板，不可用竹席。两旁不用栏杆，用布绢做幔帐遮挡阳光，没有太阳就卷起来，用带子来卷，不用钩子。其他如楼船、方舟等样式都很俗气。

古法今解

船舶的发展经历了漫长的历史过程，最早出现的木板船叫舢板，最初由三块木板构成的，就是一块底板和两块舷板组合而成。后来，人们在此基础上对板船加以改进，逐步使它完善，并且不断有所创新，导致了千姿百态、性能优良的各种船舶的产生。

除了舢板这种单体船外，人们受木筏制造原理的启发造出了舫。《说文解字》："舫，并舟也。"就是把两艘船体并列连接，增加宽度，提高了船的稳定性和装载量。"舫"也称"方""枋""方舟""方船""枋船"，有时也写作"航"。当然，还有由多只船体构成的船只，上面可以建造庐舍，成为人们出游时候的专用船。

小船

【原典】

小船，长丈余，阔三尺许，置于池塘中，或时鼓枻（yì）①中流；或时系于柳阴曲岸，执竿把钓，弄月吟风；以蓝布作一长幔。两边走檐，前以二竹为柱；后缚船尾钉两圈处，一童子刺②之。

【注释】

①鼓枻（yì）：划桨。

②刺：撑船。

【译文】

小船长一丈有余，宽约三尺，放在池塘中，有时在湖面泛舟；有时候系在柳荫河岸，执竿垂钓，吟风弄月好不惬意。小船用蓝布做一船篷，两边出檐，前面用两根竹竿支撑，后面固定在船尾，行船时用一童子撑船。

舫就是船，常用来泛指小船，画舫就是装饰华丽的小船，一般用于在水面上荡漾游玩、方便观赏水中及两岸的景观，有时也用来宴饮。船舶的历史非常悠久，数千年来，船舶从最早、最简单的木筏到后来的竹筏和独木舟，木板船、桨船、乌篷船，木帆船、轮船等，几经变迁，较著名的包括汉代的楼船、隋朝的大龙舟和明朝郑和的宝船。文震亨的小船，更多是寄托着文人士大夫的一种情怀：与三五友人登船遣怀，执竿把钓，弄月吟风，好不惬意。

卷十　位置

【原典】

位置①之法，烦简不同，寒暑各异，高堂广榭，曲房奥室②，各有所宜，即如图书鼎彝之属，亦须安设得所，方如图画。云林③清秘，高梧古石中，仅一几一榻，令人想见其风致，真令神骨俱冷。故韵士所居，入门便有一种高雅绝俗之趣。若使前堂养鸡牧豕，而后庭侈言浇花洗石，政不如凝尘④满案，环堵⑤四壁，犹有一种萧寂气味耳。志《位置第十》。

【注释】

①位置：安排置放。

②曲房奥室：密室。

③云林：元代画家、诗人倪瓒。

④政：通"正"。凝尘：积尘。

⑤环堵：四周环着每面一方丈的土墙。形容狭小、简陋的居室。

【译文】

空间布置的方法，繁简不同，寒暑不同，高楼大厦与幽居密室不同，各有所适合的方式，即使是图书及鼎彝之类的玩物也需要安置得当，才能达到如图画一般的效果。元代画家倪云林的居所在高树古石之中，仅一几一榻，却令人想见他山居的风致，觉得神清气爽。所以风雅之士的居所，入门便应有一种高雅绝俗的趣味。如果在前庭养鸡养猪，而在后庭大讲浇花洗石，还不如尘土布满案几，四壁矮墙，倒还有一种萧瑟闲寂的气息。记《位置第十》。

古法今解

本卷讲的是房屋空间布置。文震亨仿佛在将园林、家居作为一幅大型山水画在泼墨、修饰。他先概括空间布置的

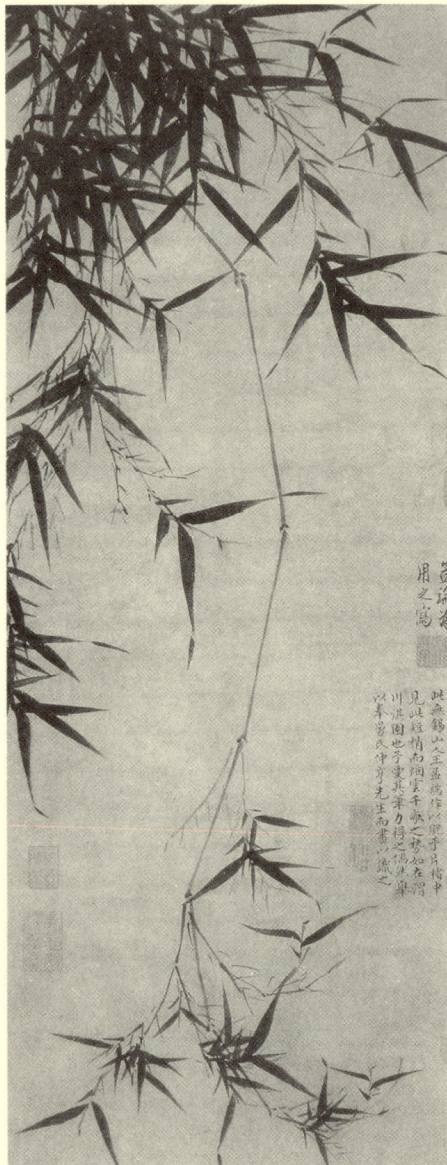

大原则：要因时制宜、因地制宜，不同季节、不同建筑，布置方法不同。但随后便指出布置空间要达到的目标——"如图画"。不管怎样布置，最终达到的效果却是一样的。如果不伦不类，倒不如不布置，任其荒芜。能看出文震亨对空间布置的诗意追求，对庸常趣味的排斥，与世俗生活气息的自觉疏离。当然，他的布置本就是针对的"韵士所居"，不是给世俗百姓看的。在空间布置中被文震亨引为同类的是元代画家倪瓒，倪瓒所居高梧古石，一几一榻，萧瑟闲寂，这是文震亨所欣赏并乐意效仿的境界。

在明代文人的眼里，生活格调和方式，包括陈设布置、家具器物，一切都是主人爱好、品性和审美意识的体现。因此，明代文人对周身之物及环境要求很高，甚至一几一榻都要合乎生活的最高理想。文震亨的居室布置、设计思想就是在满足实用和必备的基础上崇尚古朴、淡泊，反对繁冗的装饰，注重因室设物，因地制宜，以期表现出"精洁雅素"的文人情怀。

坐几

【原典】

天然几一，设于室中左偏东向，不可迫近窗槛，以逼风日。几上置旧砚一，笔筒一，笔觇一，水中丞一，砚山一。古人置砚，俱在左，以墨光不闪眼，且于灯下更宜，书册、镇纸各一，时时拂拭，使其光可鉴，乃佳。

【译文】

一张天然案几，摆在屋内左偏东的位置，不可靠近窗栏，以避风头和烈日，案几上放常用砚台一个，笔筒一个，笔觇一个，水盂一个，研山一个。古人通常把砚台放在左侧，以避免墨色反光晃眼，实际放在灯下更好。书籍和镇纸各一个，要时常擦拭，光亮照人最好。

古法今解

文房案几的位置摆放不同于其他物品，势必要体现出作者的个人意趣。文震亨关于坐几的陈设与位置、几上置物之具体名称与数量、方位均一一列出详单。如何着意构造一个古朴雅致的读书空间，并配之以雅致的家具及器物陈设，打造一个兼具知性与美感的书斋生活世界，这对于明代文人来说，甚至已成为比读书本身更重要的追求。

有些现代人的书房，虽然豪华奢侈，很多只是装点门面，书房失去了读书的功用，书房的主人也缺乏读书人的淡泊宁静的本真。

坐具

【原典】

湘竹榻及禅椅皆可坐，冬月以古锦制褥，或设皋比①，俱可。

【注释】

①皋比：虎皮。

【译文】

坐的东西，湘妃竹的竹榻和禅椅都可以，冬天用古锦缎作垫子，有时用虎皮也可以。

古法今解

古代坐具经历了从席地到垂足而坐，坐具从无足到低足到高足。千百年来，人们对坐具的追求从未停止过。文震亨句末说："或设皋比，俱可。"让人不禁莞尔。在今天老虎已经成为国家一级保护动物的背景下，用虎皮是不可想象的，而在文震亨眼里，仅仅是和"锦缎"一样都可作为坐具上的垫子。

椅子始源于魏晋和隋朝，初名为胡床或马扎，唐明宗时期开始出现有靠背的椅子，到宋代出现交椅。

椅榻屏架

【原典】

斋中仅可置四椅一榻，他如古须弥座、短榻、矮几、壁几之类，不妨多设，忌靠壁平设数椅，屏风仅可置一面，书架及橱俱列以置图史，然亦不宜太杂，如书肆中。

【译文】

居室中只能放四把椅子、一张卧榻，其他如佛像座、短榻、矮几、壁几之类，可多摆放，忌靠墙并排多张椅子，屋内须设屏风一面，收置书画典籍的书架、书橱同备，但藏书不宜过杂，使人如置身书店中。

古法今解

很多人不了解，家具最初是用来祭祀神灵和祖先的，后来逐渐普及成为生活用具。明朝社会发展快速、经济繁荣、建筑业兴盛、手工艺进步，家具制作及其摆设在明代迅速发展，形成了中国古代家具发展史上的一个高峰。

风水学对家具摆放很有讲究，其中有一定的道理。如文中所言，"忌靠壁平设数椅"。椅子背后通常须有实墙可靠。如果椅子背后是窗、门或通道，等于背后无靠，从心理学方面来说，椅子背后空荡荡，缺少安全感。倘若椅子背后确实没有实墙可靠，较为有效的改善方法是，把矮柜或屏风摆放在椅子背后，这称为"人造靠山"，也会起到补救作用。再比如书桌摆放不能在横梁下，古时横梁向下凸，让人产生头悬利剑之感，学习时会因安全之虞而分心。

中国是一个讲章法的国度，这也反映在居室的建制上，家具摆设也很有讲究。一般来说，临窗迎门的地方，总是安放桌案，前后为檐炕，配以成组的几、柜、橱、桌、椅、书架等，对称摆放，严谨划一。上流士大夫的居室中，还通常采用落地罩、博古架、书架等各种"小木作"，作为室内摆设要件。此外，古玩、器皿、盆花、盆景等各种陈设品，以其形状、色彩和优美质感，也会在整个室内装饰气氛中起到重要的平衡作用。"不宜太杂"的陈设观念，体现了古人"简洁、素雅"的陈设理念。这正是历代文人士大夫将自己的情操和精神世界寄托在室内陈设中而形成的居室设计观。文震亨用"长物"经营起来的这个世界，包括空间规划、器物赏玩、景物观赏、茗茶蔬果、美观装饰，它不是汲汲于利益增值，而是观赏把玩，超越于现实蝇营狗苟之上的一种美学生活的经营。

悬画

【原典】

悬画宜高，斋中仅可置一轴于上，若悬两壁及左右对列，最俗。长画可挂高壁，不可用挨画竹①曲挂。画桌可置奇石，或时花盆景之属，忌置朱红漆等架。堂中宜挂大幅横披，斋中宜小景花鸟；若单条、扇面、斗方②、挂屏之类，俱不雅观。画不对景，其言亦谬。

【注释】

①挨画竹：画之过长者，悬挂时用细竹横挡，将一段曲挂于上，所用细竹称为挨画竹。

②斗方：书画所用的一尺见方的纸。也指一尺见方的册页书画。

【译文】

画宜高高悬挂，室中只能悬挂一幅，如果两壁及左右对列悬挂，那是最俗的。长幅画卷可以挂在高处，不可用细竹曲挂。画桌上可摆放奇石，或者盆景花卉之类，忌讳放置朱红漆架子。厅堂中适合悬挂大幅横披，室中适合小景、花鸟画；像单条、扇面、斗方、挂屏这一类都不雅观。如果悬挂的绘画与环境不协调，那就适得其反了。

古法今解

悬挂字画在中国有悠久的历史，时至明末，在厅堂、书房、卧室悬挂字画已是一种普遍的文化风气。文震亨的品评鉴赏在以下几个方面：视觉方面，悬画宜高宜少；材料选用方面，画桌的布置宜花卉盆景；字画题材方面，厅堂与居室不同；与环境的搭配方面，要达到协调。这些规则在今天的居室中仍然适用，除了文震亨提到的这些，悬挂字画还要注意色彩、采光、横竖、高低、季节变化等因素。挂画能体现一个人的品位，每一幅画，都有讲究。比如牡丹图，国花牡丹因为寓意富贵所以一直深受人们的喜爱。牡丹象征富贵、繁华等，宜挂在客厅。比如山水画，中国自古就有仁者乐山，智者乐水之说，山势平远的画也可挂在书桌后面作为"靠山"。

《长物志》专为雅人说规矩，而文震亨的《悬画》一节，可以作为悬挂字画的美学依据。以明代为分水岭，受建筑条件所限，明代以前房屋普遍矮小。所以，明代之前几乎是没有中堂、条幅这种幅式的字画，而其主流形态是书札、手卷、扇面，只有极少数作品是屏风幅式，以供帝王将相名门大户装饰用。

置炉

【原典】

于日坐几①上置倭台几方大者一，上置炉一；香盒大者一，置生、熟香；小者二，置沉香、香饼之类；箸（zhù）瓶②一。斋中不可用二炉，不可置于挨画桌③上，及瓶盒对列。夏月宜用瓷炉，冬月用铜炉。

【注释】

①日坐几：常用的坐几。

②箸（zhù）瓶：箸瓶，盛放筷子的瓶子。

③挨画桌：接近挂画之桌。

【译文】

在常用的坐几上放置一个方大的日式几，上面放置一个炉子；一个盛放生香、熟香的大香盒；两个盛放沉香、香饼的小香盒；一个箸瓶。一室之中不可用两个炉子，不可放在靠近挂画的桌子上，瓶子与盒子不可对列。夏天宜用陶瓷炉，冬天宜用铜炉。

古法今解

从内容看，文震亨列举了熏香炉、茶炉和取暖炉的放置，并指出"斋中不可用二炉"的观点。不管是什么炉子，其所处的位置要考虑两点：一是环境因素。现代人需要在空气新鲜的环境中生活和工作，保持室内空气湿润清新就显得很重要。所以现代家庭使用取暖炉时，在炉子上放置一盆水，以改善干燥环境。二是安全。文震亨说"不可置于挨画桌"，就是出于安全考虑。当然，现代人在使用炉子时，考虑的因素要比文震亨所说的要多。

置瓶

随瓶制①置大小倭几之上，春冬用铜，秋夏用瓷；堂屋宜大，书屋宜小，贵铜瓦，贱金银，忌有环，忌成对。花宜瘦巧，不宜繁杂，若插一枝，须择枝柯奇古，二枝须高下合插，亦止可一二种，过多便如酒肆。惟秋花插小瓶中不论。供花不可闭窗户焚香，烟触即萎，水仙尤甚，亦不可供于画桌上。

【注释】

①瓶制：瓶的样式、大小。

【译文】

根据瓶的样式和大小摆放在大小日本几之上，春冬用铜瓶，秋夏用瓷瓶。厅堂适合大瓶，书房适合小瓶，以铜瓶、瓷瓶为贵，以金瓶、银瓶为贱，忌讳有瓶耳，忌讳成对摆放。瓶花适合纤巧，不适合繁杂。如果插一枝，要选择奇特古朴的枝干，如果插两枝要高低错落，也只能插一两种，太多就像酒肆了；只有秋花插入小瓶中，可以不论多少。插花的房间不可关窗焚香，花被烟熏会枯萎，水仙更是如此，也不可以供放在画桌上。

古法今解

花瓶的放置，文震亨除了讲究材质、季节变化、与环境协调之外，还强调简洁，所见数字多为"一"，拒斥繁杂；另一多用字眼便是"不可"，强调的是打破对称的摆设，追求摆设的独特个性。

放置花瓶需有花几，花几又称花架或花台，往往比较高，它的用途主要是承托花盆、盆景，常放在纱桶前的天然几的两侧，或置室隅，花几比茶几出现得晚。到了清代中期以后才开始出现了细高造型的几架。到了晚清，花几非常盛行，现在流传于世的花几大多是清朝时的作品。花几的式样较多，不仅有圆有方，有高有矮，而且根据花盆、花瓶的需要，还有各种小花几，属于家具中典型的"小件"。

小室

【原典】

小室内几榻俱不宜多置，但取古制狭边书几一，置于中，上设笔砚、香盒、薰炉之属，俱小而雅。别设石小几一，以置茗瓯（ōu）①茶具；小榻一，以供偃卧②趺坐③，不必挂画；或置古奇石，或以小佛橱供鎏金小佛于上，亦可。

【注释】

①茗瓯（ōu）：饮茶的器具。

②偃卧：仰卧。

③趺坐：盘腿而坐。

【译文】

小室之内不宜多置几和榻，只需要放置古制的窄边书几一个，上面置备笔砚、香盒、薰炉一类的东西都要小巧雅致。另外摆设一个石制小几用来放置茶具；一个小榻用来供坐卧。小室内不必悬挂图画，有的人陈设古奇石，有的人用小佛橱供奉镀金小佛像都可以。

古法今解

这里所描述的小室，应该是休闲室、茶室一类休息放松的地方。关于家具的摆放搭配，文震亨的理论是：一要简约有致。明代的室内陈置简洁舒朗，家具疏落有致。因此，宁少勿多，一室之内，陈置三五件就好，尽显神采，四壁生辉。如若贪多，则气韵全无。二要因室而异。

厅堂上的器物讲求对称，固定而不免拘谨，而书房和居室则注重实用。三要同属相配。无束腰家具与有束腰或四面平式家具为不同属。同一属家具尽管品种不同，外形各异，组合在一起会格外协调融洽。

小室，视个人喜好而异，布置随性就意。好读书则以学习耕读、修身养性的书房标准布置；爱书画则选用不带屉的架几画桌，方便起坐，旁置梳条矮柜，以放杂物；喜收藏可多设置架格或多宝格，以放置瓷器及古董、文玩等。临墙处可置香几、花几，以摆放云石、盆景或香炉。

现今的一些茶室、书吧，甚至别墅的多功能小间，多有"尚古风"的意味，模仿得好，自然青出于蓝而胜于蓝；模仿得不好，则往往东施效颦，适得其反。总之，一应物什应以简洁为宜，不能显得太繁复。

卧室

【原典】

地屏①天花板虽俗，然卧室取干燥，用之亦可，第不可彩画及油漆耳。面南设卧榻一，榻后别留半室，人所不至，以置薰笼、衣架、盥（guàn）匜②、厢奁③、书灯之属。榻前仅置一小几，不设一物，小方杌二，小橱一，以置香药、玩器。室中精洁雅素，一涉绚丽，便如闺阁中，非幽人眠云梦月④所宜矣。更须穴壁一，贴为壁床⑤，以供连床夜话，下用抽替以置履袜。庭中亦不须多植花木，第取异种宜秘惜⑥者，置一株于中，更以灵璧、英石伴之。

【注释】

①地屏：地板。

②盥（guàn）匜：古代洗手的器具。

③厢奁：古代女子放梳妆用品的匣子。

④眠云梦月：山居。

⑤壁床：以墙壁上的空穴为床。

⑥秘惜：不愿公开而加以珍爱。

【译文】

卧室装地板天花板虽然俗气，但用于卧室能保持干燥，可以使用，只是不可装饰彩画和油漆。在朝南的方向摆放一张卧榻，榻后留出半间房子，一般不让人过去，用来摆放薰笼、衣架、盥匜、厢奁、书灯一类的东西。榻前只摆放一个小几，上面不摆放任何东西。另外置放两个方凳，一个小橱用来摆放药和玩器。卧室内要简洁素雅，一旦装饰得绚丽多彩，便会像闺阁中一样，不是幽居之人山居所适合的。还需要一个穴壁作为壁床，可用来并床夜话，下面设置抽屉来放置鞋袜。庭中不需要多种花木，只需要找来品种奇特珍贵的，栽种一棵就可以了，再配上灵璧石、英石就可以了。

古法今解

文震亨对小室、卧室的摆设针对的仍是幽人幽居，不是一般的卧室，所以仍是素雅简约的格调，排斥绚丽与杂乱，忌讳闺阁气。实际上到明清的时候，随着女子受教育程度的提高，很多闺阁已不是绚烂多彩的风格，而是受到文人墨客的影响，充满书卷气。

卧室的用途，古今几乎都一样，但最神秘不过皇帝的卧室，养心殿里皇帝的寝宫，贵为天子居住的地方也不过 10 多平方米而已。"龙床"也不比寻常床铺大，而且睡觉时床前还要放下两道帘子，空间更加狭小。其实这主要还是出于保暖的目的，要知道明清时北京的冬天还是相当冷的。

敞室

【原典】

长夏宜敞室，尽去窗槛，前梧后竹，不见日色，列木几极长大者于正中，两傍置长榻无屏者各一，不必挂画，盖佳画夏日易燥，且后壁洞开，亦无处宜悬挂也。北窗设湘竹榻，置簟于上，可以高卧。几上大砚一，青绿水盆一，尊彝之属，俱取大者；置建兰一二盆于几案之侧；奇峰古树，清泉白石，不妨多列；湘帘四垂，望之如入清凉界①中。

【注释】

①清凉界：佛家用语，"清凉世界"。这里指凉爽的境地。

【译文】

夏天应该呆在四面敞开的屋子，把窗户、窗栏全部撤除，屋前是梧桐树，屋后是竹林，不见阳光。摆放一个特别长大的木几在屋子正中，两旁各放一张无屏长榻。夏天不用挂画，因为好画夏日容易干燥受损，况且后壁洞开也无处悬挂。北窗下摆放一张斑竹榻，再铺上席子，可以躺卧在上面。书案上放置大砚台一个，青绿水盆一个，以及尊彝之类都要用较大的。书案旁边放置一两盆建兰。奇峰古树、清泉白石等盆景不妨多陈设一些。屋子四周垂竹帘，看上去非常凉爽。

古法今解

敞室是针对炎热的夏天而设计的，古人没有风扇、空调，让屋内凉爽的办法便是撤除窗户、栏杆，接受自然之风。为了从视觉上增加凉意，屋内设置青绿水盆、悬挂竹帘。古人有很多消夏的办法，如游泳、垂钓、冷饮等，唐代有供人消暑的凉屋。古时没有空调，除了皇亲贵族，有冬天发炭、夏季赏冰的福利，夏天如何去除炎热之苦，对于普通人就成了难题。最基本的办法当然就是尽量敞开居住的空间，加强空气流通，制作一间"敞室"。敞室最好傍水而建，采用水循环的方式推动扇轮摇转，将水中凉气缓缓送入屋中，或者利用机械将水送至屋顶，然后沿檐而下，制成人工水帘，使凉气进入屋子。

卷十一 蔬果

【原典】

田文①坐客，上客食肉，中客食鱼，下客食菜，此便开千古势利之祖。吾曹谈芝讨桂②，既不能饵菊术③，啖花草；乃层酒累肉④，以供口食，真可谓秽吾素业⑤。古人蘋蘩（píng fán）可荐⑥，蔬笋可羞，顾山肴野蔌⑦，须多预蓄，以供长日清谈，闲宵小饮；又如酒铛（chēng）⑧皿（mǐn）盒⑨，皆须古雅精洁，不可毫涉市贩屠沽气；又当多藏名酒，及山珍海错，如鹿脯、荔枝之属，庶令可口悦目，不特动指流涎而已。志《蔬果第十一》。

【注释】

①田文：即孟尝君，战国时齐人。

②谈芝讨桂：谈论、欣慕芝桂的高洁。

③饵菊术：吃菊花、白术。

④层酒累肉：大量饮酒食肉。

⑤素业：儒素生活。

⑥蘋蘩（píng fán）可荐：蘋、蘩，两种可供食用的水草。荐，进食。

⑦山肴野蔌：野味与野菜。蔌，蔬菜的总称。

⑧酒铛（chēng）：三足的温酒器。

⑨皿（mǐn）盒：饮食之用器。

【译文】

孟尝君的座上客，上等客人吃肉，中等客人吃鱼，下等客人吃蔬菜，这便是千古势利处世的源头。我们谈论、欣慕高洁的芝桂，却不能餐菊花、白术，去食花花草草；相反，大量饮酒食肉，满足口腹之欲，真是玷污我辈的儒素生活。古人食蘋蘩，佐蔬菜、竹笋，所以提前准备很多野味野菜，以供白日清谈、夜晚消闲小饮；酒器食具要古雅精致而干净，不可沾染丝毫肉铺酒肆的市井气。还应多准备些名酒及山珍海味，如鹿脯干、荔枝之类，让菜肴既可口又悦目，不只是让人食指大动、流口水而已。记《蔬果第十一》。

《古法今解》

本卷为果蔬的总论，以孟尝君的客人分出等级吃饭开头，引出古人山肴野蔌的生活，但文震亨显然也并不是素食主义者，在他准备的"休闲食品"中，不仅有果蔬，还有山珍海味和鹿脯干。早在《黄帝内经》时，古人就提出"五果为助，五菜为充"的搭配原则，但是由于技术限制，蔬菜种类很少。今天提倡素食是着眼于果蔬对人体健康的意义，而文震亨对果蔬的享用则是用来供白日清谈、夜晚消闲的，不仅追求菜肴的可口，还追求视觉上的悦目。文震亨之所以认为酒肉生活"秽吾素业"，一则因为幽居之韵士与大鱼大肉似乎不太相称，二则与古代"肉食者鄙"的传统有关。

樱桃

【原典】

樱桃古名"楔桃"，一名"朱桃"，一名"英桃"，又为鸟所含，故礼①称"含桃"，盛以白盘，色味俱绝。南都②曲中③有英桃脯④，中置玫瑰瓣一味，亦甚佳，价甚贵。

【注释】

①礼：指《礼记》。

②南都：指南京。

③曲中：明代官妓聚居之处。

④英桃脯：樱桃干。

【译文】

樱桃古代称作楔桃，也叫朱桃，又叫英桃，常被鸟含在嘴里，所以《礼记》中称为含桃。用白色盘子盛放樱桃，色味都极佳。南京官妓聚居之处有一种樱桃干，中间放置了玫瑰花瓣，也非常好吃，只是价格很昂贵。

古法今解

樱桃是人们熟知的水果，在春季开花，入夏结果，江苏、安徽栽培得多。樱桃大而深红者称"朱樱"，果紫而布细黄点者称"紫樱"，果正黄者称"蜡樱"，果小而红者称"樱珠"。以朱樱和紫樱味最甜。古时常制为蜜饯，供作零嘴，或加蜜捣为糕食。

文震亨追溯了樱桃的名称，并提到樱桃干夹置玫瑰花瓣的吃法。李时珍《本草纲目》："樱桃树不甚高。春初开白花，繁英如雪。叶团，有尖及细齿。结子一枝数十颗。"樱桃鲜红剔透，味甜或带酸。考古工作者曾在商代和战国时期的古墓中发掘出樱桃的种子，《礼记》中已有"以含桃先荐寝庙"的记载。

桃李梅杏

【原典】

桃易生，故谚云："白头种桃①。"其种有：匾桃、墨桃、金桃、鹰嘴、脱核蟠桃，以蜜煮之，味极美。李品在桃下，有粉青、黄姑二种，别有一种，曰"嘉庆子"。味微酸。北人不辨梅、杏，熟时乃别。梅接杏而生者，曰"杏梅"，又有消梅，入口即化，脆美异常，虽果中凡品，然却睡止渴，亦自有致。

【注释】

①白头种桃：典出宋代陆佃《埤雅》，指桃树生长很快，迅速结子，年纪大的人种桃树也能吃得上桃子。

【译文】

桃树容易生长，所以有"白头种桃"的谚语。桃树的品种有：匾桃、墨桃、金桃、鹰嘴、脱核蟠桃，用蜜汁煮食，味道非常鲜美。李子品级在桃树之下，有粉青、黄姑两种，还有一种叫嘉庆子，味道微酸。北方人不会辨别梅、杏，直到成熟的时候才分辨得出来。梅树嫁接到杏树上生出的果实叫杏梅。还有一种消梅，入口即化，特别脆美，虽然只是水果中的平凡之物，却能提神止渴，也很有情趣。

古法今解

文震亨在卷二已评鉴过桃李梅杏，主要是看花，这一卷再次提到，讲的却是果实。他认为桃子品级在李子之上，因为桃子的味

道更鲜美。他提到一种消梅能提神止渴，实际上生食梅子都能生津止渴。

民间素有"桃养人，杏伤人，李子树下埋死人"的说法，言下之意，李子切不可多食，这在药王孙思邈的《千金方》里也有记载："不可多食，令人虚。"

橘橙

【原典】

橘为"木奴"，既可供食，又可获利。有绿橘、金橘、蜜橘、扁橘数种，皆出自洞庭；别有一种小于闽中，而色味俱相似，名"漆蝶（dié）红"者，更佳；出衢州者皮薄亦美，然不多得。山中人更以落地未成实者，制为橘药①，醎（xián）②者较胜。黄橙堪调脍③，古人所谓金齑（jī）④；若法制丁片，皆称俗味。

【注释】

①橘药：用糖熬制过的橘子。

②醎（xián）：用盐腌渍。

③调脍：给肉类调味。

④金齑（jī）：金橙切为细缕。

【译文】

橘子又称为木奴，既可以自己食用，也可以出售获利。橘子有绿橘、金橘、蜜橘、扁橘数种都产自洞庭湖；另有一种小于闽橘而色味都与其相似的，称之为漆蝶红的，味道会更好；产自衢州的薄皮橘子也很美味，但不易多得。山中的人们将没有成熟掉到地上的橘子制成橘药，用盐腌渍的味道更好。黄橙可以给肉类调味，切为细缕，即古人所谓的金齑；如果现在如法炮制，切成丁和片，那就都称为俗味了。

古法今解

橘属常绿小乔木或灌木，树干有刺。橘子，为芸香科植物福橘或朱橘等多种橘类的成熟果实。果实较小，常为扁圆形，皮色橙红、朱红或橙黄，果皮薄而宽松，瓤瓣味甜或酸。

橘子为秋冬季常见的美味佳果，文震亨介绍了洞庭湖产的、衢州产的和漆蝶红三类橘子，并提到橘子可谋利。橘子美味可口，洞庭湖一带的尤其鲜美。不同的水土，结出不同的果子，洞庭湖一带大概是特别适合橘子生长。关于橙子，文震亨介绍了做成"金齑"的调味方法，实际上橙子剖开也可以食用。

柑（gān）

【原典】

柑出洞庭者，味极甘，出新庄①者，无汁，以刀剖而食之；更有一种粗皮，名"蜜罗柑"者，亦美。小者曰"金柑"，圆者曰"金豆"。

【注释】

①新庄：江苏吴中的地名。

【译文】

产自洞庭湖的柑味道很甘美，产自新庄的没有汁液，要用刀剖开食用。还有一种粗皮的叫蜜罗柑也很甜美。小的叫金柑，圆的叫金豆。

古法今解

文震亨讲到了地域差异造成柑的不同味道，洞庭湖的甘美，新庄的缺少汁液。柑有药用，性凉。柑和橘不同，柑属常绿灌木，是橘与甜橙等其他柑橘类的杂种，果实称柑子，赤黄色的圆形，像橘子但较大，味甜或酸甜，种类很多，耐储藏。柑为芸香科植物多种柑类的成熟果实，果皮较厚，但容易剥离，橙黄色的果实比橘子大。

枇杷

【原典】

枇杷独核者佳，株叶皆可爱，一名"款冬花"，荐之果奁（lián）①，色如黄金，味绝美。

【注释】

①果奁（lián）：果篮。

【译文】

独核的枇杷最好，枝叶都很招人喜爱，枇杷又叫款冬花，放入果盒里面，色泽金黄，味道绝美。

古法今解

枇杷属于蔷薇科植物，常绿乔木，树高数丈。枇杷又叫"卢橘"，宋代苏东坡有"罗浮山下四时春，卢橘杨梅次第新""客来茶罢空无有，卢橘微黄尚带酸"的诗句为证。古人总结枇杷"秋萌、冬花、春实、夏熟，备四时之气"，将其誉为百果奇珍。枇杷与大部分果树不同，在秋天或初冬开花，果子在春天至初夏成熟，因此称"果木中独备四时之气者"。

杨梅

【原典】

杨梅吴中佳果，与荔枝并擅高名，各不相下，出光福山中者，最美。彼中人以漆盘盛之，色与漆等，一斤仅二十枚，真奇味也。生当暑中，不堪涉远，吴中好事家或以轻桡①邮置②，或买舟就食，出他山者味酸，色亦不紫。有以烧酒浸者，色不变，而味淡；蜜渍者，色味俱恶。

【注释】

①轻桡：快艇。

②邮置：邮寄。

【译文】

杨梅是吴中的绝佳水果，与荔枝并擅美名，不相上下。产自光福山中的杨梅最为美味，那里的人用漆盘盛放杨梅，杨梅的颜色和漆色一样鲜亮，一斤只有二十枚，是极好的果品。杨梅成熟时正是暑期，不能远运，吴中有不怕麻烦的人有的用快艇运输，有的乘船前往品尝。产自其他山里的杨梅味酸，颜色也不发紫。有用烧酒来浸泡杨梅的，颜色不变，但味道变淡；有用蜜渍的，颜色味道俱差。

古法今解

　　枇杷、樱桃、杨梅并称初夏三姐妹。枇杷因为长得有点像乐器琵琶而得名，叶长圆形，花是白色的，果实在夏天成熟，为球形或椭圆形，味甜美，可以生食，叶子可入药。杨梅果实球形，表面有粒状突起，酸甜可口，吃多了会倒牙。文震亨认为只有苏州光福山出产的杨梅最好，别处的都不好，这应该是他的经验之谈。

　　杨梅因"其形如水杨子，而味似梅"而得名。其树属亚热带常绿小乔木或灌木，栽培五六年挂果，十年可进入盛果期，树龄可达百年以上。以江苏苏州太湖里的东洞庭山产的乌梅、细蒂杨梅为最美味。杨梅不可貌相，乌紫的要比艳红的甜。熟透的杨梅汁甜味甘，容易招蚊虫，所以食用前一定要用盐水浸泡一下才卫生。

葡萄

【原典】

葡萄有紫、白二种：白者曰"水晶萄"，味差亚于紫。

【译文】

葡萄有紫葡萄和白葡萄两种，白色的叫"水晶葡萄"，口感要比紫葡萄略差。

古法今解

　　葡萄是落叶藤本植物，浆果多为圆形或椭圆形；葡萄粒大、皮厚、汁少、水多，皮肉易分离，味道酸甜可口。生活中，人们往往分不清葡萄和提子。提子又称"美国葡萄""美国提子"，是葡萄的一个品种，因其果脆个大、甜酸适口、极耐贮运、品质佳等优点，被称为"葡萄之王"，在市场上以其"贵族身份"而备受青睐。

　　藤本植物用于垂直绿化极易形成立体景观，既可观赏又能起到分割空间的作用，加之需要依附于其他物体，显得纤弱飘逸，婀娜多姿，能够软化建筑物生硬的立面，给死寂沉闷的建筑带来无限的生机。藤本植物除能产生良好的视觉形象外，许多种类的花果还具有香味，从而引起嗅觉美感。

荔枝

【原典】

荔枝虽非吴地所种，然果中名裔，人所共爱，"红尘一骑①"，不可谓非解事②人。彼中有蜜渍者，色亦白，第壳已殷，所谓"红绡（xū）白玉肤③"，亦在流想④间而已。龙眼称"荔枝奴⑤"，香味不及，种类很少，价乃更贵。

【注释】

①红尘一骑：杜牧《过华清宫》："一骑红尘妃子笑，无人知是荔枝来。"指杨贵妃嗜好荔枝，派专人骑马千里将荔枝送往京城。

②解事：懂事。

③红绡（xū）白玉肤：指荔枝红壳白肉。

④流想：流传与想象。

⑤荔枝奴：荔枝过后龙眼成熟，龙眼被称为荔枝奴。

【译文】

荔枝虽非吴地所产，但果中佳品人所共爱，关于杨贵妃"红尘一骑"的说法，并非是杨妃不懂事啊。其中有蜜渍的，肉色也很白，但壳已变红，因此有"红绡白玉肤"的说法，不过这也只是对荔枝的想象而已。龙眼被称为荔枝奴，香味不及荔枝，种类很少，价格更贵。

古法今解

荔枝古称"荔支""离支""离枝""丹荔""红荔"。果皮有鳞斑状突起，呈现鲜红或紫红色。提起荔枝，人们总会说到两个人，杨贵妃与苏轼。自从唐代杜牧《过华清宫》写下"一骑红尘妃子笑，无人知是荔枝来"以后，杨贵妃与荔枝就密不可分了。文震亨也提到此事，但他为杨贵妃开脱，"不可谓非解事人"，不是杨妃不惜民力，而是因为荔枝太美味了。

枣

【原典】

枣类极多，小核色赤者，味极美。枣脯出金陵，南枣出浙中者，俱贵甚。

【译文】

枣的品种很多，小核红枣味道很好。金陵的枣脯和浙江中部的南枣，价格都很昂贵。

古法今解

枣子又名红枣、大枣。自古有桃、李、梅、杏、枣"五果"之说，枣最突出的特点是维生素含量高，因此有"天然维生素丸"的美誉。大枣历来是益气、养血、安神的保健佳品，对高血压、心血管疾病、失眠、贫血等病人都很有益。

枣在中国还具有吉祥的寓意。枣"与"早"音相似，在中国大部分地区，男女在结婚的时候，有在新人的床上放上红枣和花生的风俗习惯，寓意早生贵子。另外，红枣同时也象征着爱情红红火火，祝福新的生活红似火。

生梨

【原典】

梨有二种：花瓣圆而舒者，其果甘；缺而皱者，其果酸，亦易辨。出山东，有大如瓜者，味绝脆，入口即化，能消痰疾。

【译文】

梨有两种：梨树花瓣圆润而舒展的，果实甘甜；花瓣残缺而褶皱的，果实发酸，很容易分辨。山东产的梨，有的和瓜一样大，脆生可口，入口即化，有止咳祛痰的功效。

古人称梨为"果宗",即"百果之宗"。梨是蔷薇科梨属植物,多年生落叶乔木果树,花多白色,梨色金黄或暖黄色,果肉为通亮白色,鲜嫩多汁,口味甘甜。梨的古名众多,有"甘棠""快果""玉露""蜜父",又因其果肉晶莹如玉,汁水多如乳汁,所以称玉乳。梨能止咳祛痰。在《本草纲目》里是这样记载:"梨品甚多,必须棠梨、桑树接过者,则结子早而佳,梨有青、黄、红、紫四色,乳梨即雪梨,鹅梨即绵梨,消梨即香水梨也,俱为上品,可以治病。"

古有惊蛰要吃梨的说法,梨可以生食、蒸、榨汁、烤或者煮水。因为此时乍暖还寒,气候干燥,易使人口干舌燥、外感咳嗽;也有一说是因为"梨"和"犁"同音,寓意新一年的忙碌就要开始了。因为梨和"离"同音,分梨就是分离,寓意不祥,所以在中国很多地方有一个梨不能分吃的习俗。

栗

【原典】

杜甫寓蜀,采栗自给,山家御穷,莫此为愈,出吴中诸山者绝小,风干,味更美;出吴兴者,从溪水中出,易坏,煨熟乃佳。以橄榄同食,名为梅花脯,谓其口作梅花香,然实不尽然也。

【译文】

杜甫寓居四川时,靠采摘板栗养家糊口,这也是山里人维持生计的不二选择。苏州山里所产栗子都很小,风干后食用味道更佳。吴兴所产栗子,从溪流中运出容易坏,须煮熟存放。栗子和橄榄同吃,号称"梅花脯",据说吃到嘴里有梅花香,然而实际也并不都有这种味道。

栗子又名"板栗""栗",肉质细腻,糯性黏软,甘甜芳香,有"天之良果""东方珍珠""千果之王""山中药""树上饭"的美名。文震亨在这里把栗子说成是杜甫在四川时作为养家糊口的食物,似有误。文震亨所言是板栗,杜甫诗

"岁拾橡栗随狙公"所言是栎树所结果实橡栗。

和大枣一样，栗子也是一种吉祥果。青年男女在结婚的时候，会在床上撒栗子，取"立子"之意。所以说，栗子也是融入中国传统文化的果实之一。

柿

【原典】

柿有七绝：一寿，二多阴，三无鸟巢，四无虫，五霜叶可爱，六嘉实，七落叶肥大。别有一种，名"灯柿"，小而无核，味更美。或谓柿接三次，则全无核，未知果否。

【译文】

柿树有七个特点：一树寿命长，二树叶荫凉较大，三树上无鸟巢，四树不生虫子，五霜叶可爱，六果实饱满，七落叶肥厚硕大。有种叫"灯柿"的柿子，小巧无核，味道更好。有人说柿子树嫁接三次，则柿子就完全没有果核了，不知是否准确。

古法今解

柿子原产于中国，有上千年栽培史，十月成熟，果实扁圆，颜色浅黄到深橘红色不等。柿子色泽鲜艳、柔软多汁、香甜可口、老少喜食。柿子可制成柿饼，断面呈金黄半透明胶质状，柔软、甜美。柿饼外面常包一层白粉，其实是渗出的葡萄糖粉末。古时，柿饼是朝鲜民间风靡的食品之一，也被朝鲜王族热爱。历史上，柿子的金黄色代表高贵，因此故宫、十三陵等建筑群周围都有柿子树，以象征"百事如意"。因"柿"谐音"事"，古人将诸多种喜庆吉祥的内涵融入柿中，如"事事如意""四世同堂"等。门口栽种柿子树，结果时显得喜庆而吉祥。

长物志全鉴

菱

【原典】

两角为菱，四角为芰，吴中湖泖（mǎo）①及人家池沼皆种之。有青红二种：红者最早，名"水红菱"，稍迟而大者，曰"雁来红"；青者曰"莺哥青"，青而大者，曰"馄饨菱"，味最胜，最小者曰"野菱"。又有"白沙角"，皆秋来美味，堪与扁豆并荐。

【注释】

①湖泖（mǎo）：湖。泖，水面平静的湖。

【译文】

两角的是菱，四角的是芰，吴中的湖泊及农家池塘都有种植。有青红二种：红色的成熟最早，名叫水红菱；成熟稍晚而个头大的叫雁来红；青色的叫莺哥青；青色而个头大的叫馄饨菱，味道最好；最小的叫野菱。还有白沙角都是秋天的美味，能与扁豆一起来佐餐。

古法今解

菱属于菱科菱属一年生浮叶水生植物，集中于太湖流域。主根较弱，伸入水底泥中。菱又称菱实、菱角、水菱、菱果、水栗子，菱角有无角、两个角、三个角、四个角的，为菱科植物菱的果肉，生长于池塘河沼中，各地均有种植。菱别名"芰实""菱角""龙角"和"水栗"。文震亨提到几种菱的名字：水红菱、雁来红、莺哥青、白沙角，看到这些名字仿佛就看到了红红绿绿的菱，给人置身于江南的感觉。

南朝梁人江淹有《采菱曲》，曲中言道："秋日心容与，涉水望碧莲。紫菱亦可采，试以缓愁年。"菱角可食，可以缓解灾年饥荒。菱角作为餐中美味，是食客的口福。对采菱人来说采菱却是辛苦的活，并非歌曲《采红菱》所唱的那么诗情，毕竟，采菱角是在讨生活，不是温情地嬉戏。

芡（qiàn）①

【原典】

芡花昼展宵合，至秋作房如鸡头，实藏其中，故俗名"鸡豆"。有秔（jīng）②、穤③二种，有大如小龙眼者，味最佳，食之益人。若剥肉和糖，捣为糕糜，真味尽失。

【注释】

①芡（qiàn）：也称鸡头、雁头、鸿头等。一年生水生植物，茎叶均有刺，叶圆形而大，浮于水面，花紫色，昼开夜萎，花终，刺球成长，内有种子芡实数枚，俗称鸡豆或鸡头果，可以食用。

②秔（jīng）：一种黏性较小的稻。

③穤：黏性的稻米。

【译文】

芡花白天开放，夜里闭合，到秋天长成像鸡头的子房，种子就在里面，所以俗称鸡豆。有秔、穤二种，有一种小龙眼大小的味道最好，食用有益于身体。如果剥壳取肉，加入糖捣碎如泥，本来的味道就完全失去了。

古法今解

芡为水生植物，果实可食用。芡在民间俗称鸡头，因为长得像鸡的脑袋，果实俗称鸡头米。芡，花叫"芡花"，子实叫"芡珠"，果仁称为"芡米"，大型水生观叶植物，三月生叶大似荷，浮于水面，面青背紫，有芒刺，在江南一带是"水八仙"之一，夏日茎端开紫花，结实如栗球而尖，粒粒雪白如玉，可食用。芡实有南北之分。北芡性粳味淡，适合制成干货。南芡性糯味腴，口感鲜洁，乃传统补品。古药书中说芡实"婴儿食之不老，老人食之延年"，还有养颜之功，女子尤喜欢。

水生植物具有造景功能，在我国古典园林中，水生植物就是营造园林水景的重要素材之一。各种水体都得依靠植物来配置出丰富多彩的水体景观，水生植物对水景起着画龙点睛的作用，以其洒脱的姿态和优美的线条、绚丽的色彩点缀水面和岸边，并形成水中倒影，使水面和水体变得生动活泼，加强了水体的美感。

西瓜

【原典】

西瓜味甘，古人与沉李并埒（liè）①，不仅蔬属而已。长夏消渴吻，最不可少，且能解暑毒。

【注释】

①并埒（liè）：相等。

【译文】

西瓜味甜，"浮瓜沉李"是古人消暑之乐，已经超过蔬果的本来含义。长夏消暑解渴少不了西瓜，且能解人体暑热之毒。

古法今解

"瓜"是象形字，两边像瓜蔓，中间瓜藤垂下结出一个又圆又大的果实，就是瓜。西瓜属于葫芦科，果实外皮光滑，呈绿色或黄色，果瓤多汁为红色或黄色，罕见白瓤。西瓜祖籍何处，很有争论。比较流行的说法是西瓜非国产，应是来自西域或西方，原产地在南非，葫芦科野生植物，人工培育成食用西瓜。西瓜栽培有一套系统的流程：整地、施底肥、播种、搭棚、覆地膜、放风、定苗、授粉、留瓜、浇水。看着瓜苗破土，爬出枝蔓，分叉，开出黄花，结出纤细的青果，就是一种享受。

白扁豆

【原典】

扁豆纯白者味美，补脾入药，秋深篱落，当多种以供采食，干者亦须收数斛，以足一岁之需。

【译文】

白扁豆味道鲜美，有健脾的药效，深秋时的篱笆院落旁宜多种植，以供采摘食用，干扁豆也要多收几斗，以备一年之需。

古法今解

白扁豆是一年生缠绕草质藤本。扁豆一定要种在与篱笆为邻的地方。竹篱茅舍，扁豆花开，那才是家的最初模样。扁豆荚果倒卵状长椭圆形，微弯，扁平，种子白色，原产印度、印尼等热带地区，约在汉晋间引入我国。秋、冬二季采收成熟果实，晒干，取出种子，再晒干。气微，味淡，嚼之有豆腥味。

有钱人家是断断不会在庭院里种扁豆的，扁豆似乎跟篱笆有缘，有了扁豆的攀附，那一丛丛篱笆便显结实，有了篱笆的支撑，那一藤藤扁豆则更显弯绕。对于离乡的人，篱边扁豆除了是贫寒年景中的一丝温暖与甘甜，更多的是家园的温馨和那一抹难舍的乡愁。

菌

【原典】

菌，雨后弥山遍野，春时尤盛，然蛰后虫蛇始出，有毒者最多，山中人自能辨之。秋菌味稍薄，以火焙（bèi）①干，可点茶，价亦贵。

【注释】

①焙（bèi）：用微火烘烤。

【译文】

蘑菇在下雨后漫山遍野都是，尤其春天多，惊蛰过后虫蛇开始活动，毒蘑菇渐多，但山里人自然有办法分辨。秋天的蘑菇味道稍差，用文火烘干后可沏茶，不过价钱稍贵。

古法今解

《说文解字》云："菌，地蕈也。"又云："蕈，桑黄。"所以，"菌"指地上生长的大型真菌，而"蕈"则指树上的大型真菌。真菌是独立于动植物以外的一类生物。种蘑菇其实无须珍稀树木，更不用原始森林的松针，只要有锯木屑、稻草或者棉籽皮，再混上一些营养杂物就可以了。换言之，蘑菇需要的只是一些腐烂的木材，仅此而已。如今食素食进入人们的视野，即所谓"寺院菜""斋菜"或"素菜"。其主要原料则为蘑菇、木耳、竹笋等和豆制品。

瓠（hù）

【原典】

瓠类不一，诗人所取，抱瓮①之余，采之烹之，亦山家一种佳味，第不可与肉食者道耳。

【注释】

①抱瓮：盛水。

【译文】

葫芦品种很多，诗人大多用它盛水，盛水之余也可采摘烹调做菜，也是山野人家美味，只是这种素菜之美不能和肉食者分享。

古法今解

古时候的瓠和今天的瓠子略有不同。古时候的瓠就是今天的葫芦，而今天的瓠子是葫芦科葫芦属下的一种，为本属植物葫芦的变种，一年生攀缘草本。瓠子与葫芦的区别在于：子房圆柱状；果实粗细匀称而呈圆柱状，直或稍弓曲，绿白色，果肉白色。果实嫩时柔软多汁，可作蔬菜。古人把葫芦按其性质、用途与形状大小不同而分类，现代植物学把上述各种"瓠"都归属于葫芦科。

葫芦的吃法很多，既可以荤食烧汤，又可以素食做菜，做饺子、包子馅，既能腌制也能干晒做成葫芦干收藏起来，留到冬日做成荤菜；烧汤清香四飘，其味鲜美；还可蒸食。不过，不论葫芦还是它的叶子都要在嫩时食用，成熟后便失去了食用价值。

茄子

【原典】

茄子一名"落酥"，又名"昆仑紫瓜"，种苋其傍，同浇灌之，茄、苋俱茂，新采者味绝美。蔡遵为吴兴守，斋前种白苋、紫茄，以为常膳①，五马②贵人，犹能如此，吾辈安可无此一种味也？

【注释】

①常膳：平日膳食。

②五马：乘坐五匹马出行，指太守。

【译文】

茄子别名"落酥"，也叫"昆仑紫瓜"，常种在苋菜旁，一起浇灌都长得茂盛，新采摘的茄子味道绝美。南朝蔡遵为吴兴太守时，曾在屋前种白苋和紫茄，作为日常蔬菜。贵为太守尚且如此，我等怎能少了茄子这道美味呢？

古法今解

茄子属于茄科茄属一年生草本植物，品种有长茄、圆茄、白茄、青茄、紫茄等。长茄质嫩，多产南方，后来人工培育的圆茄长在北方。吃茄子最好不要去皮，因其富含维生素。茄子可烧、炒、蒸、煮，也可油炸、凉拌、煲汤，荤素咸宜。茄子别称"茄"，古时称落苏、酪酥、伽子、昆仑紫瓜、矮瓜等。西汉扬雄认为，"茄子"的"茄"乃梵文"伽"的译音字，认为茄子从印度传来的。

石榴

【原典】

石榴，花胜于果，有大红、桃红、淡白三种，千叶者名饼子榴，酷烈如火，无实,宜植庭际。

【译文】

石榴花朵好过果实,花朵有大红、桃红、淡白三种,花瓣重叠很多的叫饼子榴,颜色炽烈如火,不结果实,适合种植于庭院之中。

《古法今解》

本卷题目为蔬果,文震亨写到"石榴"又跑回到卷二的"花木"了,谈石榴不谈果实,却谈它的花朵,谈它的观赏价值。

可能因为文震亨太钟爱石榴花了吧?炽烈如火的石榴花五月开放,鲜艳耀眼。民间认为镇宅圣人钟馗是石榴花的花神,所以钟馗的画像上耳边都插着一朵石榴花。成熟的石榴也是鲜艳的红色,籽粒饱满晶莹,在民间象征多子多孙和丰收的年景。古代女子穿裙子多喜欢石榴红色,而当时染裙子的颜料也多从石榴花中提取,时间长了人们把石榴裙当做了年轻女子的代称,这就是石榴裙的来历。

芋

【原典】

古人以蹲鸱①起家,又云"园收芋栗未全贫",则御穷一策,芋为称首,所谓"煨得芋头熟,天子不如吾",且以为南面之乐,其言诚过,然寒夜拥炉,此实真味,别名"土芝",信不虚矣。

【注释】

①蹲鸱:即芋头。

【译文】

古人以芋头起家,有俗话说"园收芋栗未全贫",维持生计的办法,种芋头为第一。所谓"煨得芋头熟,天子不如我",将它形容为有帝王之乐,言语确实夸张了些,但是寒夜围炉,有芋头可吃也真是美味。芋头别名土芝,确实不假。

芋头是多年生块茎植物，叶片盾形，叶柄长而肥大，绿色或紫红色。植株基部形成肉质球茎，称为"芋头"或"母芋"，不规则球形。母芋有脑芽、腋芽，可分蘖，形成"子芋""孙芋"等。芋又名芋艿、芋头，球茎富含淀粉及蛋白质，供菜用或粮用，也是淀粉和酒精的原料。芋耐运输贮藏，能解决蔬菜周年均衡供应。

文震亨引用了两句俗谚表达了民间对芋头的喜爱，"园收芋栗未全贫"其实是杜甫的诗句，说的是有芋头丰收的年景就算不得贫穷，因为芋头为御穷之首，富含淀粉，既可做菜肴，又可做主食。"煨得芋头熟，天子不如我"表达的则是得享芋头美味的知足，虽然夸张了些，却正是中国老百姓在艰辛生活中乐观与豁达的体现。

有道秦淮小吃叫"桂花糖芋苗"，香甜滑润。把小芋仔去皮煮烂，然后调入藕粉和糖桂花，黏稠的藕粉汤汁就会有一种晶莹温暖的红紫色，里面沉浮着雪白的芋艿，金黄或者橙红的桂花，软糯香甜，煞是诱人。

茭（jiāo）白

【原典】

茭白，古称"雕胡"，性尤宜水，逐年移之，则心不黑，池塘中亦宜多植，以佐灌园所缺。

【译文】

茭白古代称为雕胡，尤其适合水生，逐年移植，茎上就不会长黑点，池塘中也应该多种植一些，用来补充菜园缺少的品种。

茭白又名"菰米""高瓜""菰笋""菰手""茭笋""高笋"，禾本科菰属多年生宿根草本植物，形如蒲苇，野生，多长于陂泽河边，南北方都有生长。花茎经黑穗菌侵入后，刺激细胞增生而形成肥大嫩茎，可食用。茭白是中国特有的水生蔬菜，与莼菜、鲈鱼并称为"江南三大名菜"。茭白青翠修长，亭亭玉立。剥去外壳，茭白色白如玉，清脆滑甜，被誉为"美人腿"。上古时代主要采食其籽粒，作为粮食作物栽培。唐末时水稻在我国大面积种植，成为人们的主食后，茭草就很少采籽，以至从谷物中逐渐分离，成为一种风味特殊、营养丰富的蔬菜。

山药

【原典】

山药本名"薯药"，出娄东①岳王市者，大如臂，真不减天公掌②，定当取作常供。夏取其子，不堪食。至如香芋③、乌芋、凫茨之属，皆非佳品。乌芋即茨菇④，凫茨即地栗⑤。

【注释】

①娄东：娄江之东，在今江苏太仓。

②天公掌：山药的一种，扁形根。

③香芋：山药的一种，圆形根。

④茨菇：慈姑，多年生草本植物，生长在水田里，可食用。

⑤地栗：荸荠。

【译文】

山药本名薯药，产自娄东岳王市的，大如手臂，不亚于天公掌，可拿来日常食用。夏天结种子，不太好吃。至如香芋、乌芋、凫茨之类都不是佳品。乌芋即慈姑，凫茨即荸荠。

古法今解

文震亨说山药本名薯药并不准确，山药自古栽培，一般药食两用。山药原名叫"薯蓣"，因为唐代宗名李豫，为避尊者讳，改为薯药，北宋时宋英宗名赵曙，所以又改名为山药，沿用至今。山药块根含淀粉和蛋白质，可以吃也可入药。文震亨为苏州人，他提到江苏太仓的山药，实际上古代最出名的是古怀庆府的山药，素有"怀参"之称，传说是全国最好的。

山药在药用时分生山药和炒山药，生山药就是把山药给晒干了切成片，用火炒过的叫炒山药。生山药的药性偏凉，滋脾阴，熟山药则只补脾。

萝卜 芜菁

【原典】

萝卜一名"土酥"，芜菁一名"六利"，皆佳味也。他如乌、白二菘，莼、芹、薇、蕨之属，皆当命园丁多种，以供伊蒲①，第不可以此市利，为卖菜佣②耳。

【注释】

①伊蒲：素菜。

②卖菜佣：卖菜的人。

【译文】

萝卜也叫"土酥"，芜菁叫"六利"，都是美味。其他如结球白菜、瓢儿菜两种白菜，莼菜、芹菜、薇菜、蕨菜之类，须让园丁多多种植，以作素食，切不可以种菜为营生，成为卖菜翁。

【古法今解】

萝卜被大众所熟知。芜菁别名"蔓菁""大头菜""诸葛菜""圆菜头""圆根""盘菜"，供炒食、煮食。萝卜的营养价值自古以来就被广泛肯定，所含的多种营养成分能增强人体的免疫力。萝卜含有能诱导人体自身产生干扰素的多种微量元素，对防癌、抗癌有重要意义。萝卜中的芥子油和膳食纤维可促进胃肠蠕动，有助于体内废物的排出。所以，我国有"冬吃萝卜夏吃姜，不用大夫开药方"的谚语广泛流传。

卷十二　香茗

【原典】

香、茗之用，其利最溥，物外①高隐，坐语道德②，可以清心悦神；初阳薄暝（míng）③，兴味萧骚④，可以畅怀舒啸⑤；晴窗拓帖⑥，挥麈闲吟，篝灯⑦夜读，可以远辟睡魔；青衣红袖，密语谈私，可以助情热意；坐雨闭窗，饭余散步，可以遣寂除烦；醉筵醒客，夜语蓬窗，长啸空楼，冰弦戛指⑧，可以佐欢解渴。品之最优者，以沉香、岕（jiè）茶为首，第焚煮有法，必贞夫⑨韵士，乃能究心耳。志《香茗第十二》。

【注释】

①物外：世界。

②坐语道德：坐着谈玄论道。

③薄暝（míng）：傍晚。

④萧骚：萧条。

⑤舒啸：舒展歌啸。

⑥拓帖：摹拓古碑帖。

⑦篝灯：灯笼。

⑧戛指：手弹之意。

⑨贞夫：正义之人。

【译文】

焚香品茗益处很大。隐逸世外，坐着谈玄论道可以神清气爽；晨曦薄暮意兴阑珊之际，可以胸怀通畅舒展歌啸；晴窗之下摹拓碑帖，清谈闲吟，挑灯夜读可以驱除睡意；闺阁女子密语私谈，可以加深情谊；雨天闭门而坐、饭后散步可以排遣寂寥烦恼；宴会醉酒让客人清醒，夜晚谈心、啸吟于空楼、弹琴唱和可以解渴佐欢。香茗中最优的要数沉香、岕茶，只是要煎煮得法。只有真正的君子雅士才会专心领悟。记《香茗第十二》。

古法今解

本文为香、茗总论，文震亨大谈香、茗之益处，用了六个"可以"来概括其作用，但他讲的并不是香、茗实实在在的益处，而是在想象浸润于香、茗之中得到的精神愉悦；不是客观地说明香、茗之特性和用途，而是表达对香、茗为伴的诗意悠闲生活的向往。但本文不是文震亨的独创，而是一篇抄袭之文，抄自明代屠隆的《香笺》一文。屠隆说的是"香之为用，其利最溥"，文震亨改为"香茗之用"，后面的六个"可以"几乎照搬了屠隆对焚香乐趣的描写。之所以抄袭是因为高度认同。谈玄论道、摹拓碑帖、弹琴唱和，这不正是文震亨、屠隆所代表的文人生活吗？不管是香，还是茗，只是作为文人生活的背景而存在。与其说是在写香茗之用处，不如说在写文人生活状态的设想和描述。

文震亨说茶、嗜茶实有家风。其曾祖文徵明著有《龙茶录考》，可见其爱茶之甚。在故宫博物院里，更藏有文徵明的一幅《惠山茶会图》，图里所绘，乃是他与蔡羽、汤珍、王守、王宠于无锡惠山里赋诗饮茶事。关于饮茶之趣，文徵明说了很多，但又没有说透，其实他也不用说得太透彻，许多意蕴需要人们去体会才好。

伽（qié）南

【原典】

伽南，一名"奇蓝"，又名"琪琳（nán）"，有"糖结""金丝"二种：糖结，面黑若漆，坚若玉，锯开，上有油若糖者，最贵；金丝，色黄，上有线若金者，次之。此香不可焚，焚之微有膻气。大者有重十五六斤，以雕盘承之，满室皆香，真为奇物。小者以制扇坠、数珠，夏月佩之，可以辟秽，居常以锡盒盛蜜养之。盒分二格，下格置蜜，上格穿数孔，如龙眼大，置香使蜜气上通，则经久不枯。沉水①等香亦然。

【注释】

①沉水：沉香。

【译文】

伽南香又叫奇蓝，又名琪琳，有糖结、金丝两种。糖结最为贵重，表面漆黑，坚硬如玉，锯开，上面有像糖一样的油脂。金丝次之，黄色，上面有金色的丝线。伽南香不能焚烧，焚烧时有些微的腥膻味，大的有十五六斤重，放在精美的盘子上面，满室生香，真是奇特之物。小的制作成扇坠、念珠，夏天佩带在身上，可以去除异味。平时用盛放了蜂蜜的锡盒来贮存。盒子分为两格，下格放蜂蜜，上格钻一些龙眼大的孔，使蜂蜜的味道向上与伽南香相通，香就经久不干枯。沉香等香也可以这样做。

古法今解

　　文震亨讲到两种伽南香的特性及用途、贮存方法。伽南香为沉香中的极品，多产于南洋，以东南亚古国占城所产为最著名。我国海南岛也有出产。文震亨讲到伽南香的贮存方法，非常别致新颖，让人想象到焚香时香与蜜混合的味道，温馨而甜润。

　　沉香和伽南香到底是不是一回事？学界众说纷纭，似乎谁也说服不了谁。从文震亨"沉水等香亦然"的记载来看，显然不是。

　　现在有学者认为，古代把沉香中较特殊的顶级料称为"伽南香""奇南香"或"琪瑠香"。奇南香是沉香的变种，是沉香受到特别细菌的反复感染，在特定环境特定时间里升华所成，量非常少。认为伽南不是沉香的，则有树种说、极品沉香说、香气说、质软膏糯说、黄蜡沉说、石蜜说、质地软硬兼有说、焚之微有膻气说以及近来的化学成分不同说。目前较统一的认识是，伽南区别于沉香，掐之痕生，释之痕合，削之自卷，咀之柔韧。这样的奇南香世所罕见，也是最为珍贵的。

龙涎（xián）香

【原典】

　　苏门答剌国①有龙涎屿，群龙交卧其上，遗沫入水，取以为香。浮水为上，渗沙者次之；鱼食腹中，剌出如斗者，又次之。彼国亦甚珍贵。

【注释】

　　①苏门答剌国：今印度尼西亚苏门答腊。

【译文】

　　苏门答腊的龙涎屿，许多龙卧在那里，龙将唾液吐入水中，收集起来就制成了龙涎香；浮在水面的龙涎品质最好，夹有尘沙的次之；鱼吸入腹中又喷出来、形状如斗的，又次之。龙涎香在苏门答腊也很珍贵。

龙涎香又称阿末香，是抹香鲸肠内的分泌物，为名贵香料。龙涎香，一个诗意而神秘的名字，龙在睡觉时流出的口涎，凝结成香。文震亨所谓的龙即抹香鲸。将浮于海面的抹香鲸肠内分泌物捞起干燥，或者将捕获的抹香鲸杀死，收集肠中分泌物，经干燥后即成蜡状的硬块。自古以来，龙涎香就作为高级的香料使用，价格昂贵，差不多与黄金相等。

沉香

【原典】

沉香质重，劈开如墨色者佳，不在沉水，好速亦能沉。以隔火炙过，取焦者别置一器，焚以熏衣被。曾见世庙①有水磨雕刻龙凤者，大二寸许，盖醮坛②中物，此仅可供玩。

【注释】

①世庙：明代人对明世宗嘉靖的称谓。

②醮坛：道士祈祷所用的祭坛。

【译文】

沉香质地厚重，剖开后颜色如墨者是佳品，不在于是否能够沉入水中，好的速香也能沉入水中。隔火烘烤，将烤焦的另置一处，焚烧用以熏衣被。曾见到嘉靖年间制作的水磨雕刻龙凤图案的沉香，二寸左右，是道士设坛祈祷时的用品，只能用来赏玩而已。

沉香黑色芳香，脂膏凝结为块，入水能沉，故称"沉香"，又名"沉水

香""水沉香"。《说文解字》载："香，气芬芳也。"自古香料有"沉檀龙麝"之说，沉香居首，档次最高。沉香木是常绿乔木，产于亚热带，木质坚硬而重，黄色，有香味，心材为著名熏香料，中医以含有黑色树脂的树根或树干加工后入药，有镇痛、健胃等作用。文震亨讲的是用沉香木制作的香。文震亨提到明代嘉靖年间制作的雕刻龙凤图案的沉香。嘉靖好道，身居宫苑，在长达四十五年的皇帝生涯中，竟然有二十多年从不上朝，专事玄修。他对道教方术的偏好主要表现在终身好斋醮，因斋醮的需要，全国道士大增，大量道教用品也应运而生，瓷器和精美的沉香均是嘉靖尊崇道教的产物。

安息香

【原典】

安息香，都中有数种，总名"安息"，"月麟""聚仙""沉速"为上。沉速有双料者，极佳。内府别有龙挂香，倒挂焚之，其架甚可玩，"若兰香""万春""百花"等，皆不堪用。

【译文】

京都中有数种安息香，总名叫安息，月麟、聚仙、沉速为上品，沉速有双料的最好。内府另有龙挂香，倒挂着焚烧，挂香的架子很好玩，若兰香、万春、百花等品种都不可使用。

古法今解

安息香用来美容的历史已有千百年之久，在药草志中，安息香常被叫作"树脂安息香""香胶"或"树脂班杰明"，常被用于老式的化妆水中。古人认为它是驱离恶灵的重要法宝，经常被用于熏蒸和焚香。安息香呈球形颗粒团块，大小不等，外面红棕色或灰棕色，嵌有黄白色及灰白色不透明的杏仁样颗粒，表面粗糙不平坦；质坚脆，加热即软化；气芳香、味微辛。安息香有泰国安息香与苏门答腊安息香两种。制香是个技术活，传统制香须依传统历法，除了香方外，还需精研太极之根本，五行之生克，天地之运行，力求合乎于情，通之于理，用之于法。文震亨提到了安息香的一些品种，并作出了优劣评判。安息香焚烧时香烟为白色，如缕直上，在空中不易散去，可用于熏衣。安息香还具有开窍、辟秽、定神等作用，《红楼梦》第九十七回贾宝玉在成亲之夜发现新娘不是林黛玉，旧病复发，贾母等人"只得满屋里点起安息香来，定住他的神魂，扶他睡下"。

茶品

【原典】

古人论茶事者，无虑数十家，若鸿渐之经①，君谟（mó）之录②，可谓尽善，然其时法用熟碾为"丸③"为"挺"，故所称有"龙凤团""小龙团""密云龙""瑞云翔龙"，至宣和间，始以茶色白者为贵。漕臣④郑可简⑤始创为"银丝冰芽"，以茶剔叶取心，清泉渍之，去龙脑诸香，惟新胯⑥小龙蜿蜒其上，称"龙团胜雪"，当时以为不更之法，而我朝所尚又不同，其烹试之法，亦与前人异，然简便异常，天趣悉备，可谓尽茶之真味矣。至于"洗茶⑦""候汤⑧""择器⑨"，皆各有法，宁特侈言"乌府⑩""云屯⑪""苦节⑫""建城⑬"等目而已哉！

【注释】

①鸿渐之经：即唐代陆羽所著《茶经》。陆羽，字鸿渐。

②君谟（mó）之录：即宋代蔡襄所著《茶录》。蔡襄，字君谟。

③丸：小团。

④漕臣：主管漕运之人。

⑤郑可简：宋人，善于造茶。

⑥新胯：制茶的印模。

⑦洗茶：洗去茶叶的污垢。

⑧候汤：观察水沸的情况。

⑨择器：选择茶具。

⑩乌府：盛炭的篮子。

⑪云屯：盛水的杯子。

⑫苦节：斑竹风炉。

⑬建城：藏茶的竹简。

【译文】

　　古代论茶道的不只数十家，陆羽的《茶经》、蔡襄的《茶录》，可谓论述相当详尽。但当时制茶是用熟碾法制成团和条形，所以有龙凤团、小龙团、密云龙、瑞云翔龙的称呼。到宣和年间，开始以白茶为贵。宋代主管漕运的郑可简始创银丝冰芽，专取茶心嫩芽，用泉水漂洗，去除龙脑香等异味，用刻有蜿蜒小龙的模具压制而成，称为龙团胜雪，当时以为是不可更改的制茶方法。但今天所通行的制茶方法已经大不相同了，烹煮方法也与前人不同，但非常简便，很有自然情趣，可谓完全体现了茶的本味。至于洗茶、观察水温、选择茶具，也都各有一定的规则和方法。这岂止是大谈装炭的篮子、盛水的杯子、斑竹风炉、藏茶竹筒而已呢？

古法今解

　　陆羽《茶经》记载："茶之为饮，发乎神农氏。"人类饮茶的历史未必有这么早，但两晋以后，茶风已盛，唐宋时期饮茶开始风行，并成为文人群体性阶层性的普遍风尚，文人与茶结下了不解之缘。关于茶道的著作也层出不穷，文震亨说"无虑数十家"，并提到陆羽的《茶经》。品茶不是饮茶，不在解渴而在意境，但文震亨此文却是在追溯品茶的历史，他对比唐宋与明代茶叶制作的不同，肯定明代茶艺的变化与高明。在时间考量的叙述中，品茶既充满历史气息，又有一种时尚感。

　　文人雅士饮茶，从择茶、择具到煎水、行茶，悉心讲究，品茶，品的是心性。水本天下至清之物，茶又为水中至清之味，文人清饮最是雅静。茶禅一味，禅宗讲究清心自悟，而茶清通自然，算得上绝配了。

茶与酒都是文人生活中的重要因素，但品茶与饮酒不同。茶尚新，酒尚陈，茶是清淡，酒是浓烈，饮酒要有气贯长虹的气势，品茶却需气定神闲的心态，饮酒是摇荡勃发，品茶却是平坦舒畅，品茶与饮酒一样催生了文人的锦绣篇章。

虎丘① 天池②

【原典】

"虎丘"，最号精绝，为天下冠，惜不多产，又为官司所据，寂寞山家，得一壶两壶，便为奇品，然其味实亚于"岕"。"天池"，出龙池③一带者佳，出南山④一带者最早，微带草气。

【注释】

①虎丘：茶名，产自苏州虎丘山。

②天池：茶名，产自苏州天池山。

③龙池：今名隆池，苏州地名。

④南山：苏州地名，道光《苏州府志》里蟠螭山，俗称"南山"。

【译文】

虎丘茶，属于精绝好茶，为天下之冠，可惜产量不多，又被官府所据有。山里人能得到一壶两壶便将之作为奇品，但它的味道实在不及岕茶。天池茶产自龙池一带的较好，产自南山一带的最早，微带青草味。

古法今解

虎丘茶、天池茶都产于苏州，是以地方命名的茶。虎丘茶仅产于苏州城西北的虎丘。东晋时，王珣及其弟王珉在山中营建别墅，后来改别墅为寺庙，就是今天的虎丘山寺，虎丘茶就产于以寺庙为中心的小块茶园中。文震亨说"又为官司所据"，一为珍品，普通百姓便很难尝到。

虎丘古时是主要的茶产区，每年立夏前后，山水相映的虎丘，山前屋后，茶花盛开，香气袭人，真有"入目皆花影，放眼尽芳菲"之感。虎丘茶的茶树在虎丘寺金粟山旁，僧人在谷雨前采摘，取其细嫩之芽，叶色微黑，不甚青翠。但焙而烹之，其色如月下之白，味如豆乳之香，氤氲清神，涓滴润喉，令人怡情悦性。天池茶是江苏苏州的绿茶品种，其特点为条索秀丽带弯曲，茸毫显露，银白隐翠，香气清鲜，滋味醇和鲜爽，汤色绿而明亮，叶底嫩匀成朵。

岕

【原典】

"岕"，浙之长兴者佳，价亦甚高，今所最重；荆溪[1]稍下。采茶不必太细，细则芽初萌，而味欠足；不必太青，青则茶已老，而味欠嫩。惟成梗蒂[2]，叶绿色而团厚者为上。不宜以日晒，炭火焙过，扇冷，以箬（ruò）叶[3]衬罂[4]贮高处，盖茶最喜温燥，而忌冷湿也。

【注释】

①荆溪：水名。在今江苏宜兴南，近荆南山。

②梗蒂：茶叶梗。

③箬（ruò）叶：粽叶竹。

④罂：大腹小口的瓶子。

【译文】

岕茶产自浙江长兴的最好，价格也很高，最为今人看重；产自荆溪的稍次之。采茶不必太嫩，刚刚萌发的嫩芽，味道不足；也不必太青，太青茶已老，茶味过于浓烈。只有梗蒂刚长成，叶子翠绿而圆厚的为上品。不宜日晒，炭火烘焙后扇冷，用箬竹叶包裹后装入大腹小口的瓶中，存放于高处，因为茶叶适合干燥，忌讳潮湿阴冷。

古法今解

岕茶的颜色是白的，就是现在的白茶。一品岕茶叶脉淡白而厚，汤色柔白如玉露，二品岕茶为"香幽色白味冷隽"。岕茶有乳香，不仅有花香，更有奇妙的婴儿体香，奇特之处在于放置越久，香气越烈。岕茶鲜活，贮壶良久，其色如玉，犹嫩绿。岕茶产于浙江长兴境内的罗岕山，故名，为茶中上品。"岕"字是苏浙皖三省毗邻地区多使用的汉字，与江苏宜兴、浙江长兴和安徽广德的方言"卡"类似，意为两山之间的空旷地。两山之间，中有涧溪，泉水滋润茶树，洗漱茶根。山土肥沃，长在这里的茶，就被称为岕茶。文震亨对岕茶的采摘、烘焙、存放作了较详细的说明，见出他对岕茶的熟悉。明代袁宏道《龙井》记载："岕茶叶粗大，真者每斤至二千余钱。"可见岕茶价格之昂贵。

六安

【原典】

"六安"，宜入药品，但不善炒，不能发香而味苦，茶之本性实佳。

【译文】

六安茶适合入药，但不适合炒制，炒出的茶不香而味道发苦，但是茶的本性还是很好的。

古法今解

六安茶是中国十大名茶之一，又称"六安瓜片""瓜片""片茶"，产自安徽省六安市大别山一带，唐称"庐州六安茶"，为名茶；明始称"六安瓜片"，清为朝廷贡茶。六安茶产于安徽的六安、金寨和霍山三地，因外形似瓜子而俗称六安瓜片。明代徐光启在其《农政全书》里曾记载"六安州之片茶，为茶之极品"，明代李东阳在《咏六安茶》中有"七碗清风自六安"、"陆羽旧经遗上品"等诗句来赞美六安茶。在所有茶叶中，六安瓜片是唯一无芽无梗的茶叶，由单片生叶制成。去芽不仅保持单片形体，且无青草味；梗在制作过程中已木质化，剔除后，可确保茶味浓而不苦，香而不涩。

松萝

【原典】

十数亩外，皆非真松萝茶，山中亦仅有一二家炒法甚精，近有山僧手焙者，更妙。真者在洞山之下，天池之上，新安①人最重之；南都曲中亦尚此，以易于烹煮，且香烈故耳。

【注释】

①新安：今安徽境内地名。

【译文】

安徽松萝方圆十几亩外，都不是真正的松萝茶，山中只有一两家炒法精湛，近来有一个山僧炒制的更妙。真正的松萝茶品质在洞山茶之下、天池茶之上，新安人最为喜爱它。南京妓坊也很流行松萝茶，因为它易于烹煮，而且味道浓郁。

《古法今解》

松萝茶产于安徽休宁城北的松萝山，松萝山在唐朝就有产茶的记载，而松萝茶的盛名远播是在明代。松萝，属绿茶类，明初始兴，产于今黄山市休宁县休歙边界黄山余脉的松萝山，茶园多分布在海拔 600~700 米。文震亨说"十数亩外，皆非真松萝茶"，可见松萝茶产量并不高。至于松萝茶的味道，文震亨认为"在洞山之下，天池之上"，但明代的袁宏道却说："近日徽人有送松萝茶者，味在龙井之上，天池之下。"同是敏感细腻的文人，对松萝茶的感觉却不相同。

龙井　天目

【原典】

龙井①、天目②，山中早寒，冬来多雪，故茶之萌芽较晚，采焙得法，亦可与"天池"并。

【注释】

①龙井：在浙江杭州西湖。

②天目：浙江临安境内的天目山。

【译文】

龙井、天目茶，因为产地山高早寒，冬季多雪，所以茶树发芽较晚，如果采摘、烘焙得当，也可以与天池茶相提并论。

古法今解

龙井茶可以说是最知名的绿茶之一，但文震亨对龙井茶、天目茶介绍极为简略，并认为只有"采焙得法"才能与天池茶相提并论。这与龙井茶的发展历史有关。龙井茶得名于龙井，由于产地不同分别为：西湖龙井、钱塘龙井、越州龙井。龙井茶始产于宋代，但到明代才开始有名，到清代顺治年间，龙井茶被列为贡品，乾隆六次南巡，四次来到龙井茶区观看茶叶采制，品茶赋诗，龙井茶这才天下闻名。所以文震亨的时代，龙井虽声名已盛，却不在最上等之列。

西湖龙井属于绿茶，是中国十大名茶之一。明代列为上品，清顺治年间列为贡品；清乾隆游览杭州西湖时，盛赞龙井茶，并把狮峰山下胡公庙前的18棵茶树封为"御茶"。龙井茶属于绿茶扁炒青的一种，形状扁平光滑，因产地和制法不同，分为龙井、旗枪、大方三种。龙井茶以狮峰所产为最佳，因其色泽黄嫩、高香持久的特点被誉为"龙井之巅"。

洗茶

【原典】

先以滚汤候少温洗茶，去其尘垢，以"定碗"盛之，俟冷点茶，则香气自发。

【译文】

先用稍凉的沸水把茶叶洗一下，以去除茶叶表面的尘垢，用定瓷茶碗盛起来，等到凉了再用点茶法沏茶则香气四溢。

〈古法今解〉

人们泡茶时，习惯上把第一泡茶水倒掉，称之为"洗茶"。"洗茶"一词始于北宋，至今约 700 年历史。《中国茶叶大辞典》对"洗茶"的解释是："洗茶洗去了散茶表面杂质，且可诱发茶香、茶味。"

洗茶是古代茶道中极为重视的一个环节。明代屠隆《考槃余事》："凡烹茶，先以热汤洗茶，去其尘垢冷气，烹之则美。"尘垢、沙土、尘土、沙沫最能"败茶"。洗茶也符合古代茶人讲究泡茶的"洁"字精神。为此，古代茶人发明了"茶洗""涤器""洗鬲"等专用茶器。

然而现代茶人对古人的见解却不以为然。现代茶家认为，洗茶并不能达到洁茶的目的，该洗的如农药和重金属残留物没洗掉，而茶叶的精华却被洗掉了。有科学研究指出，陈年普洱与 100℃的热水接触仅仅 1 秒钟即有相当量的内含物析出，日照绿茶用 100℃热水浸润 2 秒钟，西湖龙井茶、铁观音浸润 3 秒钟，其滤出的茶汤即具有相当明显的香气与滋味，诸多维生素、氨基酸、生物碱等营养物质就在这短短几秒的第一泡茶中流失了。

候汤

【原典】

水，缓火炙，活火煎。活火，谓炭火之有焰者，始如鱼目为"一沸"，缘边泉涌为"二沸"，奔涛溅沫为"三沸"，若薪火方交，水釜才炽，急取旋倾，水气未消，谓之"嫩"；若水逾十沸，汤已失性，谓之"老"，皆不能发茶香。

【译文】

泡茶之水，要文火炙茶，活火煎水。活火，即有火苗的炭火。水烧到像鱼冒泡一样为"一沸"，边缘如泉水喷涌的为"二沸"，像奔腾的波涛并有泡沫溅出为"三沸"。如果火苗刚烧，水锅刚热，就立即倒出，水气未消，是水太"嫩"了；如果水已经烧开十个滚儿了，茶汤本性已失，就说是"老"了，这两种茶汤都不能让茶香发挥到极致。

候汤就是等待煮茶的水开。古人品茶，最重视煎水。陆羽《茶经》上关于煮水这样说："其沸如鱼目，微有声，为一沸；缘边如涌泉连珠，为二沸；腾波鼓浪，为三沸。"古人说，候汤最难。那么，究竟怎么判断一沸、二沸、三沸呢？南宋罗大经《鹤林玉露》记载了一种辨水法。在罗大经看来，水煎过第二沸刚到第三沸时，最适合冲茶。并有诗说明："砌虫唧唧万蝉催，忽有千车捆载来。听得松风并涧水，急呼缥色绿瓷杯。"意思大致是，初沸时水声如阶下虫鸣，又如远处蝉噪，二沸时的水声如满载而来、吱吱呀呀的车马声，三沸的水如松涛汹涌，溪涧喧腾，这个时候就要赶紧提瓶，注水入瓯了。

涤（dí）器

【原典】

茶瓶、茶盏不洁，皆损茶味，须先时涤器，净布拭之，以备用。

【译文】

茶壶、茶杯不干净都会有损茶叶香味，因此须提前用水清洗茶具，用干净布擦干，以待沏茶时用。

《古法今解》

文人士大夫向来洁身自好，对器具要求自然也高。明朝程用宾《茶录》有"洁盏"的说法："洁盏，饮茶先后，皆以清泉涤盏，以拭具布拂净，不夺茶香，不损茶色，不失茶味，而元神自在。"工夫茶的精神与特色始现。

现代人饮茶，也应注意茶具的洗涤：每次喝完茶后应把茶叶倒掉，彻底将壶身内外洗净。茶具有茶垢时，可用牙膏、食醋、橘子皮擦洗。小块茶垢可浸泡于漂白剂或清洁粉的溶液中。与唐、宋茶具相比，明代茶具要简便得多，数量也大为减少，明朝高濂《遵生八笺》中就只列了16件当时的茶具，而明代张谦德《茶经》中"论器"一篇提到当时的茶具也只有茶焙、茶笼、汤瓶、茶壶、茶盏、纸囊、茶洗、茶瓶、茶炉9件。这与文震亨所说"吾朝"茶的"烹试之法""简便异常"是相符的。

茶洗

【原典】

茶洗以砂为之，制如碗式，上下二层。上层底穿数孔，用洗茶，沙垢悉从孔中流出，最便。

【译文】

洗茶用具以砂制作，形如大碗，上下两层，上层底部穿几个小孔，洗茶时泥沙尘垢容易从孔中流出来最便宜。

古法今解

茶洗就是指用来洗茶的工具。洗茶始闻于明代，由于用条形叶茶直接煎泡而饮，茶中的灰尘与杂质是必须去除的，所以诞生了洗茶器具。根据文震亨记载，明代的茶洗是紫砂制的诸葛碗式，区别就是上层底部穿了小孔而已。茶洗，除了最基本的盛水、盛茶渣的功能，它还有各种用途，比如用于淋杯洗壶，用作花器或者果盘，甚至用作笔洗等。茶洗是工夫茶中必不可少的物件，工夫茶喝的便是一种文化。现在有人将其改良，外观如铜鼓，也是上下两层，上层中间开有几个小孔以供泻水，不过，新型茶洗，上层是一个茶盘，可摆放几个茶杯，洗杯后的弃水直接倾入盘中，再通过中间小孔流入下层空间。烹茶事毕加以洗涤后，茶杯、盖瓯（冲罐）等可放

入茶洗内，达到了一物多用的目的。古人在日常生活中践行着天人合一的人生观，也许他们一辈子都在清苦中挣扎，又或者他们饱尝生离死别的折磨，但即使是在他们生命最绝望的时刻，只要有几片枯叶、一壶清水，就可以泡出人世间第一等的好茶。

茶壶

【原典】

茶壶以砂者为上，盖既不夺香，又无熟汤气，"供春①"最贵，第形不雅，亦无差小者，时大彬②所制又太小，若得受水半升，而形制古洁者，取以注茶，更为适用。其"提梁③""卧瓜""双桃""扇面""八棱细花""夹锡茶替""青花白地"诸俗式者，俱不可用。锡壶有赵良璧④者亦佳，然宜冬月间用，近时吴中"归锡⑤"，嘉禾"黄锡"⑥，价皆最高，然制小而俗，金银俱不入品。

【注释】

①供春：供春壶，明代正德、嘉靖年间，江苏宜兴制砂壶名艺人供春所做的壶。

②时大彬：明万历至清顺治年间人，是著名的紫砂"四大家"之一时朋的儿子，宜兴紫砂艺术的一代宗匠。

③提梁：两耳上的横把。

④赵良璧：明代嘉靖年间铸锡壶名家。

⑤归锡：归懋德制品。

⑥嘉禾：今浙江嘉兴。黄锡：黄元吉制品。

【译文】

茶壶以砂质的最好，因为既不夺茶香又没有熟水味，供春砂壶最好，只是形状不雅致，也没有稍小一些的。时大彬所制砂壶又太小。如果能有盛水半升而且形制古雅的砂壶，用来沏茶那就更好。至于提梁、卧瓜、双桃、扇面、八棱细花、夹锡茶替、青花白地等俗式都不可使用。赵良璧制造的锡壶是佳品，但适合冬天使用。近来吴中归懋德制作的锡壶、浙江嘉禾黄元吉制作的锡壶，价格都很昂贵，但是规格小而且俗气。至于金银制品都不入品。

古法今解

茶壶是泡茶和斟茶用的带嘴器皿，由壶盖、壶身、壶底、圈足四部分组成，壶盖有孔、钮、座、盖等细部；壶身有口、延（唇墙）、嘴、流、腹、肩、把（柄、板）等部。茶壶的基本形态有近200种。关于茶壶素有"一器成名只为茗，悦来客满是茶香"的说法，意即茶壶是专门为茗茶而生的。

喝工夫茶，茶壶最重要的是"宜小不宜大，宜浅不宜深"。茶具以陶瓷类为好，具体什么窑器，则以"适意"属于最好的。而茶壶的大小，则以小为贵，在于其能使茶"味不耽搁"，或许这正是小壶大行其道的根本原因。

紫砂壶与茶的天作之合，像是冥冥之中的刻意安排，像是一对珠联璧合的搭档，互相成就了彼此的盛名。紫砂壶以江西宜兴所产为贵，宜兴古称"阳羡"，素有"人间珠玉安足取，岂如阳羡溪头一丸土"的说法。就像是饮茶方式从唐宋的团茶碾末煎煮直至明人确立并相沿至今的冲泡法，紫砂则从粗制的日用陶器渐渐分离出来，成为小巧雅致的案头清赏，二者的完美结合凝聚了无数人的心智与才思。文中所提到的制壶名匠时大彬，在制壶之初是请人代为书款然后镌刻，后经刻苦自励，竟能运刀成字，书法娴雅，"在黄庭、乐毅帖间"，而这也成为鉴别时大彬作品真伪的重要依据。

茶盏

【原典】

宣庙①有尖足茶盏，料精式雅，质厚难冷，洁白如玉，可试茶色，盏中第一。世庙②有坛盏，中有茶汤果酒，后有"金篆大醮坛③用"等字者，亦佳。他如"白定"等窑，藏为玩器，不宜日用。盖点茶须熁（xié）盏令热，则茶面聚乳，旧窑器熁热则易损，不可不知。又有一种名"崔公窑"④，差大，可置果实；果亦仅可用榛、松、新笋、鸡豆、莲实不夺香味者；他如柑、橙、茉莉、木樨之类，断不可用。

【注释】

①宣庙：明宣宗朱瞻基时代。

②世庙：明世宗朱厚熜在位期间。

③醮坛：道士祭神的坛场。

④崔公窑：明嘉靖、隆庆年间江西景德镇崔国懋创建的民间瓷窑。

【译文】

　　明宣宗年间有种尖足茶盏用料讲究，样式精致，材质厚重，茶汤难冷，其色清白如玉，可试茶色，可谓茶盏之首。明世宗年间的祭坛茶盏，用来盛放茶汤和果酒，后面有"金篆大醮坛用"字样也属上乘。其他如定窑白瓷等器，可作收藏，不作日常之用。用点茶法沏茶时须热水烫盏，茶汤表面才会泛起汤花，旧窑器烤热易破损，这些特性不可以不知道。还有种"崔公窑"茶盏比普通茶盏稍大，可用来盛果实，不过只能盛榛子、松子、鲜笋、芡实、莲子等不夺茶香的果实，其他比如柑、橙、茉莉花、桂花之类万万不可用。

【古法今解】

　　茶盏是饮茶用具，基本器形为敞口小足，斜直壁，一般比饭碗小，比酒杯大。茶盏大致有两种形状：一种是口沿较直，另一种则是撇口，喇叭状。明清以后，茶盏又配以盏盖，形成了一盏、一盖、一碟的三合一茶盏，即现在的盖碗。

　　明代茶具有一次大的变革。唐宋时人们以饮饼茶为主，主要采用煎茶法或点茶法以及与此相应的茶具。元时条形散茶兴起，饮茶改为直接用沸水冲泡。饮茶之前，用水淋洗茶，又是明人饮茶所特有的。明代茶盏仍用瓷烧制，但茶盏已由黑釉盏变为白瓷或青花瓷，具有非常高的艺术价值，史称"甜白"。

　　明代人喝茶和今人相差无几，取散茶一撮放在杯里，沸水冲泡就可以了。这时的茶壶出现了可冲泡可烹煮的紫砂壶，泡茶时，水壶忽高忽低，来回几次，叫凤凰三点头。一个杯子，倒七分容量的水，留三分人情在。

择炭

【原典】

　　汤最恶烟，非炭不可，落叶、竹筱（xiǎo）①、树梢、松子之类，虽为雅谈，实不可用；又如"暴炭""膏薪"，浓烟蔽室，更为茶魔。炭以长兴茶山出者，名"金炭"，大小最适用，以麸（fū）火②引之，可称"汤友"。

【注释】

①竹筱（xiǎo）：细竹，或竹的细枝条。

②麸（fū）火：麸炭火，燃烧未成炭的柴薪叫麸炭。

【译文】

茶汤最忌烟雾，所以煮茶汤定要用炭火。落叶、细竹、树枝、松果之类听上去很好，但不实用。至于没烧好的暴炭和未干的膏薪燃烧时，往往浓烟滚滚，更是煮茶的噩梦。长兴茶山出产的一种叫"金炭"的炭火最好，大小合适，用易燃的麸炭引火，可谓"茶汤的朋友"。

古法今解

《说文解字》载："炭，烧木余也。"木炭，是木质原料经不完全燃烧或于隔绝空气的条件下，热解后所余之深褐色或黑色燃料。中国人很早就掌握了烧炭的技法。早期以堆烧法为主，后来出现了窑烧法，即建一座土窑，或者把柴火装进山洞里放上煤烧，里面完全密封，待窑藏或洞藏的氧气耗尽，炭就烧成了。

炭的种类有白炭、黑炭、瑞炭、麸炭、炼炭、金刚炭、桴炭、竹炭等。宋代陆游《老学庵笔记》记载："北方多石炭，南方多木炭，而蜀又有竹炭，烧巨竹为之，易燃，无烟，耐久，亦奇物。邛州出铁，烹炼利于竹炭。皆用牛车载以入城，予亲见之。"